头条号
涨粉与运营全攻略

360度详解如何打造百万粉丝超级头条号

郭春光　杨　岚◎著

SPM
南方出版传媒
广东经济出版社
·广州·

图书在版编目（CIP）数据

头条号涨粉与运营全攻略 / 郭春光，杨岚著. —广州：广东经济出版社，2021. 2

ISBN 978-7-5454-7467-1

Ⅰ. ①头… Ⅱ. ①郭… ②杨… Ⅲ. ①网络营销 Ⅳ. ①F713. 365. 2

中国版本图书馆CIP数据核字（2021）第018314号

责任编辑：蒋先润
责任技编：陆俊帆

头条号涨粉与运营全攻略
TOUTIAOHAO ZHANGFEN YU YUNYING QUAN GONGLÜE

出版人	李　鹏
出　版 发　行	广东经济出版社（广州市环市东路水荫路11号11～12楼）
经　销	全国新华书店
印　刷	广东海洋印刷有限公司 （佛山市南海区里水镇和桂工业园A区和安南路1号F栋1-2楼）
开　本	730毫米×1020毫米 1/16
印　张	15
字　数	217千字
版　次	2021年2月第1版
印　次	2021年2月第1次
书　号	ISBN 978-7-5454-7467-1
定　价	45. 00元

图书营销中心地址：广州市环市东路水荫路11号11楼
电话：（020）87393830　邮政编码：510075
如发现印装质量问题，影响阅读，请与本社联系
广东经济出版社常年法律顾问：胡志海律师

前言

Preface

一个头条号带给我们的今日头条掘金启示

移动互联网时代，今日头条凭借着个性化的推荐算法异军突起，以“千人千面”的“专供”资讯和娱乐属性霸占了人们的手机屏幕，成为人们生活中不可或缺的新媒体平台。更重要的是，通过今日头条这个平台，个人能够真正展现自我，甚至会打通从“草根”到明星的奇迹之路。

博主“一个人穷游中国”是今日头条旅游类“大咖”，立志走遍中国所有县级以上城市，看遍中国大好山河，体验各地风土人情。他的微头条和视频非常质朴、随意，假如没有其头条号上的198万名粉丝（截至2020年7月），很难将这个说着山东方言的三十岁“大叔”同“网红”画上等号。

这个博主质朴、单纯、待人真诚。特别难得的是，他在这个物欲横流的时代依然保持着一颗赤子之心，能够真心实意地和粉丝交流互动。另外，其比较有名的口头禅，诸如“哇”“行”“师傅”等，让粉丝感觉很亲切，让人觉得这个博主有真性情，愿意和其亲近。

为了拍出更好的视频，他不是在各个城市、景点探访体验，就是在去各个城市、景点的路上，他每隔几个月便会磨破一双鞋子。而且为了给大家提供最准确的信息，他在出发前会很认真地上网查阅景点资料，并在视频中为大家详细地解说。

这些视频虽然看起来简单，但是充满了生活气息，富有趣味性。在其视频中，他还会向大家介绍不同城市的美食，会和大家探讨各种各样的问题，会购买礼物送给粉丝……总之，看到他的视频，粉丝心中便充满了愉悦之情，眼中的世界也变得美丽起来。

正是因为在今日头条上展现了真正的自我，输出了优质内容，博主“一个人穷游中国”才得以改变自身的人生轨迹，在粉丝的欢呼和赞叹声中完成了人生的蜕变。

为什么今日头条能够帮助博主“一个人穷游中国”实现人生的华丽蜕变呢？众所周知，一个人想要成名，一家企业要打响知名度，都离不开流量的支撑——单位时间内获得的流量越多，在用户眼中的曝光度就越高，再加上优质内容、产品等因素的加持，爆红的概率自然就更高。而今日头条是当前的互联网“流量富矿”——截至2019年8月底，今日头条拥有超过5.5亿名用户，日活跃用户超过6000万名，单用户日均启动次数约为9次，单用户日均使用时长超过76分钟——这意味着，相对于其他平台，创作者更容易在今日头条这个平台上构建自己的流量池塘，更容易依靠优质内容、商品、广告等快速完成变现。

更重要的是，今日头条还在持续不断地投入巨额资金补贴创作者进行优质创作，支持创作者获得更好的经济回报。仅2019年，该平台创作者总收入就达到46亿元，有12万篇文章和1.4万名创作者获得了今日头条“青云计划”奖励。

可见，今日头条拥有令人期待的未来，并且对于每个人而言都是一座巨大的金库，只要我们能够精准地找到自己的专长，持之以恒地运营头条号，便能像博主“一个人穷游中国”一样完成从“草根”到“网红”的华丽蜕变，将命运掌握在自己手中。而本书为你分享的头条号涨粉与运营的秘诀，将助你一臂之力，把知识和技能变现为真金白银。你还在等什么，赶快开启你的淘金之旅吧！

笔者

2020年11月

目　录

Content

第 1 章

今日头条何以成为当今新流量

江山代有英雄出。当人们还在感慨BAT［中国三大互联网公司百度（Baidu）、阿里巴巴集团（Alibaba）、腾讯公司（Tencent）首字母的缩写］的强大和无懈可击时，今日头条凭借独特的算法推荐模式，从信息服务业的一片红海中成功脱颖而出，成为行业的新“流量担当”。每天都有大量新的内容创业者进入今日头条体系中，每天都有新的用户因为好内容去关注今日头条，每天都有众多企业、品牌、个人因今日头条的巨大流量而获利。现在的今日头条可谓如日中天，各项指标都剑指行业第一阵营，抖音、西瓜视频、火山小视频、悟空问答的出现更是让它如虎添翼。

今日头条是一个怎样的平台，又是如何做到这些的？这是我们运营头条号首先要了解的一点。

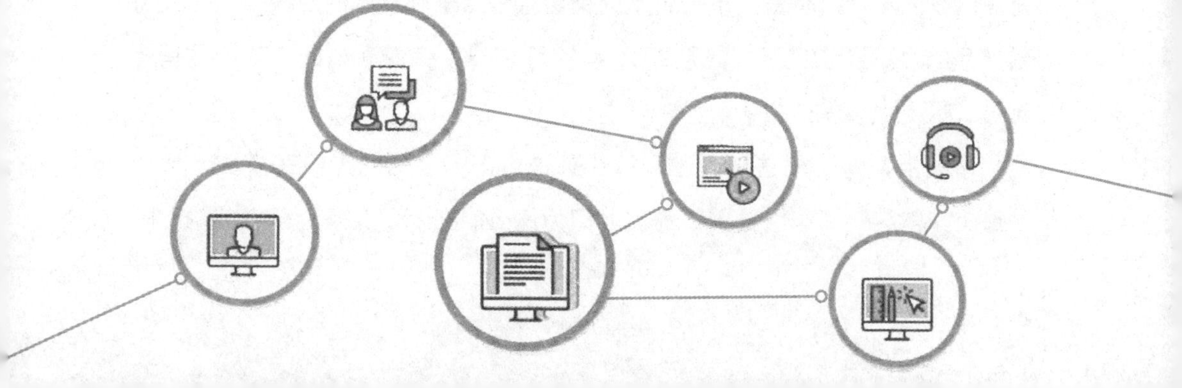

1.1 揭秘：今日头条的三大特性

简单介绍一下今日头条。今日头条是一款基于数据挖掘的个性化推荐引擎产品，为用户推荐有价值的、个性化的信息，是国内移动互联网领域发展最快的服务产品之一。它隶属北京字节跳动科技有限公司，该公司成立于2012年3月。2020年1月7日，今日头条发布的《2019今日头条年度数据报告》显示，2019年，头条创作者全年共发布内容4.5亿条，累计获赞90亿次，头条用户日均发布1037万条评论。其中，有1825万人是首次在头条上发布内容。

目前，今日头条已经构建起了一套完整的内容生态系统，成为国家机构、新闻媒体、企业和内容创作者连接用户的综合信息平台。截至2019年底，今日头条账号总数约为160万，日均内容发布量超过60万条，日均阅读/播放量超过50亿次。

今日头条庞大的用户基数和流量基数，不仅为今日头条带来了巨大利润，还为其内容创作者带来了可观收益。

举个例子。2017年3月8日，博主王刚正式在头条号注册账号“美食作家王刚”，并将一道家常菜“盘龙茄子”的制作方法以图文形式上传到账号。截至2021年1月6日，其头条号粉丝数达到864万，获赞991万个，抖音有457.3万名粉丝。在庞大的流量下，王刚收获的可不仅仅是知名度。其他方面的收入不计，单是头条号店铺的销量就带给王刚丰厚的回报，其店铺每款产品的月销量均过万，截至2019年12月12日，销量最高的一款产品销量超过3.7万件（见图1-1）。

事实上，像王刚这样通过今日头条进行内容创业的人不在少数，比如“最美家常菜”“华农兄弟”等。他们为什么能在今日头条上获得成功？除自身原因之外，还有赖于今日头条平台的强大。现在我们就来看看，今日头条是如何把自己打造成内容创业者的创业圣地的。

图 1-1　美食作家王刚头条旗舰店

1.1.1　犀利、精准的产品定位

今日头条之所以能成为新流量聚集地，首先与其犀利、精准的产品定位密不可分。

“你关心的，才是头条”——从这句广告语中就可以看出今日头条与其他同类产品的不同，它更强调所传递信息的个性化。今日头条通过用户行为分析、算法支持等，实现更个性化、精准化的信息推荐。

而且，它的内容定位不仅限于新闻，还包括自媒体资讯。自媒体是正在发展的蓬勃力量，日益丰富甚至重塑着传统的信息世界。在庞大的信息库中，今日头条通过精准推荐 + SNS（社交网络服务）的社交化信息，向用户提供丰富的内容。因此，比起同类资讯产品，今日头条的信息量不仅庞大而多元，也更符合用户喜好。

此外，今日头条通过App的形式切入市场，依托智能移动终端，做到更符合用户碎片化阅读的习惯，更符合移动互联的时代潮流。

1.1.2　紧贴用户需求打造产品

今日头条之所以广受用户欢迎，根本上是因为它抓住了用户的需求。艾瑞咨询公司以及CNNIC（中国互联网络信息中心）的数据显示，今日头条的用户特征如下（见图1-2）。

性别	男性用户占比高达 63.64%
年龄	35岁以下的用户占比达 79.3%
地域	一、二线城市的用户占比较高

图 1-2　今日头条的用户特征

从图1-2中我们可以看出，今日头条的用户大部分为一、二线城市的年轻男性用户（35岁以下）。这类用户大多工作繁忙，闲暇时间较少且呈碎片化，同时非常希望拓宽自己的知识面，也更喜欢方便、快捷的资讯获取方式。今日头条恰好是符合他们口味的“菜”。

根据今日头条的用户特征，通过KANO模型，我们可以发现，今日头条目标用户的主要需求如下（见图1-3）。

基本型需求	通过今日头条可以了解各类新闻、资讯，增加谈资
期待型需求	今日头条推荐的内容均为高质量内容，根据用户特征推荐用户喜欢的优质内容，做到个性化精准推荐
兴奋型需求	引入商业化，实现内容变现

图 1-3　基于 KANO 模型的用户需求分析

此外，今日头条还掌握了以下用户需求：

需求一：用户希望在信息爆炸时代能够快速获取需要的资讯，今日头条的搜索功能可以充分满足用户的这一需求。

需求二：现在信息同质化现象严重，用户希望能快速获取更具个性化的信息。为此，今日头条设计了个性定制功能，用户可以根据自己的需要设置首页内容板块。

需求三：现在的用户思想更加独立，希望能够看到多方观点，而不是单一的门户观点。今日头条设置了“头条号”功能，用户可申请头条号成为创作者，在头条号上发布自己的观点或文章，这在满足创作者的内容创作需求的同时，也满足了用户希望获取多方观点的需求。

1.1.3 明确自己的身份定位

今日头条的成功，不仅源于正确的产品定位、精准的用户需求满足，还源于对自己明确的身份定位。

身份定位一：传播者。今日头条通过打造多维标签＋多种创意的形式，让加入今日头条的品牌能够辐射海量用户群体，同时配以多元化的投放形式帮助广告主提升品牌力，让品牌的知名度可以得到最大程度的提升。

身份定位二：影响者。今日头条以内容为基点强化品牌印象，实现以下三个目的：一是通过内容营销提升用户对品牌的感知力；二是全面覆盖用户获取信息的途径，提升品牌在用户群体中的渗透率；三是不断通过与各平台级的IP项目、优质微综艺、VLOG、快闪店合作，为品牌带来更多元化的营销空间，如此就能达到既不影响用户体验，又能提高用户对品牌的认知度与好感度的双重效果。

身份定位三：经营者。今日头条对品牌与用户的关系进行真实还原，让品牌与头条号运营者通过运营头条号吸引用户，并将用户沉淀为私域流量。

1.2 价值：企业、商家、个人的新变现路径

纵观今日头条的发展史，我们会发现有越来越多的企业、商家、个人进驻到其中。之所以出现这种现象，是因为今日头条能给他们带来巨大的变现红利。今日头条的流量之大毋庸置疑，但是流量大的产品不只今日头条一个，为什么今日头条能成为变现的首选之地？是因为它抓住了内容创业的“大势”，并提供了各种内容变现的途径。

1.2.1 抓住了内容创业的核心价值

移动互联网的出现，让每个人都可以成为内容创业者，伴随着今日头条等内容开放平台的崛起，成千上万名创业者进入了内容创作行业。为什么这么多人选择内容创业？是因为它具备以下三大核心价值，可以说今日头条完美地抓住了内容创业的这三大核心价值。

（1）入口价值。入口价值是IP流量的强大支撑。例如在今日头条拥有676.8万名粉丝（2021年1月统计数据）的“办公室小野”，头条系带给她巨大的入口价值。

（2）标签价值。根据内容定位是筛选和辨别精准目标用户、沉淀用户、为用户打上标签的最好方式之一，因为用户关注的内容往往与其消费的意愿相关。比如用户喜欢关注美食类的内容，其食品消费方面的意愿会更强；用户喜欢关注母婴类的内容，其消费行为就更偏向于母婴产品类商品。今日头条有更为精准的算法体系，可带来更精准的标签价值，锁定目标客户。

（3）引导价值。引导价值更偏向于“消费引导”。如今，媒介生态发生了改变，传统广告形式引导用户消费的能力越来越弱，更偏向于打开产品或品牌的知名度，而内容的消费引导力却越来越强。比如我们在看博主“李子柒”做牛肉酱的美食内容时，就会产生购买的欲望，当“李子柒”提供该产品的购买渠道时，有购买欲望的用户就会前去购买。头条系产品带给客户强大的引导价值。

1.2.2 把握住了内容创业的主要特点

简而言之，优秀的内容创业者有四大特点：

第一，IP化。凡是内容创业做得好且成为头部账号的账号都呈现出IP化的特点，比如“罗辑思维”“papi酱”“凯叔讲故事”“李子柒”等。这些内容创业者现在就是大IP。

第二，小众垂直化。每个成功的内容创业者的内容定位都呈现小众垂直化的特点。比如“李子柒”只专注古风美食，“凯叔讲故事”只聚焦儿童读书、音频类创作。

第三，不可复制性。其他人很难模仿，即使模仿也很难成功。

第四，高变现能力。内容产品要想长久运营，必须具备强变现能力。

今日头条把握住了这几个要点，其精准推荐有利于创业者做小众垂直内容，给予内容创业者以强力支撑。

同时，今日头条还深知流量的质量比数量重要，因此不断拓展用户人群，聚合更多年轻用户、女性、知识人群，同时从以下几个方面帮助创业者提高变现能力。

第一，打造国潮、体育、动漫、旅行等内容IP，持续聚集年轻用户，扩大20～29岁的年轻用户群。

第二，打造以“她力量计划”“变美大作战”为代表的海量女性话题，形成女性圈层共振。

第三，丰富内容生产者构成，打造多样化的优质内容，打破固有圈层限制，聚焦知识偏好用户。

第四，今日头条打造了多种变现渠道，使得其能为企业、商家、个人获取新红利占领高地。如可让用户转为私域流量的社群变现，开通了头条小店、值点商城、鲁班等专门满足有电商需求的运营者的变现渠道，设置了付费专栏、作者签约、内容赞赏、悟空问答等专门满足有知识变现需求的运营者的变现渠道，每年都会进行推广的“千人万元计划”“月薪万元计划”等内容政策。当然，除此之外，还有常见的广告变现模式。

1.2.3 具备了内容创业平台的打造能力

进入内容创业这个风口后，今日头条投入巨资建立头条号、西瓜视频、悟空问答等板块和新产品，并推出各种扶持计划，激励内容生产者自己生产内容，打造自媒体平台。

今日头条要让用户因为好体验而留在平台上，为此还建立了审核机制及消除处理、信息流推送等内容预处理机制。

总而言之，今日头条之所以能抓住内容创业的“大势”，成为企业、商家、个人变现的新途径，是因为它具备了打造一个优秀内容平台所需的三大核心能力（见图1-4）。

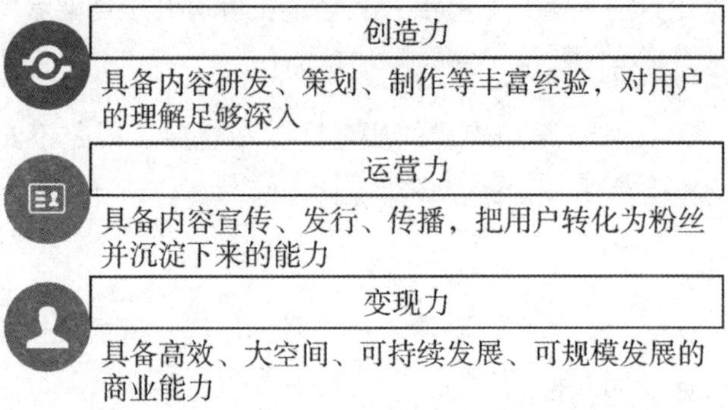

图 1-4　今日头条打造内容平台的三大能力

1.3　分析：为什么今日头条成功了

与其他综合资讯类App相比，今日头条日使用频率超过10次的用户占比达到45.1%，用户的使用习惯保持高黏性，日均内容发布量超过60万条，日均阅读 / 播放量超过50亿次。

为什么有如此高的数据?

为什么能与微博、微信并驾齐驱，成为新的流量聚集地?

同为内容产品，是什么让它获得今日的成功?

下面让我们来一探究竟。

我们认为今日头条的成功得益于它的四大产品特点、不可复制的信息流优势和相互支撑的产品矩阵。

1.3.1 四大产品特点

毫无疑问，今日头条难以复制、独具特色的产品是它制胜的第一法宝。具体而言，今日头条的产品特点如下（见图1–5）。

可定制

· 用户可以根据自己的兴趣爱好定制想关注的资讯

大数据

· 通过大数据分析用户喜好，并依此对资讯进行整合，再向用户精准推荐

社交化

· 可分享、评论、查看好友阅读动态

延展性

· 除信息、社交元素外，产品是开环系统，还可容纳其他因素

图 1–5 今日头条四大产品特点

（1）可定制。传统的内容产品，平台推送什么资讯用户就看什么，但往往这些资讯并不是用户想要看到的，而今日头条通过定制化解决了这一难题。

（2）大数据。如何保证定制化的有效实施？今日头条通过大数据分析向用户精准推荐资讯，除了定制的分类内容，大数据还可根据用户在平台上的行为轨迹分析出其喜好，然后做到针对性推送。

（3）社交化。人们看到一篇好的文章、一个有趣的视频，往往都希望能与他人分享，而今日头条的分享、评论功能完全满足了用户的这一需求。同时，其查阅好友动态的功能，可以让用户了解其他人感兴趣的内容，以此获得更多来自他人的信息。

（4）延展性。今日头条要建立完善的生态系统，只靠信息以及社交元素是远远不够的，它还必须包含其他因素，比如电商、付费专栏这种变现因素，以及抖音、火山小视频这种流量互通因素。如此，今日头条才能源源不断地吸收新鲜血液，使其生态系统越来越有生命力。

1.3.2 不可复制的信息流优势

今日头条的信息流优势，是其成功的又一法宝，具体体现在以下五个方面：

第一，机器学习算法。今日头条有行业领先的个性化机器学习推荐算法，通过分析用户特征与内容特征，并对两者进行匹配，实现个性化精准推荐。如此，可以把合适的信息精准推荐给有需要的人，减少了不必要的浪费。

第二，数据厚度。截至2019年6月，今日头条日均活跃用户数达1.2亿个，单用户日均使用时长超过76分钟，单用户日均启动约9次。如此强大的用户活跃度可以带来高曝光率。同时，今日头条对每一个用户样本数据进行精细化管理，提供用户行为定向、基本属性定向、关键词定向等多种定向方式，帮助内容运营者找到最适合的目标受众。

第三，量化透明。今日头条是业内第一个广告位全面支持检测、主动开放第三方检测的内容产品。这些真实数据能让运营者直观了解运营效果。

第四，内容驱动。推荐机制再强大，缺少内容也无用武之地。相比UC、一点资讯等内容产品，今日头条有着强大的内容储量，靠着内容驱动、丰厚的红利回报，圈住了大批头条号作者和机构在此生产内容。

第五，先发优势。对互联网行业来说先发优势很重要，先占领了市场，后来者便很难超越。在个性化资讯市场，今日头条无疑具备先发优势。

这些信息流优势也造就了今日头条的广告优势。

今日头条的广告优势具体体现在以下三点：

（1）1.5秒算出用户兴趣，锁定目标客户；

（2）精准定向投放广告，让广告主的预算花得值；

（3）多样化精准付费：一是按展示付费，广告被展示时才收费；二是按点击付费，广告被点击时才需要付费；三是可设置转化成本，只需设置可接受的最高转化成本，剩下的事就交给系统，最终转化成本不会超过所设置的金额。

1.3.3 相互支撑的产品矩阵

今日头条与其他内容产品相比还有一个突出的优势，就是具有相互支撑的强大产品矩阵。这些产品矩阵包括头条客户端、悟空问答、微头条、短视频群（见图1–6）。

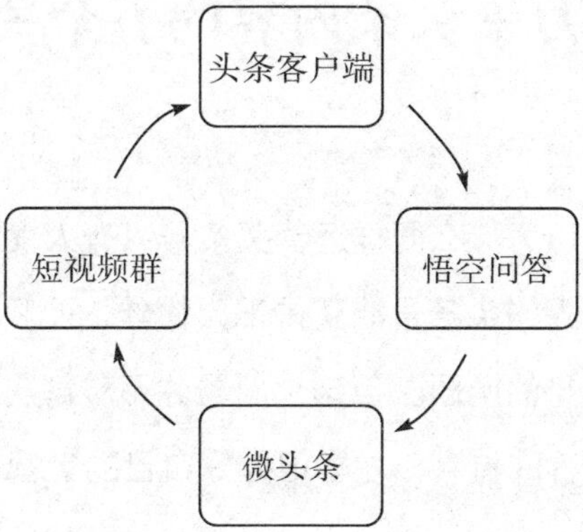

图 1–6 今日头条产品矩阵

（1）头条客户端。其是今日头条产品矩阵中核心的产品，以用户建模为基础，以推荐为引擎，以头条号作者为内容源。头条客户端也是产品矩阵中用户数、DAU（日活跃用户数）、MAU（月活跃用户数）最高的产品，是其他产品内容的流量分发地。

（2）悟空问答。为了做问答，今日头条重金引进300多个“大V”。问答是资讯产品的标配，比如百度中四分之一的搜索请求都是以问题形式提交的。推荐是一种类搜索的产品，所以问答不可或缺，悟空问答的出现为今日头条留下了这类用户。

（3）微头条。其是一个基于数据技术聚合社交媒体热点内容的轻资讯阅读平台，类似微博。今日头条里的资讯基本上均以长文章的形式出现，在用户缺乏时间与耐心阅读的情况下，微头条可以有效地满足这类用户的需求。

（4）短视频群。字节跳动的短视频产品包含抖音、火山小视频、西瓜视频。短视频作为如今炙手可热的媒体介质，所有人都知道它的重要性。尤其是抖音，流量更是巨大，这些短视频群能为头条运营者带来的流量是非常庞大的。

1.4 模板：10万+头条内容的五个关键词

也许有不少人疑惑，为什么同样运营头条号，有人发布的内容能获得10万次以上的转发，有些人的头条号能获得千万粉丝，而我的却不行？无须疑惑，这肯定是运营者自身的问题。但这个问题并不难解决，我们只有先了解这些高阅读量的头条内容的特点，才能把握好自己的运营内容。

1.4.1 关键词一：干货

标题：《为什么要禁放氦气球？看140万个氦气球带来的灾难，你就明白了》

发布时间：2020-09-23　16:27

截止时间：2020-09-25　11:42

阅读量：89.4万次

评论量：290条

标签：氦气球、灾难

作者：李论科学

这篇文章从“氦气球该不该放”的角度，对氦气球带来的灾难进行了详细的叙述，在叙述的过程中，向读者解答了“为什么氦气球能带来那么大的灾难”。文章对氦气球的各种构成元素进行了非常详细、专业的科普，让读者在了解不能放氦气球这个知识点的同时，也收获了为什么不能放的答案。

1.4.2 关键词二：故事

标题：《我，70岁退休老头，曾独闯美国、墨西哥，住过流浪汉旅馆》

发布时间：2020-09-23 09:38

截止时间：2020-09-25 11:58

阅读量：64万次

评论量：4785条

标签：七十岁、退休、穷游、冒险

作者：自拍

这篇文章就是较为典型的故事类文章，讲述了70岁的主人公刘浮生不服老，从2014年开始，在一句英语都不会说的情况下，一个人去十几个国家穷游的故事。作者通过这个故事，表达了“七十岁，并不是即将终结的人生终点，它还有着无限可能”的观点。

这种故事，通常都能引发读者的共鸣与向往，因为每个人都希望自己年老后“还能像故事中的主角一样去做一些充满传奇色彩的事情，而不是只能带带孙子孙女、跳跳广场舞”。

1.4.3 关键词三：思考

标题：《3年内超4万人涉嫌性侵未成年人！不要让孩子成为下一个房思琪》

发布时间：2020-09-23 10:11

截止时间：2020-09-25 11:52

阅读量：59.9万次

评论量：307条

标签：教育、性知识、未成年、房思琪

作者：路上读书App

这篇文章以当前大众最关注的社会热点——“未成年人人身安全”为切入点，以“老师科普性知识引发家长不满”为开篇，以“《房思琪的初恋乐园》作者林奕含因童年遭遇性侵而抑郁最后自杀”为故事主线，以“3年内超4万人”为数据依据，向读者提出了引人深思的问题：性教育是否要普及和推广？这个问题一直是社会关注的、尚未有结果的痛点问题，该问题一经抛出，自然能引发读者的响应和思考：性教育如果要开展，要怎么开展？怎么打破家长对性教育的偏见？又该如何在全国各地推广性教育？

1.4.4 关键词四：相关

标题：《隔夜菜到底能不能吃？用实际检测数据来告诉你们》

发布时间：2020-09-23 12:16

截止时间：2020-09-25 11:49

阅读量：71.7万次

评论量：514条

标签：隔夜菜、食用、检测

作者：老爸评测

“隔夜菜”这个“事物”，在每一个人的生活中都出现过，是与读者的生活息息相关的。关于“隔夜菜能不能吃”这个问题，每个人都有不同的看法，有些人认为能吃，有些人则认为不能吃。作者根据测评结果为读者回答了这个问题：“隔夜菜可以吃，但是有前提。”这篇文章，既回答了与读者切身利益相关的问题，又告诉了读者实用的解决方法。因此才会引起读者的关注与认同，获得高数据的反馈。

1.4.5 关键词五：热点

标题：《李嘉诚在英国亏惨了，现在想吃回头草？成都给出了回答》

发布时间：2020-09-24 19:17

截止时间：2020-09-25 11:30

阅读量：148万次

评论量：762条

标签：李嘉诚、投资、成都

作者：补壹刀

该文章以热点事件“李嘉诚要投资成都房地产被当地政府拒绝”为切入点，详细叙述了李嘉诚一生中的重点投资故事。作者用热点事件作为切入点，是因为它自带热度，可以把大众对热点事件的关注转移到文章上来。此外，热点事件也是实时事件，可以给文章增加新鲜度，让读者因“信息的新颖性而去阅读文章”。所以，“借势热点”是一举两得的操作。

第 2 章

定位：打造一个风格明确的头条号

头条号定位的目的在于打造鲜明的个性、塑造独特的形象，从而快速、有效地占领用户的心智。定位是一项颇具创造性的活动，可以说没有模板，因为如果遵照模板，头条号之间的差异性就会减少，头条号存在的价值也将大打折扣，影响力也会随之减弱。虽然不存在模板，但是定位的方法是存在的。为了避免同质化，市面上出现了各种各样的定位方法，可单独使用，也可组合使用，不管如何，通过它们找到最适合自己的定位才是最重要的。

下面我们通过实例来看看几种定位的方法，你可以从中寻找灵感。

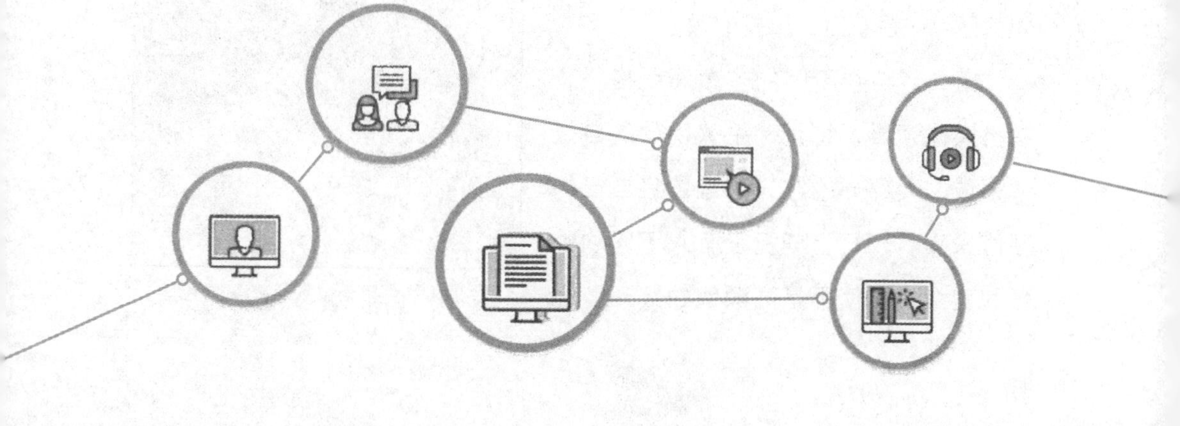

2.1 认知：找一个让用户一眼认出你的标签

互联网的普及和广泛应用，让用户随时随地面临着海量的信息。

如何在这个信息繁杂的世界里展现自己？

如何把自己的信息在合适的时间传递给合适的人？

如何让用户在搜寻相关信息时第一时间想到自己？

…………

对自己、用户、市场、对手有充分的认知，找好定位，并以此打造一个有识别度的标签就是一个好方法。

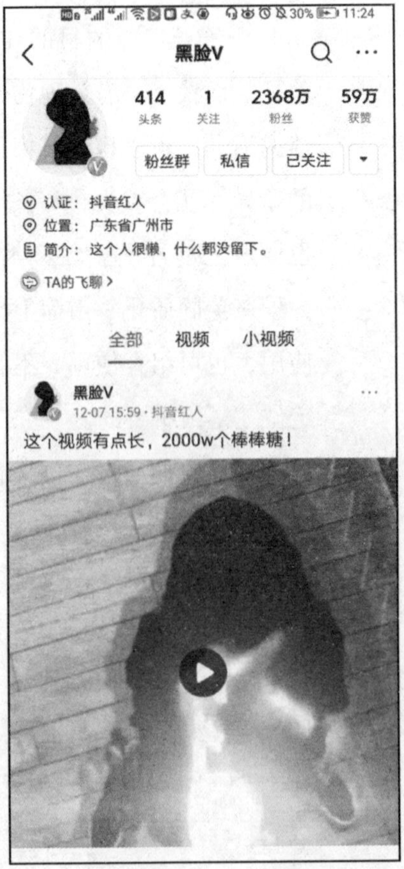

图 2-1 “黑脸 V”的头条号主页

2.1.1 学习“黑脸V”的定位绝活

“黑脸V”，头条号粉丝数量2368万，几乎每条视频的播放量均过万，是一个人气非常高的头条号，最先起源于抖音（见图2-1）。为什么该博主能获得这么高的人气？这与他独树一帜的风格分不开：一是蒙面，二是专精。

第一，与众不同的“蒙面风格”。在自媒体领域，特别是主营视频的自媒体领域，大部分的红人都是依靠自己的颜值来吸引人气，毕竟没有人不喜欢帅哥和美女，即使不是高颜值的红人，也会通过出镜来提高粉丝对自己的认知度。但是，“黑脸V”反其道而行之，从进入自媒体领域开始，就从未露过脸。但是他的蒙面不但没有降低用户对他的认知度，反而引发了用户的好奇心，大家都想知道他真实的样子，期待他有一天能公开露面，从而保持了对他的持续关注。他这种“大家都露脸，而我却蒙面”的玩法，让用户觉得独树一帜，颇具新鲜感。

第二，不唱歌、不跳舞、不搞笑，只玩技术和创意。“黑脸V”是真正的为数不多的技术流玩家，靠着自己新奇的创意和高超的后期视频剪辑与合成技术，获得一批忠实的粉丝。当大家都在做搞笑、舞蹈、唱歌的内容时，“黑脸V”则进入了技术领域，技术领域的运营者本身就少，所以“黑脸V”在自媒体领域显得尤为特别。

其实“黑脸V”用到的技术并不难，但是他做到了定期更新，同时还能不断地去创新，发掘创意，因此才获得越来越多黏性极高的粉丝的关注。

2.1.2 掌握定位的三大作用

从“黑脸V”的案例中我们看到了定位的重要性，我们可以通过定位让用户记住自己，除此之外定位的作用还有哪些呢?

（1）定位可以帮助运营号初步确定目标用户。

确定了运营号的定位，也就确定了目标用户，如此就可达到一个效果，即运营者可以根据定位去调查目标用户的活跃渠道，然后去对应的渠道进行引流从而“涨粉”。比如你的定位是英语教学类，那么你的用户很明确，就是对学习英语有兴趣或者感到迷茫的用户，为了让他们关注你的头条号，你就要从这类用户活跃的渠道去进行推广和引流。

（2）定位可以帮助运营号初步确定内容创作的方向。

定位可以帮助运营者初步框定头条号内容的范围，让内容主题不跑偏，知道哪些选题可以尝试，哪些选题不能盲目跟从。比如一个做汽车知识普及的IP，就不要总想着蹭明星八卦的热度。所以，清晰的定位可以让运营者知道什么是可以写的，什么是不可以写的。在头条号拥有5.1万名粉丝（2021年1月统计数据）的博主“杨妈颠覆英语”这一点就做得非常好，其发布的内容都是学习英语的各种技巧，从不发布其他无关的内容，所以她的视频获得了越来越多粉丝的关注。

（3）定位可以帮助运营号占据用户心智。

杰克·特劳特在《定位》一书中说道：“定位可以帮助品牌迅速进入用户心智。”就像我们想买高端手机时会想到“苹果”，想买高性价比手机时会马上想到“小米”。这一点，在头条号运营上同样适用。正如我们提到古风美食会马上想到“李子柒”，提到搞笑吐槽会马上想到“papi酱”一样。

内容市场发生了巨大的变化，每个内容领域的运营者，均从最初的屈指可数到如今的层出不穷，且可选择的关注目标数量呈现出了爆发式的增长。所以，如何从中脱颖而出被用户关注到，成为运营者应首要解决的问题。

哈佛大学心理学博士米勒曾提出过这样一个研究理论：“顾客心智中最多只能为每个品类留下七个空间，一旦超出就无法铭记在心智中了。”所以说，如果想让用户在面临海量的信息时记住你，就一定要有一个精且少的定位。最新数据显示，目前顾客面对饱和的市场选择，可能连七个都无法接受，至多只能接受“二元法则”，也就是对第一名、第二名产品产生印象，甚至只选择第一名产品。同理，如果想让自己成为用户首要的关注对象，就一定要做好定位。

2.2 需求：针对用户痛点做定位

“用户为王”这句话永不过时，不论你做什么都要围绕用户，只有能满足用户需求的头条号，用户才会关注。在做头条号定位时更要紧紧围绕用户需求，而用户的痛点是用户需求的重中之重。有些头条号之所以那么火，就是因为他们围绕用户痛点做定位，切实解决了用户的难题。

2.2.1 学习“秋叶”的痛点定位法

“秋叶”，一个火遍全国的“知识网红”，武汉工程大学副教授，网络人称“秋叶大叔”。从2013年“双十一”至2013年12月19日，短短39天时间，网易云课堂内一门标价99元的课程——“和秋叶一起学PPT”销售破千，轻松实现总销售额超过10万元，他的微信公众号粉丝数达千万，系列头条号的粉丝总量也突破千万。他的自媒体运营号之所以能这么受欢迎，是因为他分享的有关PPT的内容满足了职场用户的职场工作需求，充分解决了他们的职场痛点。简而言之，“秋叶”能走红，就是因为他找到了用户的痛点，并加以解决（见图2-2）。

图 2-2 “秋叶大叔”的头条号产品矩阵

具体做法如下：

第一，针对职场用户的需求推出PPT课程。但凡是职场人都需要用到PPT，虽然许多人在学校也接触过，但大多只学到皮毛，这在学校倒无伤大雅，但到了职场就不一样了，在职场，好的PPT技能已经是基本生存手段。如果你在开报告会时展示的PPT惨不忍睹，那么领导们可能会质疑你的能力，而客户更是无法相信一个连PPT都做不好的人能做好工作。所以，PPT技能已经成了职场用户的基本需求，有多少人为此深感烦恼！“秋叶”发现了这一普遍痛点，于是针对这类用户的需求推出了PPT教程。

第二，针对用户想轻松学习的需求推出简单易学的操作方法。“秋叶”还发现，现在的用户大部分都缺乏耐心，很难花长时间去专心学习一样东西，所以在不得不学习一些知识和技能时，他们希望所学内容好理解、好操作、简单易学。于是，“秋叶”不断对自己的PPT课程进行改善，尽量让PPT制作方法变得简单，让用户学习起来又快又轻松。他在网易云课堂推出的“和秋叶一起学PPT”网络课更是喊出了“覆盖PPT实际工作中需要的主要领域，最快只用三天，PPT小白的帽子你就可以扔进历史”的口号。

2.2.2 找到核心需求的三种方法

用户的需求有很多，如何才能从杂乱的表象中提炼出真正的核心需求，进而让用户满意呢？不妨采取以下做法：

第一，反问思考法。运营者在寻找核心需求时一般会遇到这样一个问题：面对众多需求，无法确定某个需求是否重要，是否必须优先解决？此时就可采用反问思考法，首先反问：“增加这个内容对头条号的运营有帮助吗？可以解决用户的哪些需求？不针对这个需求增加内容我会产生什么损失？”如果找不到问题的答案，就可以把这个需求排除。

第二，运用“80/20法则”。“80/20法则”又叫“帕累托法则”，俗称“二八定律”。该法则的运用非常广泛，运营者在寻找核心需求时，也可运用这个法则：找到用户花80%的时间去解决的问题，它就是用户的核心需求，而剩下的用20%的时间解决的需求就可以放弃。

第三，软硬对比法。运营者在寻找核心需求时也可以运用软硬对比法。硬是指必须解决的用户需求，就像是一款社交产品的好友互动功能，比如美食类头条号一定要解决用户想要学习做菜的需求；软是指可以解决也可以不解决的需求，即使这个需求不解决，用户也还是会继续关注，但如果能解决好，用户的满意度就会上升。比如美食类头条号可以不解决用户从哪里寻找相关食材的需求，但是如果能给出购买指示，用户则会更加满意。软硬对比法可以让需求分层，通常而言，核心需求当然是偏硬的需求。

2.2.3 用户需求分析的三大步骤

在寻找用户最核心的需求时，可以按照以下三个步骤进行。

步骤一：发现需求。常见的发现方法有四种（见图2-3）。

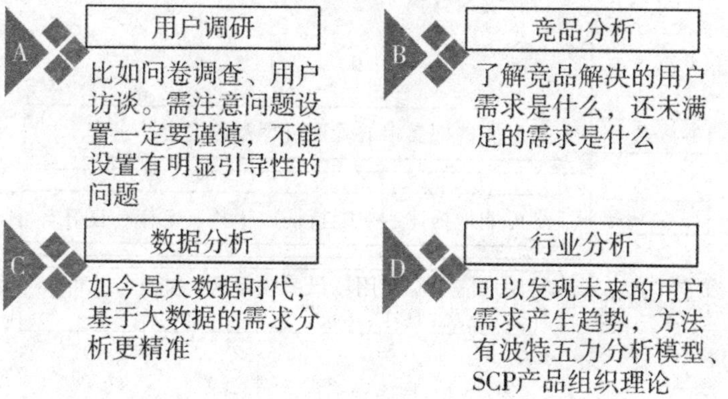

图 2-3　发现用户需求的四种常见方法

步骤二：分析需求。对用户需求进行分类，进行聚焦和甄别，找出最核心的需求。

可以利用KANO需求模型进行分析：

第一，基础需求。基础需求是指头条号要满足用户的基本需求。比如美食类的基础需求是分享美食，唱歌类的基础需求是分享各类唱歌视频，知识类的基础需求是分享各类知识。

第二，期望需求。期望需求是指用户期望头条号还能增加用户期望的某种功能。比如舞蹈类头条号，用户的基础需求是看舞蹈视频，期望需求是能讲解各个舞蹈动作。

第三，兴奋需求。兴奋需求是指用户认为创作者创作的这个内容非常特别，超出他的期望。比如用户关注李子柒，最开始只是看她制作的各种美食，但是运营到后期，李子柒还分享了美食的制作方法，还把自己的菜园子分享出来，这就大大超出用户的预期，让用户产生了兴奋感。

第四，反向需求。反向需求是指用户最不想要的，如果头条号中增加了，也许会获利，但是用户会骂你。比如在视频或文章中插入各种各样的广告等。

步骤三：描述需求。完成需求分析之后，我们要描述需求，一般采取以下三种方式（见图2-4）。

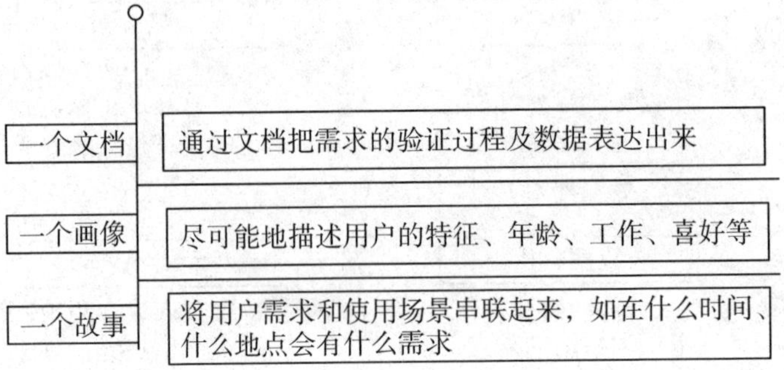

图 2-4 描述需求的三种方法

2.2.4 分析需求时需注意的问题

分析需求非常重要。我们在分析需求时，要注意以下问题。

第一，辨别需求是否为一级。可从以下三个角度考虑。

一是深广，指这个需求是否持久，覆盖的范围是否够广。

二是高频，指这个需求是否经常出现。

三是标准，指这个需求是否是大部分用户的需求。

第二，辨别需求的真伪。辨别伪需求的方式通常有三种。

一是拍脑袋想出来的需求大部分是伪需求。因为没有经过市场验证，存在未知风险。

二是没有自然增长的需求是伪需求。这样的需求只存在一段时间，需求消失，相关头条号的价值也就消失。

三是本末倒置的需求是伪需求。先有产品，再找使用人群，然后去发现用户的需求，如此本末倒置，分析出来的大部分是伪需求。

2.3 能力：你擅长什么就做什么

人要做自己擅长的事情，这样才能把事情做得更好。头条号的运营也是如此，从自己擅长的地方入手，才能把它运营好，也才能获得用户的长久认可。

2.3.1 学习咖啡号的能力定位法

在头条号上有一个普及咖啡知识的号，运营不到3个月就获得了10万名粉丝的关注，获赞高达百万个。之所以能在短时间内就获得这么高的赞数，就是因为该头条号分享的咖啡知识都是“干货”，咖啡爱好者们都非常爱看。

那么，具体是如何做的呢?

首先，定位非常明确。运营者很清楚自己头条号的定位是什么，就是“卖咖啡”。运营者是一位咖啡店老板，在线下有一家咖啡实体店，所以其做头条号的目的很明确，就是为自己的实体店引流，增加销售额。

其次，围绕自己擅长的咖啡领域做运营。在头条号上也有很多咖啡知识普及的运营者，但为什么他们没有成功? 因为他们普及的咖啡知识很多是从网上搜集来的。但这位运营者不同，他经营着实体店，所以他有更多的实践经验，同时因为从业多年，他对于如何选咖啡豆、如何泡咖啡、如何保存咖啡等有着自己独到的经验，甚至能研发新口味的咖啡。所以，他普及的知识既是“干货”，又很“独特”。

最后，持续地发布内容。有些人找到了自己专长的领域，却没有坚持下来，一方面是因为没有毅力，更多则是因为素材收集困难，久而久之粉丝就流失了。这位头条号运营者除了有毅力，还有一个得天独厚的条件，因为他是在自己擅长且有资源的领域做头条号运营，所以他在收集素材方面完全没有压力。不管是咖啡豆，还是咖啡的制作过程，在实体店内就能随时随地拍摄。有了内容源源不断且低成本的“素材库”，持续地发布内容自然也就不是问题了。

2.3.2　锁定擅长领域的三种方法

有些人不知道自己应该在哪个领域去做头条号，也有人认为自己可以非常多元化，尝试多个领域，但这种做法往往是竹篮打水一场空。要想获得一个准确的定位，并在自己能力范围之内，就要客观地审视和分析自己，锁定自己擅长的一个领域。可以借鉴以下几种方法（见图2–5）。

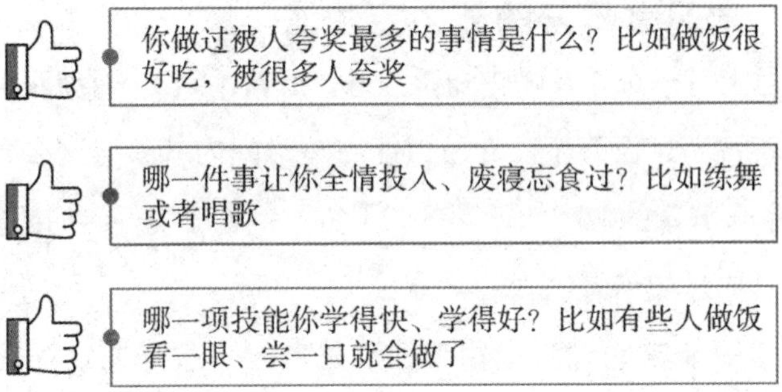

图 2–5　锁定自己擅长领域的三种方法

2.3.3　通过能力圈法则寻找核心能力

除了上述三种方法，运营者们还可以通过列出能力圈的方式来寻找自身的擅长领域。一般来说，能力圈可以列出四层（见图2–6）。

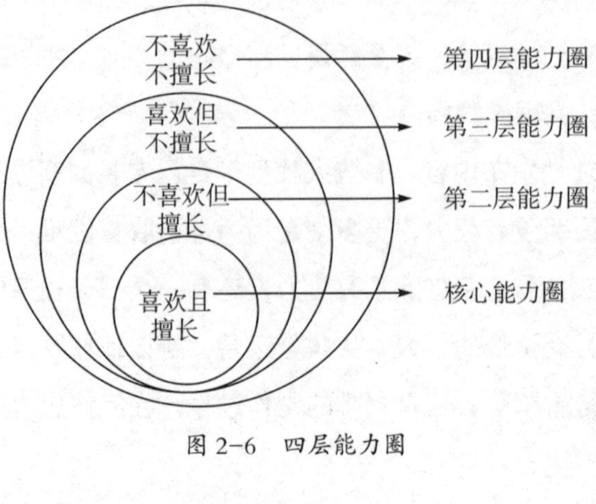

图 2–6　四层能力圈

运营者在定位时需要考虑以下几点：

第一，定位时最优先的选择就是核心能力圈，也就是自己喜欢且擅长的。喜欢可以让自己保持对这个领域内事物的热爱，擅长则可以让自己输出的内容更加专业。

第二，特殊情况时，可以选择第二层能力圈，虽然不喜欢但是擅长。毕竟“世上之事不可能事事尽如人意”，虽然不喜欢，但不妨碍把它作为一份事业去经营。

第三，如果社会趋势与自己的第三层能力圈相符合也可以考虑，喜欢但不擅长，那么需要通过学习变得擅长。

第四，第四层能力圈，不喜欢也不擅长，无须多言肯定就不用考虑了，因为这既消耗热情又浪费自己的时间与精力。

2.3.4 用加减法寻找最擅长能力

当运营者擅长的技能比较多时该如何定位?

可以采取加减法。

首先运用排序的方法列出最擅长的技能，把其余技能删除，然后围绕核心技能做加法。比如某运营者最擅长做美食，于是核心定位为美食博主，然后可以根据这个定位不断地增加新的定位点，如古法制作美食、创意美食、乡野美食制作等。

2.4 市场：不做有天花板的领域

在运营头条号的过程中，可能有一些运营者会发出这样一种疑问：“为什么我这个领域这么难做？我是不是该换个领域？”

那么该如何避免这种“骑虎难下”的局面呢？最好的办法是“事前防

范”，也就是选择头条号的领域定位时，先做好市场调查，避免进入有天花板的、运营艰难的领域。

这就要求你提前做功课，做好市场分析。所谓“市场分析”，是指在数据的基础上对影响市场供需变化的各种因素及其动态、趋势的分析。市场分析是企业进行生产经营决策的重要手段，对于头条号的定位选择也能起到重要作用。

2.4.1 学习“袋鼠园长说育儿”的市场定位法

截至2021年1月6日，“袋鼠园长说育儿”头条号的粉丝数量为4.9万，点赞数164万个。同是头条号，为什么它能获得这么大的关注量？其中重要的原因之一就是它选对了领域——儿童教育。下面是对中国儿童教育市场的相关分析。

（1）需求。

中国是一个人口大国，教育的产业链也极为庞大。据统计，2017年0～6岁婴幼儿数量已达1.01亿人，在庞大的人口基数下，儿童教育市场已然是一个巨大的“金矿”。看看全国学前教育（包括幼儿园、学前班）在校人数：2008年全国学前教育在校学生人数为2475万人，到2018年已接近5000万人；培训机构方面，0～6岁婴幼儿早教报名人数在2017年已达到1770万人。随着二孩政策的开放，这些数据都呈快速增长趋势，预计到2023年，中国儿童教育行业市场规模将达到3600亿元。在如此庞大的市场基数下，虽然儿童教育市场竞争激烈，但仍大有可为。

（2）经济。

随着居民收入水平的提升，中国家长用于教育的支出也呈现增长趋势。国家统计局发布的数据显示：2018年，全国居民人均可支配收入为28228元，比2017年名义增长8.7%，扣除价格因素，实际增长6.5%。随着收入的增长，居民的家庭教育支出规模也在攀升，因此儿童教育市场也愈加火热，从2015年起，文教娱乐支出已经成为居民消费中仅次于食品、居住、交通之外的第四大消费支出。

（3）理念。

随着家长年轻化、学历提升，家长的教育理念也在升级，他们对儿童教育尤其重视（见图2-7）。“80后”“90后”已然成为儿童家长的主流人群，他们追求优质的幼教服务，也有意愿与能力去消费更加优质的教育服务，面对头条号这种新平台，他们也更容易接受。

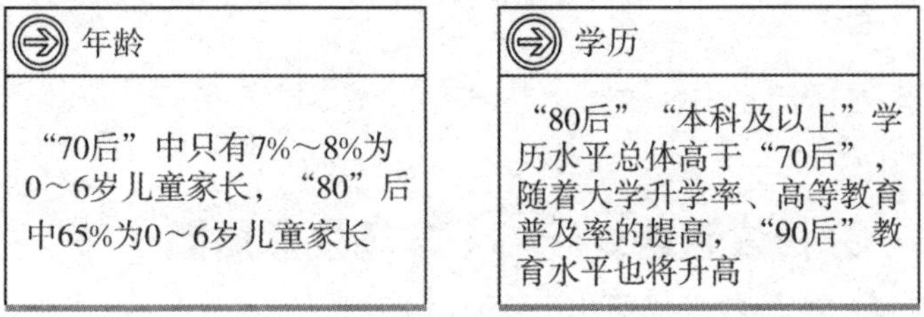

图 2-7　中国儿童家长的构成变化

2.4.2　结合多种方法做市场分析

市场分析不是一件简单的工作，要得出准确的结果，首先就要熟练掌握各种分析方法，并相互结合。下面我们就来介绍几种常见的分析方法，在实际分析中它们可以互为补充。

（1）PEST分析——从外部宏观角度进行分析。四个缩写字母分别指politics（政治），economy（经济），society（社会）和technology（科技）。这是头条号面临的外部环境，是不受自身控制的，如果某个目标领域在这四个方面都呈现负面态势，那绝对不要以此为定位。

（2）SWOT分析——从企业自身角度分析。SWOT分析法是用来确定头条号自身的竞争优势、竞争劣势、机会和威胁，从而将头条号的发展战略与自身内部资源、外部环境有机地结合起来的一种科学的分析方法。

（3）三四规则矩阵——用于分析一个成熟市场中头条号的竞争地位。在一个稳定的竞争市场中，参与市场竞争的主体可分为三种角色——生存者、参与者、领先者，每个角色的市场影响力都不一样（见图2-8）。在领先者之中，企业的数量绝对不会超过三个，而在这三个企业中，最有实力的竞争者的市场份额又不会超过最小者的四倍。运营者要先确定该市场中这三类角色分别有多少，自己能做哪种角色，否则就不要轻易进入。

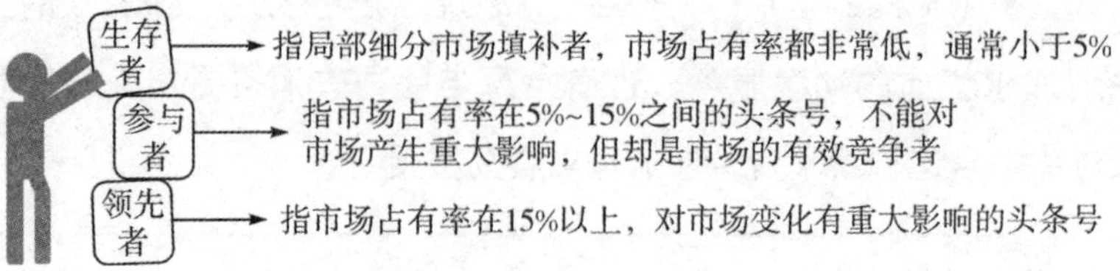

图 2-8　市场三种角色的影响力

2.4.3　分析该领域处于哪个市场生命周期

一般来说，市场的发展可以分为四个阶段。

第一阶段：导入。行业刚开始发展，竞争对手少，但是因为存在未知的状况，所以也存在很大风险，比如无人驾驶领域。这些行业都是刚起步，做相关内容的头条号少，但是如果未来发展不顺利，这些头条号的价值也就不复存在了。

第二阶段：成长。行业发展了一段时间，目前处于向上发展阶段，这个阶段竞争对手最多，关注的用户也多，如果运营得当，成功机会较大，比如5G行业。

第三阶段：成熟。行业用户数量已经基本稳定，不会再有大规模的增加，且行业内已经有“寡头”，想要再做相关的头条号，机会不大。比如中国传统美食制作，有了李子柒的存在，后来者很难再超越她。

第四阶段：衰退。行业整体处于衰退阶段，且受经济政策等环境变化影响，很难再重整。

你的目标领域处于市场发展的哪个阶段，对未来发展可以说至关重要。

2.5　对手：从竞品身上找定位

定位之父、美国营销战略家杰克·特劳特曾提出：“在顾客心智中，针对竞争对手确定最优位置，从而让品牌胜出，最终赢得顾客的优先选择权——这是每一个企业都要全力以赴达到的目标，也是企业基业长青的根本所在。”做头条号也是如此，如果不对核心竞争对手进行分析，确定自己的优势位置，就很难获得用户的关注与认可，更遑论打败其他竞争对手。

那么，如何对竞争对手进行分析呢？这是一项比较专业的工作，运营者可以请专业的人执行，但有一些要点是需要运营者自己掌握的。

这一点，从事办公软件知识分享的头条号运营者小C有着自己的总结，我们不妨跟着来学习一下。

2.5.1　掌握数据资源

要做好竞品分析，就要掌握竞品数据来源，小C表示可以从以下四个方面入手（见图2-9）。

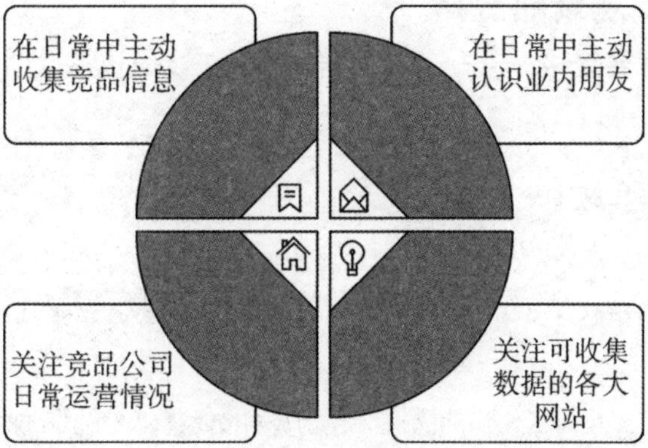

图 2-9　竞品分析四大数据来源

2.5.2　确定竞品层级

小C以自己的头条号为核心，把那些数据优于自己的头条号列为重要竞品，数据相近但是非常有竞争力的头条号列为核心竞品，数据不如自己的头条号列为一般竞品。这种竞品分级的方式可以让小C知道该重点研究哪个竞品。

2.5.3　了解基础架构

然后是研究头条号的基础架构。其主要包含三个部分（见图2-10）。

信息架构
头条号界面层次和界面的UI布局

功能解剖
了解竞品功能，并对自己的头条号进行解剖，在基础功能上需要做添加和优化

关注入口
用户关注账号是从哪些渠道关注的，关注的过程中会出现哪些问题

图 2-10　基础架构的三个构成

2.5.4　发展策略分析

接着分析发展策略。这一部分同样可分为三点（见图2-11）。

竞品定位：对比竞争对手与自己的账号定位，分析其中的重合与差异点

运营策略：分析竞争对手的市场营销与推广策略是什么，有什么优势，对用户影响有多大

盈利模式：分析竞争对手的盈利模式是什么，其中哪个盈利板块占据比例较大

图 2-11　发展策略的三个构成

2.5.5 发展潜力分析

发展潜力分析这一点，不仅可以帮助自己了解竞争对手的发展潜力，还可以通过对方的发展潜力来判定该领域的用户群和整体市场到底有多大。如果对方是你的核心竞争对手，而他的发展潜力很小，那就代表这个行业已经呈饱和状态，反之，行业处于上升期。

比如小C的头条号已经拥有了100万名粉丝，但是运营一段时间后，小C发现无论自己怎么努力，粉丝数量还是不见长，以为市场就这么大了。但是经过竞品分析发现，同期入驻的头条号已经达到1000万的粉丝量。小C这才发现自己还能往上走一走，所以赶紧从自身入手，分析自己的运营号是否存在定位问题，然后再做出优化调整。

2.5.6 常用分析方法

最常用的竞品分析方法有以下三种，运营者可根据自己的需要进行选择。

第一，SWOT分析法。可以帮助运营者清晰地梳理竞品的优劣势，运营者可围绕竞品从优势、劣势、机会、威胁四个维度进行梳理。

第二，四象分析法。主要是对竞品的要素、特点、功能、问题四个板块的内容进行深入剖析，看清对方的优缺点，运营者主要针对对方的缺点来加固自身。

第三，有无分析法。主要对比内容或功能差异，将自己与竞品的内容或功能进行罗列，具备某项功能时填有，反之填无。运营者可根据分析结果添加内容或功能，但需要分清哪些内容或功能是主要的，哪些是次要的，哪些是不需要的。

第 3 章

入驻：注册今日头条应该这么做

想要在今日头条“安家落户”，创作者首先需要注册头条账号，建立自己的作品发布阵地。头条号的头像、昵称、介绍设置、身份认证、权限和功能的扩展等，直接影响头条号对用户的吸引力和今后运营的潜力。

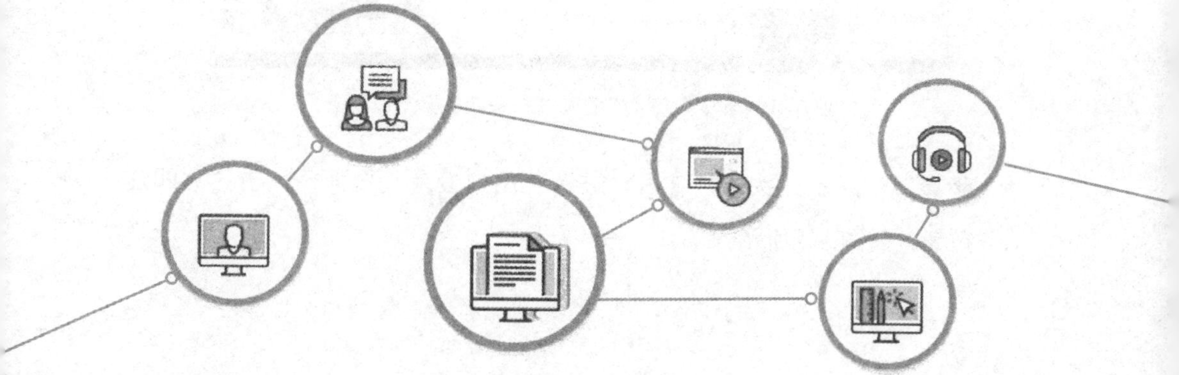

3.1 终端：PC端与手机端的注册流程

头条号注册流程非常简单，只要创作者拥有电脑或者智能手机即可完成注册。头条号创作者可以根据自身实际情况灵活选择注册头条号的终端。

头条号创作者可根据需要在今日头条上注册个人号或机构号。下面以个人号为例，分别讲解PC端和手机端的注册流程。

3.1.1 PC端注册流程

打开电脑，登录今日头条官网首页（https://www.toutiao.com/）。

步骤一：鼠标单击页面右上方的“头条产品”按钮，在弹出的下拉列表中选择“头条号”选项，如图3-1所示。

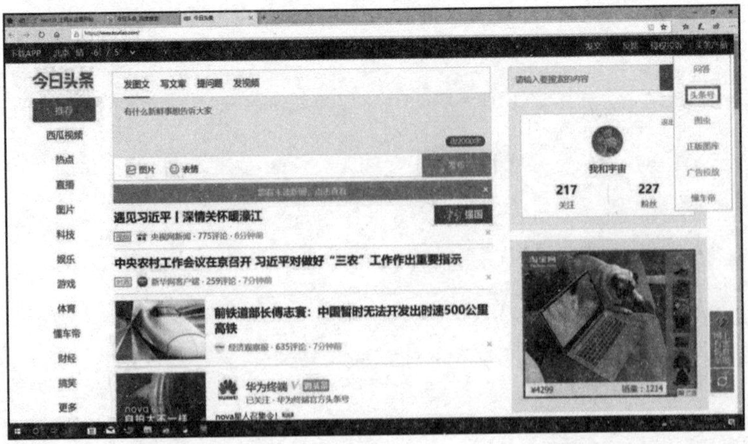

图3-1 今日头条官网首页“头条产品”下拉列表

步骤二：点击“头条号”后，进入“用户登录”页面，点击“立即注册”按钮，如图3-2所示。

图 3-2　头条号登录页面

步骤三：执行操作后，进入“注册”页面，输入手机号后点击下方的“获取验证码”按钮，然后将接收到的短信验证码填入右侧的文本框中，鼠标勾选“我已阅读并同意用户协议和隐私政策”，点击“注册”按钮，如图3-3所示。

图 3-3　头条号注册页面

步骤四：执行操作后，进入“选择类型”页面，单击“个人”类型下的“选择”按钮，如图3-4所示。

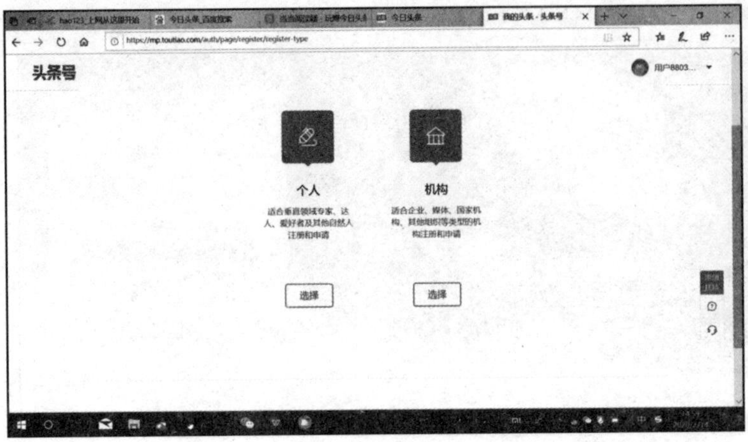

图 3-4　头条号“选择类型”页面

步骤五：执行操作后，进入头条号设置页面，头条号创作者可在该页面依次设置账号名称、账号介绍、账号头像，之后勾选“请同意《头条号用户注册协议》”和“请同意《今日头条移动端数据推广服务协议》”，点击“提交”按钮，如图3-5所示。

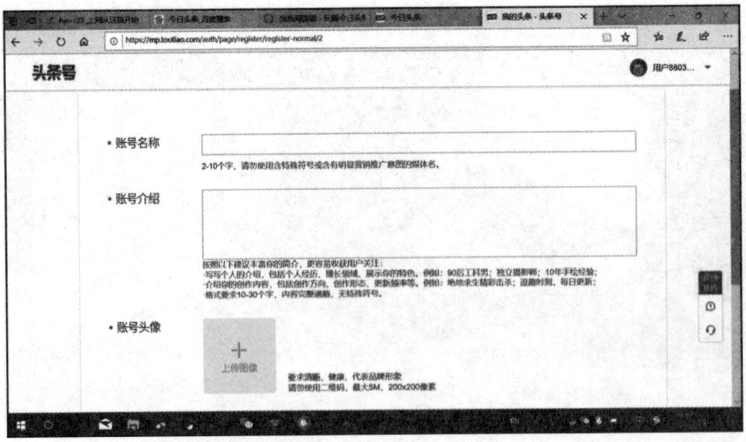

图 3-5　头条号设置页面

至此，头条号创作者便完成了PC端个人类型头条号的注册。

3.1.2 手机端注册流程

除了可以在PC端注册头条号外，头条号创作者还可以在手机端注册。相比PC端，手机端注册流程更加简便。

步骤一：下载今日头条App。下载完成后，进入App首页，点击页面右下角的“未登录”按钮，如图3–6所示。

步骤二：执行上述操作后，进入“登录”页面，点击“登录”按钮，进入“抖音一键登录”页面，点击左下角的“更多登录”按钮，如图3–7、图3–8所示。

步骤三：执行操作后，进入“免密登录”页面，点击左下角的“账号注册”按钮，如图3–9所示。

步骤四：执行操作后，进入“账号注册”页面，输入手机号码，勾选“我已阅读并同意‘用户协议’和‘隐私政策’”，点击“→”按钮，如图3–10所示。之后在“输入验证码”页面中输入接收到的短信验证码，点

图3–6 今日头条App首页(一)

图3–7 今日头条App登录页

图 3-8 今日头条 App“抖音一键登录”页

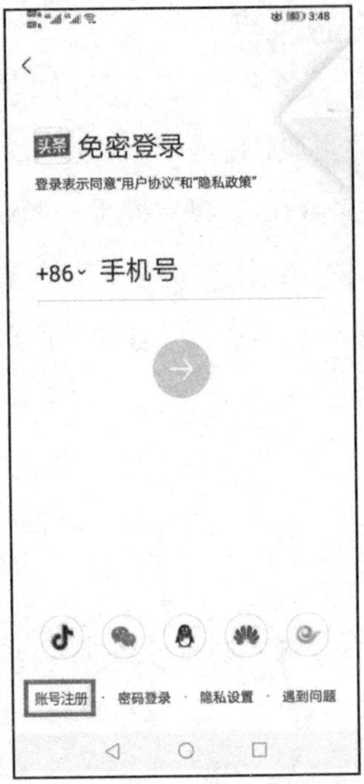

图 3-9 “免密登录”页面

图 3-10 “账号注册”页面

击“→”按钮，即可完成注册。

完成注册后，头条号的各项资料还不完整，可以通过“编辑资料”页面进行头像、用户名、介绍、性别、生日、地区设置。

3.2 设置：头像、昵称、简介、二维码

头条号注册成功后，为了让其更好看，更有吸引力，头条号创作者还需及时对其进行“装修”，即上传头像、设置昵称、完善简介、下载二维码。

3.2.1 头像

头像之于头条号就如同人的脸面，容貌俊美，走在大街上，回头率就高。同样的道理，头像有魅力，头条号对用户就更具吸引力，更易于抓住用户眼球。

为了提升头条号对用户的吸引力，头条号创作者在选择头像时应当秉持两个原则。

（1）清晰，有辨识度。头像越清晰，越能带给用户视觉上的美感，因此头像图片要尽可能高清，背景要干净，包含的元素不宜太多。另外，所选头像的辨识度要高，不能太过大众化、同质化，要有创作者的个性、特点，能够让用户看一眼就记住。

（2）契合头条号定位。选择头像时，头条号创作者需要结合头条号的定位、昵称、简介、风格等，匹配头像。比如头条号定位为“教育内容创作”，但头像却是动漫人物，显然并不契合头条号的定位，用户看了很容易产生不靠谱的感觉。

头条号的头像可以是名称式的，即将头条号的名称设计成图片作为头像，名称在头像中可以汉字、拼音、外文等形式体现出来；也可以是符号式的，诸如头条号创作者的头像、产品图片、定位行业的典型代表产品等。

另外，在选择头条号头像时，头条号创作者还需要遵守法律法规和今日头条平台的各项规则，做到“六不得”。

（1）不得使用国家领导人照片作为头像。

（2）不得使用国旗、国徽、党旗、党徽等作为头像。

（3）不得使用含有色情、暴力等内容的图片作为头像。

（4）不得使用低俗下流的图片作为头像。

（5）不得使用和今日头条的logo类似的图片作为头像。

（6）不得使用含有营销信息的微信号、二维码、QQ号等作为头像。

3.2.2 昵称

昵称能够直接体现头条号的定位、个性及风格，因此头条号创作者必须想好，选好。通常而言，头条号昵称以汉字为宜，如果品牌中含有外文，昵称则可以汉字为主，外文为辅。

具体而言，创作者可以通过三个方法拟定头条号昵称。

（1）植入关键词。头条号昵称中含有行业、内容等关键词，这类昵称更容易被用户快速搜索到，因此能够获得的潜在曝光度更高，诸如昵称中含有“新媒体”“汽车”“手机”等。

（2）标签＋领域。“标签＋领域”的起名方法，能够让用户看一眼就了解头条号的定位，知道自己能够从内容中获得的价值，诸如“老李拍北京”“老谢看历史”“牛哥做美食”等。

（3）体现某种价值。能够体现出头条号独特价值的名称，往往对用户更具吸引力，诸如“喜剧解说”“写作之友”等。

需要注意，头条号的昵称应当遵守平台规范，避开雷区。拟定昵称时须避免以下行为。

（1）恶意模仿今日头条名称。很多头条号创作者为了蹭知名度，其头条号昵称往往刻意模仿今日头条名称，诸如“××头条”“今日××”等，这些名称都有侵权之嫌。

（2）使用让用户看不懂的“字母+数字”组合。

（3）使用带有明显营销意味的名字。

（4）使用政治、宗教色彩较浓的名字。

（5）使用涉嫌侵权的名字。

（6）使用其他违法、低俗的名字。

3.2.3 简介

头条号简介的作用等同于名片，简介设置得当、内容精要，能够让用户快速了解头条号的定位和内容，给人留下更深刻的印象。头条号的简介，包括标点须控制在10～30个字节，文句完整、顺畅。

通常而言，令人印象深刻的头条号简介往往具有以下两个特点。

（1）展现主要内容。头条号简介的主要功能就是帮助用户快速了解头条号，因此创作者在设置简介的时候需要阐释头条号的定位和内容方向，让用户看了之后就知道是不是自己喜欢的“菜”，知道自己能够从头条号上获得何种价值。比如主要发布花草养护方面内容的头条号，便可这样写简介：每天解决养花问题，让您家里四季如春。

（2）个性，权威。令人印象深刻的简介往往都极具个性，或权威性较高。比如在简介中添加名人元素，便能强化头条号的权威性，提升其在用户眼中的地位。比如定位为汽车领域的头条号，简介可以这样写：××汽车杂志编辑，专注于汽车领域内容创作。

在头条号简介的撰写中，创作者应避免出现以下违规行为。

（1）包含政治、宗教等敏感词或色情、低俗等词语。

（2）包含明显的营销信息，直接推广品牌。

（3）包含微信、微博、QQ号、邮箱等联系方式。

3.2.4 二维码

头条号创作者注册头条号成功后，平台会自动生成头条号的二维码。如果利用得当，二维码能够帮助创作者快速将头条号推广出去。因此，头条号创作者需要掌握头条号二维码的下载方法。

在头条号后台“个人中心”中，有“账号设置”选项，点击进入“账号设置”页面，可以看到作者二维码右侧有一个“点击下载”按钮。鼠标点击“点击下载”，会弹出一个“下载二维码”页面，列出了四种尺寸的二维码图片下载选项。头条号创作者可以根据自身实际需要，点击相应尺寸右边的“下载”按钮，即可成功完成二维码下载操作，如图3-11所示。

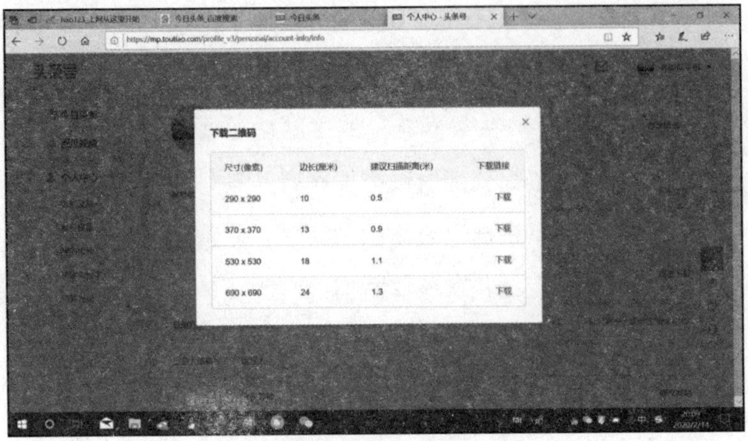

图 3-11　二维码下载选项弹页

下载完成后，头条号创作者可将其保存起来，在今后的推广内容中插入二维码图片，用户只需扫一扫便可关注头条号创作者。

3.3　认证：实名、头条、加“V”、资质

头条号注册成功后，除了要在第一时间完善资料，设置头像、昵称、简介之外，还需要进行认证。头条号的权限是和认证挂钩的，认证越完善、越多，头条号所能获得的权限就越广泛。具体而言，头条号创作者可以通过捆绑身份证、现实生活中的头衔及荣誉等，完成一系列认证。

3.3.1　实名认证

实名认证，是指通过绑定身份证认证创作者真实身份的过程。实名认证完成后，头条号创作者在用户眼中的可信度会更高，内容的吸引力也会变大，同时平台也会给予更多的流量扶持。更重要的是，实名认证后，头条号创作者才可提现头条号收益，完成最终变现。

以今日头条手机客户端为例，实名认证的具体步骤如下。

步骤一：点击今日头条App，进入首页后，点击右下角“我的”按钮，即可进入头条号主页，如图3-12所示。

步骤二：进入头条号主页后，可以看到名称的右边有“申请认证”按钮，如图3-13所示。点击“申请认证”按钮。

图 3-12　今日头条 App 首页（二）

图 3-13　头条号主页

步骤三：点击“申请认证”按钮后，进入“头条认证”页面。在该页面，可以看到头条号名称右边有“身份未校验”按钮，且其下方有黑色的“点此完成身份校验”提示框，如图3-14所示。点击“身份未校验”按钮，进入“身份校验”页面，按照要求拍摄有效二代身份证的正反面，勾选“我已阅读并同意今日头条服务条款”，点击“提交认证”按钮，如图3-15所示。

步骤四：执行操作后，会进入身份确认页面，确认真实姓名和身份证号，如果有错误可手动修改，如果无错误则可直接点击下方“确定”按钮，如图3-16所示。

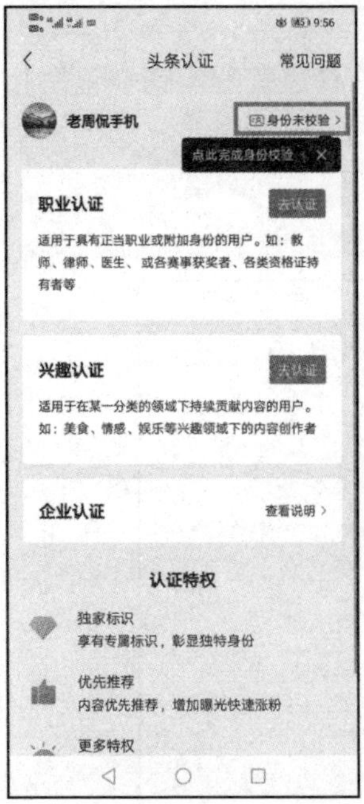

图 3-14 “头条认证”页面(一)

图 3-15 “身份校验”页面

图 3-16 身份确认页面

步骤五：点击“确认”按钮后，进入“人脸检测”页面，开始检测人脸，点击下方“开始认证”按钮，按照提示完成人脸检测。人脸检测完成后，系统会提示认证成功，点击“确定”按钮即完成了头条号的实名认证，如图3-17所示。

3.3.2 职业认证

职业认证是指平台对头条号创作者真实职业的认定，比如医生、律师、教师、警察、公司老板等。完成职业认证的头条号，在用户眼中不仅更真实，而且发布的内容更具有价值，更具领域权威性。

职业认证完成后，通常会显示在头像下方，如图3-18所示，头条号“老李拍北京”的职业认证为“博读天下北京文化发展有限公司负责人”。

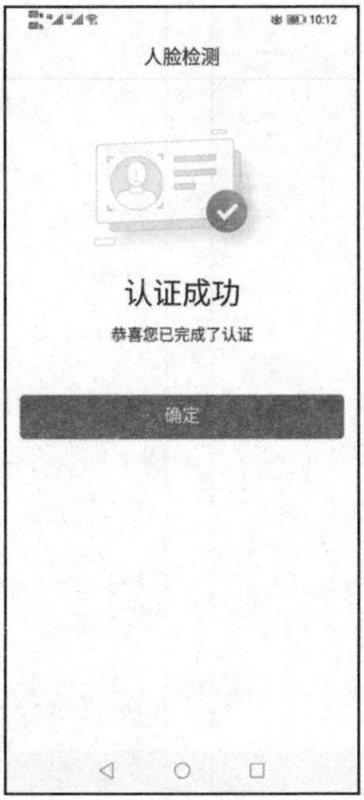

图 3-17 系统提示实名认证成功

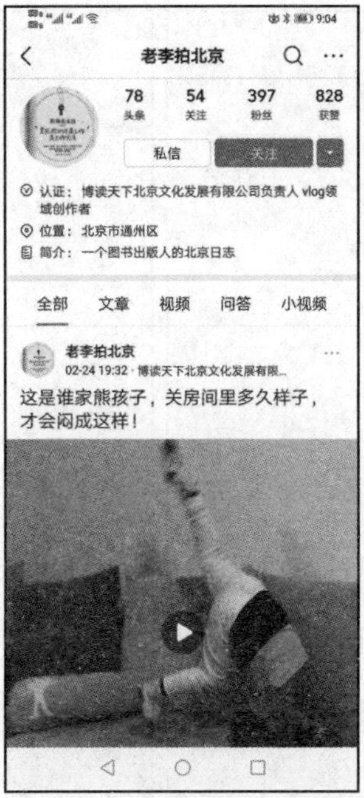

图 3-18 “老李拍北京”的职业认证

头条号创作者如何进行职业认证呢？以手机客户端为例，职业认证步骤如下。

步骤一：进入头条号主页，点击名称后面的“申请认证”按钮，进入“头条认证”页面，点击名称下方“职业认证”后面的红色“去认证”按钮，如图3-19、图3-20所示。

步骤二：执行操作后，进入申请条件页面。申请条件页面列出了申请职业认证所需要的条件和认证后所获得的特权，假如头条号创作者没有达到某项条件，其后则会出现“去完成”按钮，点击后可以通过操作达到相应条件。如果全部条件都满足，则可直接点击最下方的“申请身份认证”按钮，如图3-21所示。

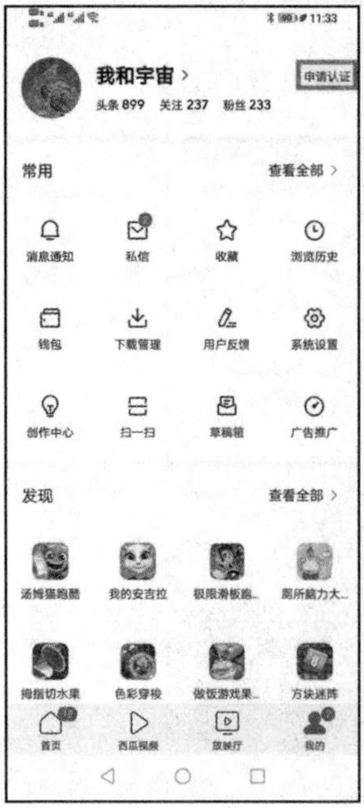

图 3-19 “申请认证”按钮

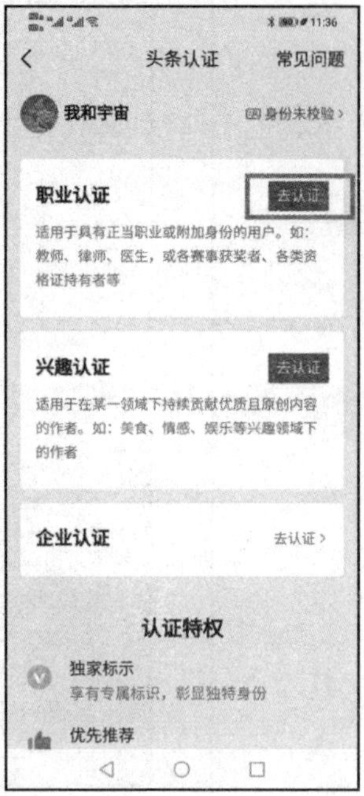

图 3-20 “去认证”按钮

图 3-21 “去完成”按钮和“申请身份认证”按钮

步骤三：点击“申请身份认证”按钮后，进入职业资料填写页面，按照要求分别填写所在行业、所属单位或组织、补充信息并上传证明材料，完成后点击最下方的“提交”按钮即可。

提交后头条号创作者会收到系统发送的消息：“你的认证申请已经提交，会在7个工作日内审核，请耐心等待”。系统审核通过后，职业认证就完成了。

3.3.3 兴趣认证

兴趣认证，顾名思义，就是今日头条平台对创作者兴趣特长的一个认定。兴趣认证通过后，会显示在头条号下方，类似于头条号内容名片，能够在第一时间向用户展示头条号内容的专注方向，继而帮助创作者精准吸粉、圈粉。

那么头条号创作者如何进行兴趣认证呢？以手机客户端为例，兴趣认证的具体步骤如下。

步骤一：点击今日头条App，进入今日头条首页后，点击右下角“我的”按钮，如图3-22所示。

图 3-22　今日头条 App 首页（三）

步骤二：在头条号名称右侧点击“申请认证”按钮，如图3-23所示。

步骤三：执行操作后，进入“头条认证”页面，点击“兴趣认证”后面的“去认证”按钮，如图3-24所示。

步骤四：执行操作后，在“兴趣认证”页面，可以看到成长体系、创作者申请条件和创作者考核规则三大板块信息，所有条件均满足并了解考核规则后，点击“申请创作者”按钮，如图3-25所示。

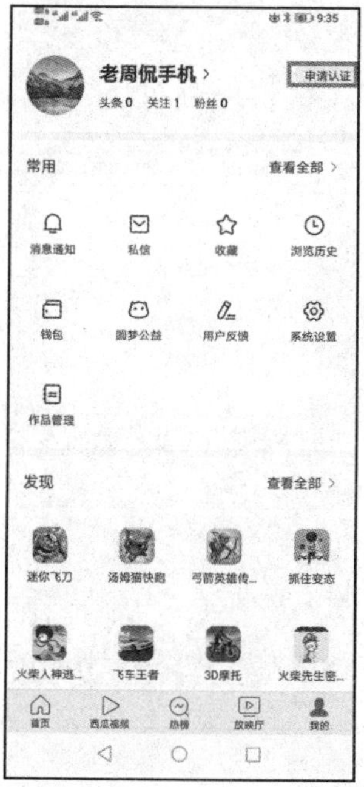

图 3-23　“申请认证”页面

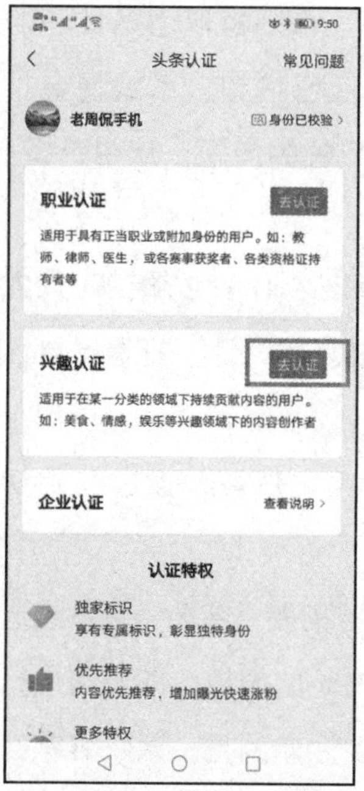

图 3-24　“头条认证”页面（二）

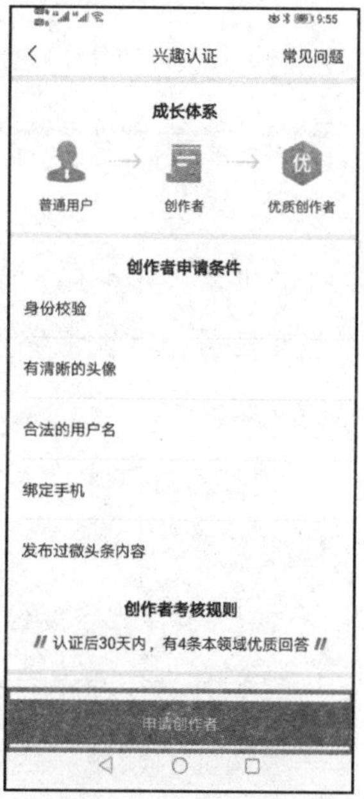

图 3-25　“兴趣认证”页面

步骤五：执行操作后，进入“选择兴趣领域”页面。头条号创作者可以根据自身的创作方向和兴趣选择相应类型。选择好后点击下方“确定”按钮，会弹出“确定要申请为××领域的兴趣认证吗？考核期内不可修改认证领域”的提醒，点击“确认申请”即可，如图3-26所示。

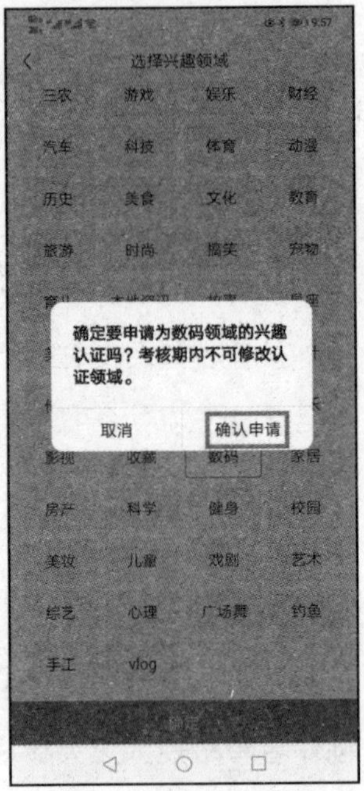

图 3-26　“选择兴趣领域”页面

步骤六：点击“确认申请”后，系统会弹出“已认证，进入考核期”的提醒，要求头条号创作者回答所选兴趣类型领域的问题，30天内有4条申请领域的优质回答，即可通过考核。点击“好的”按钮，即可完成认证程序，如图3-27所示。

图 3-27　已认证提醒

步骤七：认证完成后，回到“头条认证”页面，头条号创作者会发现兴趣认证板块中有了“请30天内完成任务，否则将取消认证”的提醒。点击“去回答”红色按钮，系统便会推荐给头条号创作者需要回答的问题，从中选择4个问题回答。

需要注意的是，头条号创作者必须在30天内完成任务，才能最终通过兴趣认证，打造出自己的亮丽名片。

那么如何才能快速完成任务，通过兴趣认证呢？

（1）在垂直领域回答问题。头条号创作者选择问题时必须选择自己擅长的领域，即申请进行兴趣认证的领域。但需要注意的是，系统推荐回答的问题并非都是头条号创作者申请认证领域内的问题，因此头条号创作者需要选好领域。

（2）回答高品质内容。头条号创作者在回答内容时要用心，条理要清晰，最好是自己亲身经历的，有图有真相的，这样才更具感染力和说服力，才更容易被推荐到首页。

（3）持续回答。头条号创作者需要多回答问题，确保每天都有优质内容产出，如此才能快速通过认证。

3.3.4 加“V”认证

头条号加“V”，一来可以提高辨识度，二来可获得平台更多流量支持，三来可以彰显创作者的身份，在用户眼中获得更高的“第一印象分”。因此，对头条号创作者而言，顺利加“V”对于今后的发展有着非常重要的意义。

头条号创作者通过兴趣认证后，如何为头条号加“V”呢？想要加“V”，创作者必须持续创作优质内容，申请成为优质领域创作者。

那么如何成为优质领域创作者呢？今日头条平台要求创作者必须符合四个条件才可以申请，如图3-28所示。

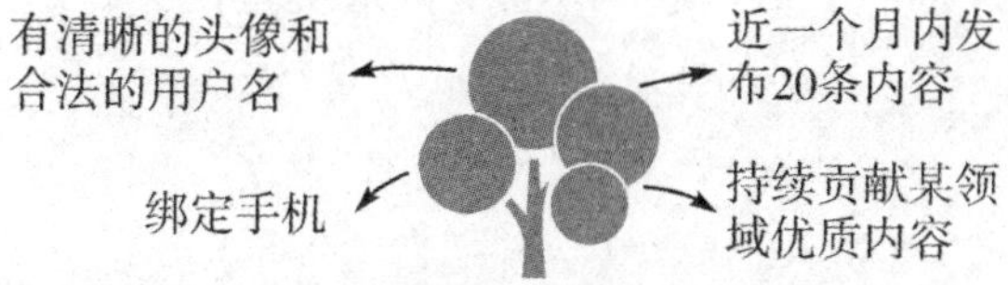

图 3-28　优质领域创作者申请条件

在这四个条件中，最难满足的是“持续贡献某领域优质内容”。想要顺利满足这一条件，成功通过加“V”认证，头条号创作者需要在垂直内容上发力，可以发微头条，发头条文章，去悟空问答回答问题，但是一定要固定在所申请的领域。

3.3.5 企业认证

头条号企业认证是平台针对企业诉求提供的“内容+营销”服务，通过认证的企业主不仅能获得官方认证标识，而且能通过微头条、文章、问答、视频等多种形式构建内容营销闭环。更重要的是，通过企业认证的头条号，还可获得定制商家主页、卡券发放等多款营销以及内容创作工具。

头条号企业认证步骤如下。

步骤一：登录认证页面。认证人需要用电脑登录renzheng.toutiao.com，登录账号即为认证账号。

步骤二：开启认证。进入头条企业认证界面，点击“开启认证”。

（1）右上角登录账号即为认证账号，提交认证后不可修改账号。

（2）仅支持绑定过手机号的账号登录。假如用户账号尚未绑定手机号，则需要在今日头条客户端绑定手机号后再申请认证。

（3）如果用户没有头条账号，可在登录页面输入未注册的手机号、验证码，系统将为用户生成新的头条账号。

（4）有问题可点击右侧的“常见问题”或者点击“问题咨询”或者联系官方头条号（企业认证助手）私信咨询。

步骤三：支付审核服务费用并提交资料。

步骤四：审核成功。提交资料合规，系统预计会在2个工作日内审核完成。

3.4 权限：账号权限与功能权限

头条号注册成功后，创作者需要了解相应的账号权限和功能权限，为后期运营打下坚实基础。通常而言，一个账号具备的权限和功能如下。

3.4.1 原创保护

长久以来，国内原创作者饱受着侵权、抄袭行为的困扰——辛辛苦苦创作出来的内容经常会被别人盗用，但是却因为检测难、维权成本高等原因无法及时、有效地维护自身的权益。为了保护平台上的原创内容不受侵犯，构建健康、良性的内容生态，今日头条上线了“原创保护”功能。

当前，“原创保护”功能可对23家平台内容进行“搜查”，一旦头条号创作者的文章被这23家平台上的任何一个作者抄袭，都可交由维权机构代理维权，以最快的速度完成删文和维权赔付。“原创保护”功能覆盖的23家平台如表3-1所示。

表3-1 “原创保护”监测的23家平台

平台名称			
微信公众号	AK军事网	爱微帮	17微号网
微头条网	宝宝树	微口网	牛bb文章网
豆瓣	一生一世门户	LOFTER	AcFun网
壹读	铁血社区	什么值得买	知乎
世登网	简书	ZAKER	虎嗅
天天快报	一点资讯	UC头条号	

头条号创作者签约“原创保护”功能后，系统会统计全网抄袭文章，并在后台列表中显示出来。通过“原创保护”功能，头条号创作者可以更好地保护自己的原创权益，具体操作步骤如下。

步骤一：进入头条号后台，创作者会发现左侧今日头条功能列表的下方有一个“原创保护”功能。点击“原创保护”，进入“原创保护”页面，可看到“被侵权原创文章”“疑似抄袭文章”“待维权”“维权中”“维权成功”各板块及数字，“文章列表”中则显示疑似抄袭的文章。

步骤二：选择一篇疑似抄袭的文章，单击操作栏下方的“详情”按钮，进入相应页面，点击标题查看文章内容。如果确认该篇文章在站内或站外存在抄袭情况，创作者可单击操作栏下的“确认抄袭”按钮维权。

3.4.2 评论管理

在头条号后台还有“评论管理”页面，创作者可以查看“图文评论”和“微头条评论”，通过设置的“全部”和“最新”二级按钮，可分别查看用户针对图文和微头条内容所做的全部评论和最新评论，如图3-29所示。

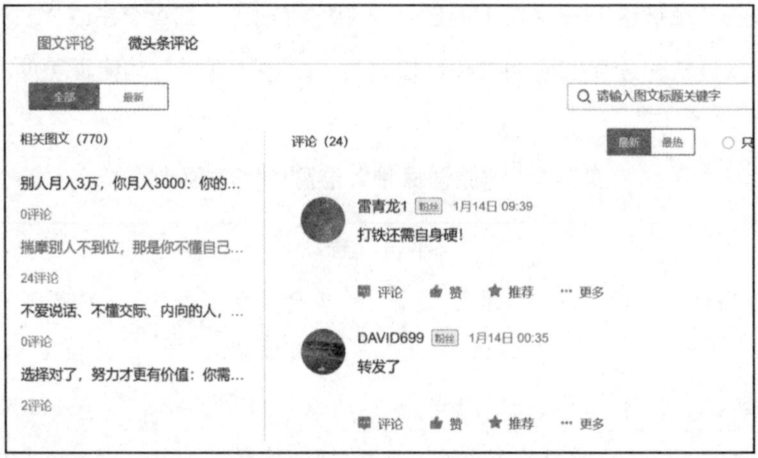

图 3-29　头条号后台“评论管理”页面

通过“评论管理”功能，头条号创作者可以集中管理用户的评论内容，具体如下。

（1）查看评论详情。通过“评论管理”功能，头条号创作者可以集中查看所有内容评论或者某一文章、微头条的评论，在第一时间掌握用户对发布内容的反馈。

（2）集中处理评论。通过评论下方的“评论”“赞”“推荐”“删除”等按钮，头条号创作者可以及时回复用户评论，对精彩评论点赞，删除违规和不友好评论等。

3.4.3 内容管理

头条号后台的“内容管理”功能，可以让头条号创作者方便地了解和图文、爆文、微头条、小视频、问答内容相关的信息，通过针对性操作快速优化内容，如图3-30所示。

图 3-30　头条号后台“内容管理”页面

具体而言，头条号创作者通过“内容管理”可以快速地完成两个方面的操作。

（1）快速查看内容。头条号创作者可查看图文、微头条、小视频、问答内容处于何种状态，例如内容已发布还是未通过，处于草稿状态还是撤回状态。创作者可以通过“内容管理”快速掌握内容状态，进行针对性操作。

（2）批量处理内容。通过“内容管理”功能，头条号创作者不仅能够将内容置顶，还能从主页撤回、删除，或分享到其他平台。

3.4.4　我的粉丝

“我的粉丝”是今日头条为创作者提供的粉丝管理工具，其页面中有“粉丝概况”“粉丝画像”“粉丝列表”三个功能板块，如图3-31所示。

图 3-31　“我的粉丝”页面

通过“粉丝概况”，

头条号创作者可以了解粉丝数量、新增粉丝、取消关注、净增粉丝和累计粉丝情况。通过分析这些数据的变化，头条号创作者可以精准地了解对应时期内所发布内容和推广措施的效果。

通过“粉丝画像”，头条号创作者能够掌握粉丝的性别比例、年龄分布、地域分布、终端分布、粉丝可能喜欢的内容和关键词，继而有针对性地发布内容，制订互动策略。

通过“粉丝列表”，头条号创作者可以关注粉丝和一对一发送私信。

3.5 其他：不遗漏任何功能模块

头条号后台除了一些常见的功能外，还有其他一些看似冷门的功能模块，但在后期运营中却有巨大的作用。因此，头条号创作者需要详细了解这些功能，掌握具体操作方法，打造适合自身的功能矩阵。

3.5.1 功能实验室

“功能实验室”，顾名思义，就是为头条号创作者提供各种新功能试验的阵地，使用得当，能够为创作者提供更好的功能板块，为用户构建更具体验感的阅读空间。

可以在头条号后台“个人中心”下拉菜单中找到“功能实验室”，点击“功能实验室”选项后，便会进入“头条号实验室”页面，如图3-32所示。

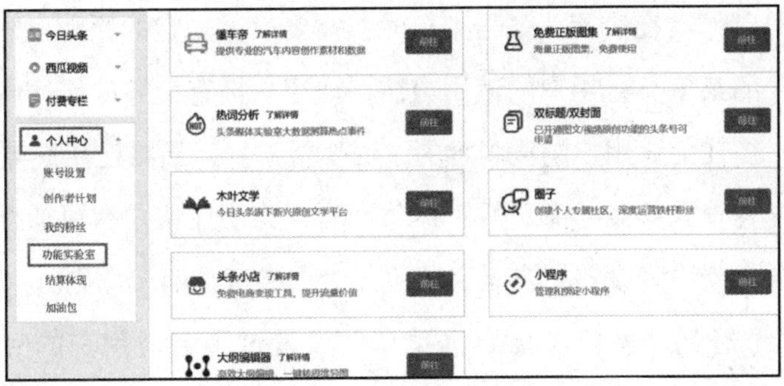

图 3-32　头条号后台页面

“功能实验室”主要为用户提供七个板块的内容和功能，如表3-2所示。

表3-2　“功能实验室”的七大板块

懂车帝	为用户提供汽车领域的创作素材，帮助创作出更优质的汽车内容，主要包括“热门车系”和“懂车帝数据库”两大功能
免费正版图集	为用户的创作免费提供优质正版图片素材，用户可以根据素材信息，通过查询、整合资料，编辑出适合大众阅读的组图故事
热词分析	基于今日头条海量用户行为数据，通过数据挖掘和分析，可以帮助用户捕捉到即时热点，分析热点数据，预测可能出现的热点等
圈子	帮助用户更好地和粉丝互动，让用户可以自由地创建个人专属社区，深度链接铁杆粉丝
头条小店	为自媒体作者提供的电商变现工具，帮助自媒体作者拓宽内容变现渠道，提升流量的价值
小程序	头条号作者通过该功能能够管理和绑定小程序
大纲编辑器	为用户提供大纲笔记功能，目的在于帮助头条号用户获得更美好的创作体验，帮助作者收集灵感、构思结构、积累素材

3.5.2　自定义菜单

让用户拥有良好的阅读体验，离不开“自定义菜单”的支持。头条号的“自定义菜单”设置得很巧妙，一方面能够装饰头条号门面，让头条号看起来更具个性，另一方面则能快速让用户找到自己感兴趣的东西，让头条号在用户眼中更具价值感。

头条号创作者在设置头条号菜单时，需要遵循一定的原则，才能保证最终设计出来的菜单契合用户的使用习惯，让用户拥有良好的阅读体验。假如胡乱设置，往往会让用户浏览内容的过程变得繁复，最终让用户弃之而去。

那么如何设置头条号菜单呢？具体而言，为了让用户有更加顺畅的阅读体验，头条号创作者设置“自定义菜单”时需要遵循四个原则。

（1）适宜的个数。“自定义菜单”设置过多会对用户的阅读造成阻碍，因此头条号创作者需要根据实际需求规划菜单数量。今日头条规定一级菜单最多只能设置3个，且每个一级菜单下最多只能设置5个二级菜单。

（2）名称精练。为了显示出最好的效果，今日头条规定头条号一级菜单名称不能超过4个汉字（8个字符）。因此，头条号创作者在为菜单取名时，要坚持精练原则——菜单名称要能高度概括信息，简短精练。

（3）链接规范。由于头条号菜单链接的其实是一个个可跳转的网页，因此在链接网页时需要遵守今日头条相关规则，具体规则如表3-3所示。

表3-3　菜单链接规则

规则一	违法、低俗、色情、敏感类信息绝对不能出现在菜单链接中
规则二	菜单链接的网站不能为电脑端网址，也不支持二次及以上跳转
规则三	所链接的网站必须有ICP备案，且不能含有恶意代码
规则四	一些内容不能出现在跳转页，诸如私人联系方式、微商、财经、股票操作等

（4）规范添加。头条号创作者在设置头条号菜单时，要规范操作，如按照步骤设置，按照提示提交，如此才能快速通过系统审核。

设置“自定义菜单”时，一级菜单和二级菜单设置的步骤大同小异，以电脑端设置一级菜单为例说明，步骤如下。

步骤一：登录头条号后，进入后台，点击“自定义菜单”按钮，进入“自定义菜单”页面之后，单击“菜单管理”右侧的“增加新菜单”按钮。

步骤二：单击“增加新菜单”按钮后，会弹出“请输入菜单名称”对话框，输入想好的菜单名称后，单击“确认”按钮。

步骤三：点击“确认”按钮后，返回“自定义菜单”页面，在新增的自定义菜单右侧的“设置动作”一栏下方，点击“添加网页”按钮，在弹出的“网页地址”对话框中输入要跳转的网址，单击“保存”按钮即可。

3.6 升级：掌握快速度过“新手期”的秘诀

为了确保平台内容品质，今日头条会将部分创作履历不足的作者标定为“新手”，为其设置了“新手期”。处于“新手期”的头条号又叫新手号，只能享受正常号的部分权益，经过一段时间的试运营，达到了今日头条平台对正常号的要求和标准之后，便可完成“转正”，享受平台给予的更多权益。

“新手期”的审核机制包括机器筛选和人工审核两部分。平台首先会根据文章的各项数据，筛选出一批可能“转正”的新手号，之后再由人工去判断账号发文的质量，从平台推荐的新手号中选出一部分“转正”。

3.6.1 快速被系统筛选的方法

用户阅读数是系统对文章做出各种判断的基础数据，因此想要吸引系统的“目光”，头条号创作者需要最大限度地提升文章的阅读量。

具体而言，提升文章阅读量的方法如表3–4所示。

表3–4 提升文章阅读量的方法

文题契合	标题党只会引起用户的反感，降低用户的阅读兴趣，缩短用户的阅读时长
内容有趣	文章内容要有趣味性，不枯燥，才可牢牢抓住用户眼球

续表

通俗易懂	内容不能过于深奥，要尽量避免使用晦涩难懂的词语
层次分明	层次分明的内容阅读起来更具节奏变化，可采用观点鲜明的小标题
图文并茂	恰当地插入精美的图片，能够大大提升文章的可读性
坚持原创	原创才具真实感，且更有个性，摘抄的内容千篇一律，很难留住用户
头条号首发	系统会对全网内容进行比对，如在其他平台上首发，系统对文章的“好感度”会降低
减少修改数	确定文章内容再发布，减少文章修改次数可提升系统对文章的“好感度”

3.6.2 快速通过人工审核的方法

和系统审核看重用户阅读数据不同，人工审核主要看重内容的质量和垂直度。因此，想要快速通过人工审核，处于“新手期”的头条号发布的内容必须要有较高的质量和垂直度。

（1）看内容质量。

处于“新手期”的头条号需要持续生产优质内容，减少生产低质内容，杜绝发布低俗、敏感内容。内容品质不达标，即使侥幸被系统筛选出来，也不会通过人工审核。比如有些处于“新手期”的头条号为了提升阅读量，会发布很多低俗内容，虽然有可能被系统筛选出来，但会被人工审查出来，不仅过不了“新手期”，反而还可能因此被贴上“不良”标签，降低权重分值，甚至可能被直接封号。

（2）看垂直度。

创作者需要在自己选择的领域内创作内容，提升专业性，减少其他领域的内容。比如，头条号定位于电子产品评测，却经常发一些本地资讯、娱乐、旅游类内容，这样必然会影响账号的垂直度，继而降低人工审核的通过率。

第 4 章

写文：只有优质内容，才有高度关注

头条号想要牢牢抓住用户眼球，火起来，还需要打造出足够精彩的内容。要知道用户之所以关注头条号创作者，目的在于找到对自己有价值的内容，或加强知识储备，或学习技能技巧，假如头条号缺乏这些内容，便意味着其对用户“无用”，用户自然就不会关注。

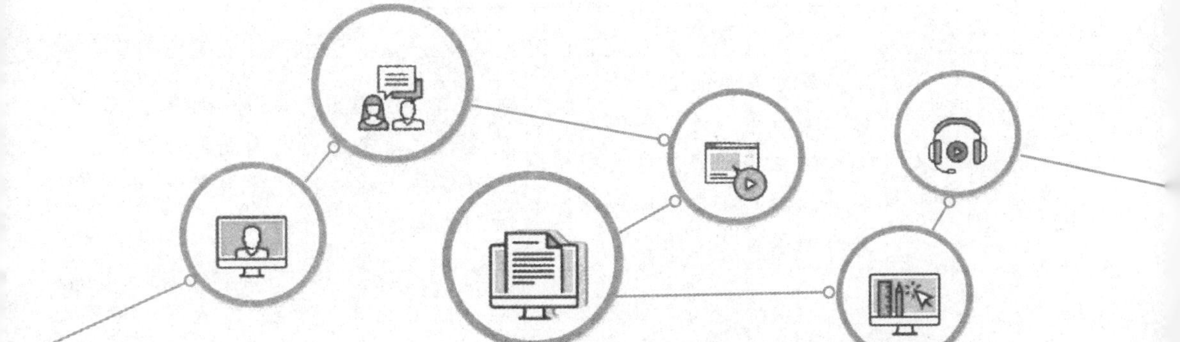

4.1　了解：10万+的头条内容都长什么样

正所谓“知己知彼，百战不殆”，想要做好头条号，写出好内容，头条号创作者有必要了解10万+的头条内容都长什么样。

4.1.1　头条号“环球网”

截至2020年1月15日，头条号“环球网”拥有1442万名粉丝，获赞6550万个，堪称不折不扣的今日头条“大咖”，如图4-1所示。

图 4-1　头条号“环球网”

头条号“环球网”为什么能够吸引千万粉丝的关注呢？原因在于其能够提供优质的内容，让粉丝获得想要的价值，帮助大家变得更加优秀。

具体而言，“环球网”发布的内容可以概括为四类，如表4-1所示。

表4-1　“环球网”内容分类

内容类型	解释	举例
全球资讯	世界各地发生的最新事件、奇闻逸事等，是“环球网”发布的主要内容，这些内容能够让用户获得全球视野，更好地了解“地球村”	《澳山火已致29死，强降雨有望缓解火情却易引发山崩》 《日本袜子店终身免费换新！破洞或起毛都可以来换》

续表

内容类型	解释	举例
社会新闻	主要聚焦国内发生的各种正能量或新奇事件，因为关乎你我他，所以深受用户喜爱	《看见两年过年没回家的儿子，他的反应看哭了无数网友》 《出差回来家被洗劫一空，原来是女友还款卖光家具》
娱乐新闻	报道影视新闻，关注名人最新动态，以此为自身注入青春、趣味、潮流元素，吸引年轻人眼球	《2020年春节联欢晚会第一次彩排，你想知道的都在这里了》
军事新闻	军事是国内用户比较关注的内容板块，因此“环球网”也聚焦军事新闻，以优质的深度军事报道吸引用户眼球	《美军考虑减少非洲驻军，将资源转移到本土或太平洋》 《中菲两国海警在马尼拉湾海域展开联合海上演练》

4.1.2 头条号“十点读书”

截至2020年2月26日，头条号“十点读书”拥有粉丝240万名，获赞228万个，是今日头条文化领域内的原创旗手，深受用户喜爱和推崇，如图4-2所示。

“十点读书”之所以能够获得用户青睐，最关键的一点在于其深耕“读书”二字，依托垂直化、专业化的内容俘获用户芳心。

具体而言，“十点读书”发布的内容可分为三大类，如表4-2所示。

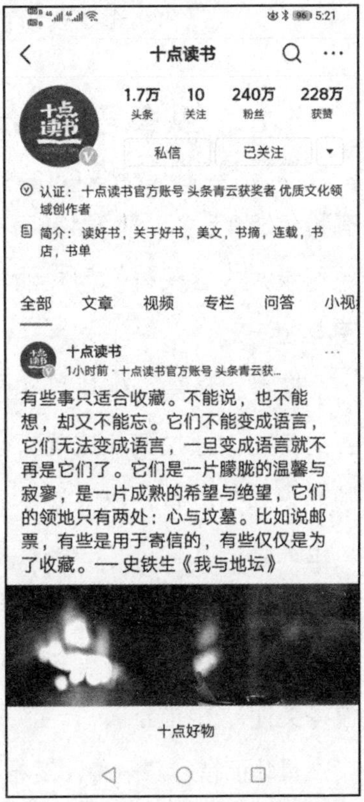

图 4-2 头条号“十点读书”

表4-2 “十点读书”内容分类

内容类型	解释	举例
书籍精研	此类内容主要为那些没有时间精读名著的用户剖析名著中的人物、金句等，帮助用户了解名著，爱上名著	《我用鲁迅的金句，怼赢了90%的杠精和键盘侠》 《〈月亮与六便士〉：人生怎么过，才能不后悔》
生活感悟	生活中遇到了什么事情，产生了什么感悟，“十点读书”会将这些正面的感悟输送给用户，让用户获得继续奋斗的信心和力量	《最好的余生：身上无病、心中无事、家人相伴》 《真正有福气的人，都很善良》
女性情感	女性是柔弱的、感性的，因此“十点读书”将很大比例的内容聚焦于女性情感，关注女性的生活和工作，为她们指出正确的前进方向	《婚姻里最绝望的不是吵架，而是从不吵架》 《高层次的女人，都懂得这个说话习惯》

4.1.3 头条号“一条”

截至2020年2月26日，头条号“一条”拥有粉丝579万名，获赞436万个，凭借着优质的纪录片内容获得了用户的喜爱和追捧，如图4-3所示。

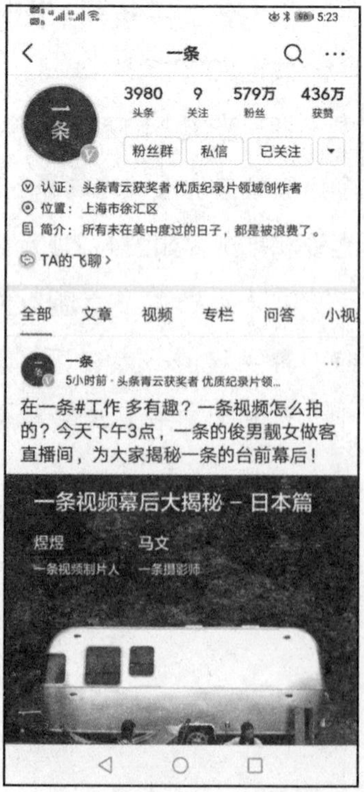

图 4-3 头条号“一条”

深度、醇美、优质是头条号“一条”内容的特点。通过聚焦成功人士、个性人物或励志人物的故事，以及展示各地独具特色的风土人情和文化，“一条”发布的内容给予用户强烈的代入感和深刻的生活启迪。对用户而言，这种有趣、有料、有用的内容自然值得关注，值得铭记。

具体而言，“一条”发布的内容主要可分为三大类，如表4-3所示。

表4–3 “一条”内容分类

内容类型	解释	举例
人物励志	人物励志内容是“一条”最具吸引力的内容，通过再现成功人士、个性人物、励志人物的经历，让用户从中获得某种启迪，汲取巨大的奋斗力量	《湖南姑娘3年冒死拍下水下中国，外媒都无法超越》 《一个上海吃货画红烧猪蹄成神，金庸、林青霞都曾为他点赞》
痛点剖析	在生活和工作中，人们总会遇到某些令人无奈而又解决不了的痛点，“一条”通过聚焦和剖析这些痛点，让用户抓住痛点背后的本质，掌握解决痛点的思路和方法	《90后睡眠报告：一边熬夜作死，一边疯狂自救》 《漂泊在外，放不下的乡愁》
文化深析	文化是最具感染性的力量，往往能够“润物于无声”，因此文化类内容是“一条”发布的重点内容	《土味审美，中国第一》 《他肢解卡通人物，不但没毁童年，还备受追捧》
社会解读	全球发生的热点、奇事、趣事、好事、坏事等，都是“一条”深入剖析的对象。通过对事件的深入解读，“一条”发布的内容在用户眼中更具亲切感，更吸引用户关注	《2019年，中国付费自习室的元年》 《日本市中心最强违建房：没屋顶，一家五口每天露营、烧烤、泡温泉》

4.2 策划：做好这一点，新手也能篇篇10万+

拥有10万+阅读量的文章绝大多数都不属于“神来之笔”，而是精心策划的产物。因此，头条号创作者在写文前要做好策划、选好方向、定好类型，这样写起来才能下笔成章，成稿后才更能吸引用户眼球。

4.2.1 确定选题

一个好选题是打造爆款内容的重要基础，假如选题不对，那么文章的内容即使技巧再好，画面再美，也不会受到用户关注。因此，策划必须首先确定选题，为文章内容指出清晰的方向。

那么如何确定选题呢？头条号创作者可以从两个方面入手，如图4-4所示。

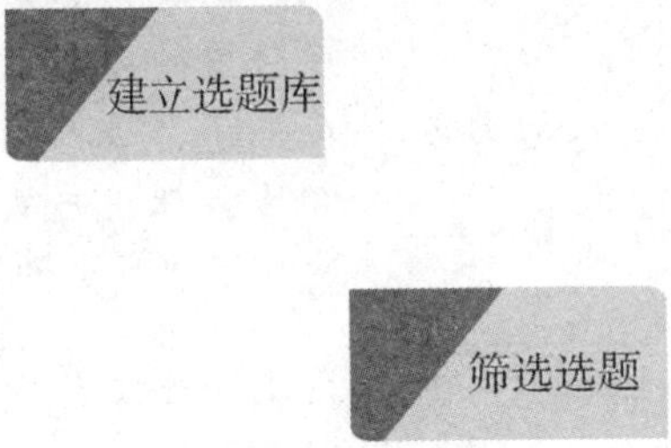

图 4-4 确定选题的方法

（1）建立选题库。今日头条上的优质内容大都为原创，而原创性选题大都出自生活。在日常生活中，头条号创作者可以生活为源泉，建立一个选题库，为文章创作储备丰富的选题资源，便于在创作时选用。

可通过三种方法丰富选题库，如表4-4所示。

表4-4 丰富选题库的方法

关注热点	热点本身自带流量，因此热点选题吸睛的能力非常强。头条号创作者在日常生活中可以多关注今日头条实时热搜榜、微博热搜榜、百度搜索风云榜等，将热点收集起来，结合自己的头条号定位，从中挖掘可用热点题材
关注竞争者	竞争者和头条号创作者的目标用户相同或相似，通过分析竞争者吸引用户的选题，头条号创作者可以有针对性地收集选题，然后在此基础上寻找高价值切入点
关注生活	生活选题之于用户最为亲切，最具代入感，因此头条号创作者可以通过深挖生活事件，形成具有感染力的选题

（2）筛选选题。创建了选题库，积累了丰富的选题资源，头条号创作者在写文时还需学会筛选，找到一个最可能成为爆款的选题。

筛选选题时，头条号创作者需要考虑两个问题。

一是用户的心理需求。用户期待什么内容，头条号创作者就选什么内容的选题，比如用户希望多了解各地的美食，头条号创作者的选题就可定位为“各地口水美食大放送”。

二是选题可行性。确定选题是一回事，能够将选题写好又是另外一回事，头条号创作者在筛选选题时必须考虑可行性问题，它包括四个要素，如图4-5所示。

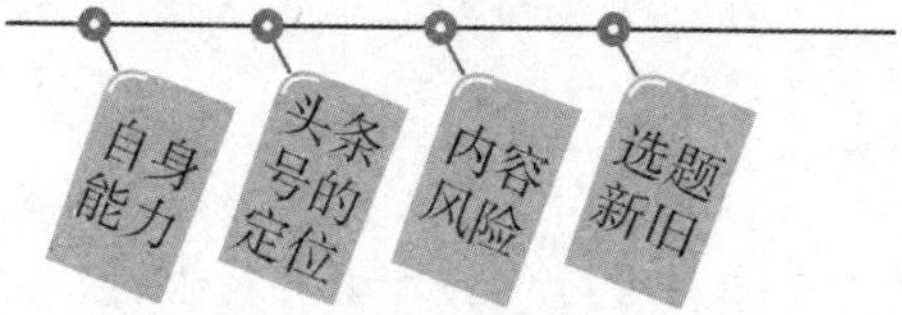

图 4-5　选题可行性四要素

4.2.2　选定文章类型

确定好选题后，头条号创作者的策划便进入“选定文章类型”阶段。文章类型不同，向用户传递的价值就不同，让用户拥有的阅读体验也不同。因此，头条号创作者需要根据选题确定合适的文章类型。

常见的选题和对应的文章类型如表4-5所示。

表4-5　常见选题和对应文章类型

选题	对应文章类型	解释
情感类选题	情感美文	此类型文章文字富有情感，且故事性较强，能够温暖人们的心灵，输送强大的情感能量
价值类选题	干货分享	价值类选题通过分享价值俘获用户芳心，因此适合干货分享类型的文章，将某一领域内的价值点一一剖析，呈现在用户眼前，帮助用户增强自身知识储备和解决问题的能力
热点类选题	新闻解读	热点类选题通常自带流量，但想要将其自带的流量激活并无限放大，头条号创作者还需对其进一步解读，加入个性化、差异化观点

4.2.3　收集素材

选题和文章类型确定后，头条号创作者还需要准备素材，以确保文章

“血肉丰满”，有趣、有料、有差异化。

通常而言，头条号创作者可以分三步收集文章的素材，如表4-6所示。

表4-6　收集文章素材的步骤

步骤	具体内容
建立分类素材文件夹	针对选题和文章类型分门别类建立文件夹，方便需要时快速找到
搜索关键词	在今日头条、百度、微信、搜狗等搜索引擎中输入素材关键词，搜索相关素材，比如“运营”“瑜伽技巧”“汽车类型”“电子新品”等
整理素材	搜索到素材后，头条号创作者需要对素材进行整理，分门别类，将之存放到对应的文件夹中

4.2.4　固定框架

策划文章的最后一步是固定框架，即确定文字以什么样的结构出现在用户眼前。框架是文章内容的骨架，框架搭建好，文章内容才更具魅力和诱惑力，在用户眼里才更惊艳。

通常而言，文章框架有四种类型，如图4-6所示。头条号创作者可根据表达需要选择最适合自己的框架。

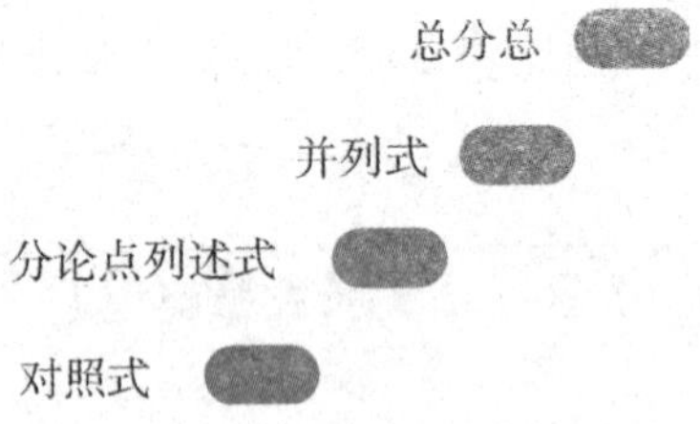

图 4-6　四类文章框架

（1）总分总。总分总的文章结构较为常见，其特点是开头表达观点，中间分别表述，结尾总结。以主题“我爱吃瓜”为例，其总分总结构为：

我爱吃瓜（总述观点），

我爱吃西瓜（分述一），

我爱吃哈密瓜（分述二），

我爱吃脆瓜（分述三），

…………

每种瓜都有自己独特的味道，带给我别具一格的味蕾体验，我爱它们（总结）。

（2）并列式。从若干方面切入，各部分不分主次、并列平行地叙述事件、说明事物。并列式结构的特点是将事件、事物或者论题分成几个方面叙述、说明和议论，每个部分都是完整的，和其他部分是并列平行的关系。

（3）分论点列述式。开头提出中心论点，之后以分论点的形式从不同的角度来论证中心论点。

（4）对照式。对照式的显著特点是一正一反、一阴一阳、一实一虚，在内容上是将真和假、好和坏、美与丑、善与恶或者其他对立的两方对比抒发感情、议论和记人叙事。

4.3 标题：增添文章吸引力的秘诀

标题就像文章的眼睛，优质的标题能让内容更有魅力。特别是在信息爆炸的今天，很多人甄别内容的方法就是看标题，标题好才会点击阅读和观看，标题缺乏吸引力，内容再好也没有点击量。

因此，想要提升内容的阅读量，头条号创作者必须打造出一个充满诱惑力的标题，以便在第一时间抓住用户的眼球。

那么，怎么起标题呢？常见的标题类型有以下几种。

4.3.1 对比式标题

对比式标题是通过今夕、成败、价值等的对比营造强烈反差效果以吸引用户关注的标题。这类标题由于前后反差大，效果明显，警示性较强，因此往往能在第一时间锁定用户眼球，吸睛力较强。

头条号“澎湃新闻”发布的一篇名为《对话张志超案当事人王广超：

人生变轨，当年想考学如今开货车》的文章，所用标题便通过“当年想考学”和“如今开货车”营造出了强烈的今昔对比效果，为用户勾画出了被冤案改变的悲剧人生轨迹，继而快速地引发用户情感上的共鸣，最大限度地激发了用户的阅读欲望，如图4-7 所示。

图 4-7　对比式文章标题

4.3.2　方法式标题

方法式标题是以解决问题的方法吸引用户关注的标题。这类标题通过提炼正文阐述的方法和技巧，以实用价值吸引用户关注，刺激用户点击阅读正文。

如头条号“秋叶PPT”发布的一篇名为《临下班老板让我创建几百个超链接跳转，我就用了1秒，绝不加班》的文章，标题非常吸引人。“几百个超链接1秒完成”——这句暗示方法非常简单实用，对有相关需求的用户的吸引力自然非常强，如图4-8所示。

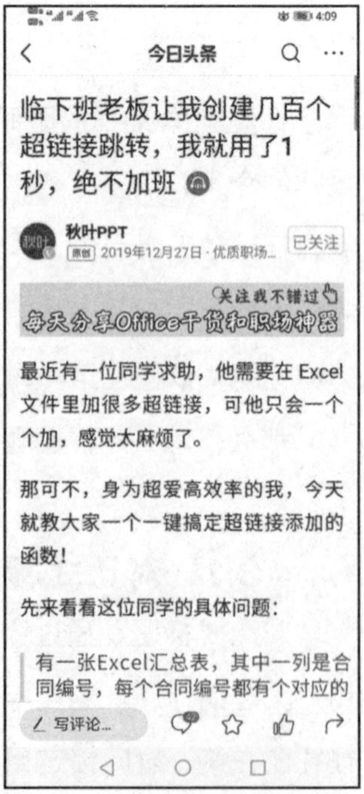

图 4-8　方法式文章标题

4.3.3　隐晦式标题

隐晦式标题是指通过提前预设一个问题吸引用户注意力的标题。人人都有好奇心，当用户发现一个自己不了解的问题时，他们想要继续探索的欲望便会被无限放大，自然更倾向点击标题阅读正文。

头条号“环球网”发布的一篇名为《“水城”风光不再？威尼斯水位大幅下降多处河道

干涸》的文章，便采用了隐晦式标题，通过设问的方式营造了一个很大的悬念：为什么威尼斯的水位会下降？继而刺激用户点击标题阅读正文，寻找答案，如图4-9所示。

具体而言，头条号创作者可以通过如下两种方法拟定隐晦式标题。

（1）设置悬念。可以通过设置疑问句营造出强烈的悬念，继而刺激用户的好奇心，激发他们阅读正文的欲望。比如“华为手机真的能挡子弹？”以疑问语气营造了强烈的悬念感，令用户好奇心大增。

（2）说一半留一半。将事情的原委在标题中说一半，另一半则放在正文中，激发用户的好奇心，增强用户点击阅读正文的欲望。

图 4-9　隐晦式文章标题

4.3.4　借势式标题

借势式标题是指借助名人、名企、权威等的影响力提升文章吸睛力的标题。名人、名企、权威等都自带庞大流量，假如标题中融入名人、名企、权威等元素，借助他们的影响力，将大大增加用户阅读正文的欲望。

头条号“深蓝学府”的一篇标题为《不是海尔亦非魏桥！山东制造企业之王强势上位》的文章，阅读量就超过10万次。这篇文章的标题巧妙地借“海尔”和“魏桥”的名企之势，强调了正文将要介绍的企业之强，继而大大激发了用户点击阅读的兴趣，如图4-10所示。

图 4-10　借势式文章标题

4.3.5 数字式标题

通常而言，越是具体的数字越能将抽象化为具体，越能刺激人的视觉，在人们内心留下深刻印象。因此，包含数字的标题往往吸睛力十足，能够在第一时间激发用户探索数字背后秘密的好奇心，提升内容的阅读量。

数字式标题可以分为两类。

（1）单一数字标题。这类标题往往只有一个特别大或者极其小的数字，以营造一种惊奇效果，吸引用户点击阅读内容。当然，单一数字标题还可以和“一晚”“一小时”“一个月”等时间限定词搭配，通过限定时间强化数字的夸张性，继而刺激用户的阅读欲望。

头条号“中国青年网”发表的一篇文章便使用了单一数字标题，极大地刺激了用户阅读的兴趣，如图4-11所示。《一晚喝掉16万的茅台，深圳一国企负责人：喝的是“快乐的酒”》，这篇文章的标题中，“16万”看似不大，但是搭配上“一晚”，却形成了强烈的对比效果，强化了这家企业年终述职会的奢侈，激发了用户强烈的阅读欲望。

（2）多数字标题。这类标题通常使用两个或两个以上的数字，通过数字大小对比，营造强烈的差异感，在用户心中烙下鲜明的印记，吸引用户点击阅读正文。

头条号“华商韬略”的一篇标题为《李子柒实力带货，这家净利曾亏1789%公司，迎12个涨停却遭6亿套现》的文章，便使用了“1789%”“12”“6亿”三个数字，营造了强烈的对比和曲折性效果，极大地刺激了用户的好奇心，如图4-12所示。

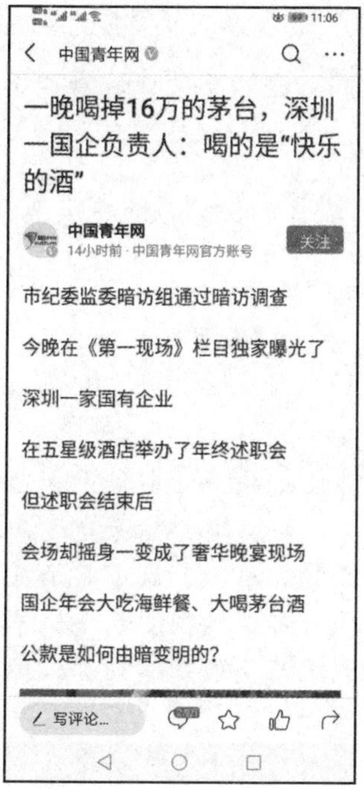

图 4-11　单一数字文章标题

图 4-12　多数字文章标题

4.4　正文：有观点、有干货、有趣味

文章的正文如何，将最终决定内容对用户的吸引力。要知道文章的主题、思想、价值观等都需要正文承载，只有写好、写精了正文，文章在用户眼中才更具吸引力。

那么如何写好正文呢？头条号创作者可以从三个方面入手。

4.4.1　有观点

优质文章的一个重要特征就是有自己的观点，且能够在正文中将观点说清楚、讲明白。比如社会上出现“扶老人被碰瓷”的热点事件，大家普遍都谴责碰瓷老人，但是有头条号创作者却从“为什么老人会碰瓷”这个角度出发，提出了“老年人需要社会关爱”的观点。不管同意与否，因为视角独特，观点新颖，用户都会参与进来，文章的阅读量和评论数自然会大幅提升。

那么在写正文的时候，头条号创作者该如何顺畅地表达观点呢？可按照以下四个步骤操作，如表4-7所示。

表4-7 观点表达的步骤

步骤	解释	举例
建立用户链接	建立用户链接是指将所要表达的观点和用户链接起来，让用户拥有更多的代入感，产生更多的参与感	比如头条号创作者和朋友刚刚吃完火锅，有个摊贩走过来问：“来一罐凉茶？”这个时候头条号创作者肯定会纳闷，刚吃饱了，我还要啥凉茶？但是假如那位摊贩后面再加上一句“辣吃多了容易上火，凉茶则可祛火”，头条号创作者便会恍然大悟，考虑买上一罐
抛出观点	建立好用户链接后，头条号创作者便可顺势抛出观点。需要注意的是，观点要避免说教式，而要采用启发式，因为绝大多数人都不喜欢被人说教，观点说教味太浓，会引发用户的厌烦情绪甚至抵制情绪	比如“男人努力挣钱就是为了养家？瞎扯！”这种感性启发式观点便能立即唤起男性渴望自由、潇洒的情绪，引发他们情感上的共鸣
呈现论据	抛出观点后，还需要用若干论据来支撑，证明头条号创作者的观点是有事实依据的、可信的，如此用户对头条号创作者的观点才会更有认同感。头条号创作者可以用热点、名人事迹、数据等作为论据	比如证明“这家奶茶店成了这座城市的名片”这个观点时，头条号创作者可以这样说—“这家店一年卖出了6亿杯奶茶，排列起来可以绕地球赤道两圈”，具体数字和场景感会让用户更加认同头条号创作者的观点

续表

步骤	解释	举例
结尾	向用户呈现情感价值，放大观点和用户间的链接，让用户更加认同头条号创作者的观点	比如头条号创作者抛出的观点是“每一个不曾起舞的日子都是对生命的蹉跎”，那么在结尾时，头条号创作者可以这样说——“永远别说永远，抓住今朝，立即行动，你才会考上清华，当上主管，抱得美人归……”用户收获的情感价值越大，其对头条号创作者观点的认同感也就越强

4.4.2 有干货

所谓“干货”，是指用户通过阅读能够获得的知识或技能。读了干货类文章后，用户通常会产生“获得新技能”的快感。

因此，头条号创作者在写文的时候，不要“自嗨”于枯燥的理论，而是要侧重知识点的提炼和技能的普及，让用户知其然也能知其所以然。如此，用户才能从文章中获得实实在在的价值，他们才更乐于阅读和分享。

头条号创作者可以通过图4-13所示的四种方法让文章干货感满满。

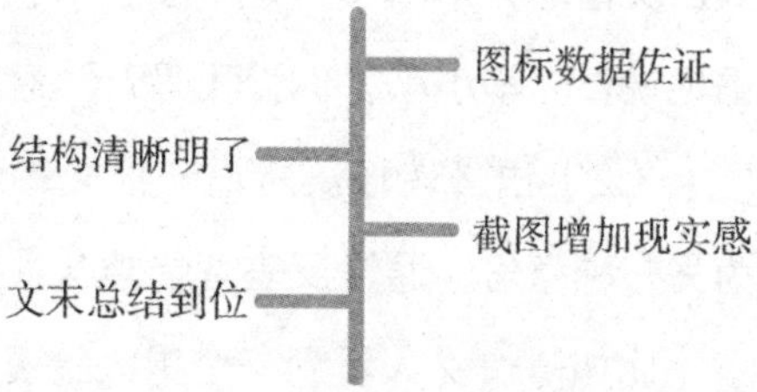

图 4-13　提升文章干货感的四个方法

4.4.3 有趣味

在当前娱乐文化兴盛的大背景下，有趣的内容更易于拨动用户的心弦，甚至让用户“上瘾”。很难想象枯燥乏味的内容能够获得用户的青睐，让用户积极踊跃地转发和分享。因此，头条号创作者在写文的时候要善于为文章注入趣味性，给予用户愉悦感。

文章的趣味性通常可以分为两种：“有料又好玩”和“扎心却有

趣”。“有料又好玩”是指运用幽默的语言、场景再现、游戏等方法向用户传递价值点，通过有趣的、劲爆的言语吸引用户关注。“扎心却有趣”则是指通过特定场景营造出“扎心”的情思情感，在共鸣中让用户感受到难以忘怀的趣味。

不管是“有料又好玩”的内容还是“扎心却有趣”的内容，头条号创作者都可以通过两种方法呈现在用户眼前，锁定用户眼球。

（1）增加文章潜文本。所谓“潜文本”，是指将对白的真实意思藏起来，让人物说真话，“说人话”，说日常会说的话。比如心里想的是“我爱你”，但嘴上说的却是“我恨你”，这样用户读起来就会兴致盎然，津津有味。

将潜文本放在不同环境中才能彰显出其更强的趣味性，比如“李小小，你爱我吗？”这是一句普通对白，但是将其放置在不同的语境中，便会变成不同的潜文本，带给大家更美好的阅读体验。

如若青梅竹马一起长大的对象挽着李小小的胳膊说：“李小小，你爱我吗？”潜文本是“给你一个讨好的机会，快对我说甜言蜜语”。而如若两个人白头偕老，李小小先走一步，对象透过老花镜看着蓝蓝的天，忽然自言自语地说：“李小小，你爱我吗？”潜文本就是“没良心的，我想你了！”

（2）语义转移。所谓“语义转移”，是指将别人想要表达的语义转移为另一种意思，通过反差营造趣味性的方法。

比如一个女人看到一个男人给妻子捏脚，便指着那个男人对自己的丈夫说：“你看看人家的老公！”丈夫连忙拉起妻子的手，说：“咱别同情他，快走！”

再比如，过几天就要到春节了，妻子忙着大扫除，而丈夫却躺在沙发上悠闲地刷抖音。之后展开了这样的对话：

妻：“我当初真是瞎了眼，世界上那么多好男人，却找上了你，比猪都懒！”

夫：“你当初瞎眼了，我都没嫌弃你。现在你眼好了，咋的，要过河拆桥？”

这种语义上的巧妙转移，趣味满满，用户也乐于阅读和分享。

4.5 唤醒：文章要能触动用户情绪

人是情感动物，在品味情感的同时也在不断地表达情感。因此，文章的情感性越强，越易于打动用户的心，触动用户的情绪，让用户留下深刻印象。假如仅仅是罗列一些苍白的言语，用户读起来势必如同嚼蜡，没有丝毫味道，甚至会引发用户的逆反心理。

那么如何才能触动用户的情绪呢?

4.5.1 选一个情感十足的话题

想要文章有情感，语句能触动用户情绪，最有效的方法是选一个情感十足的话题，从源头上提升情感的浓度。

通常而言，情感话题可分为三大类，如表4-8所示。

表4-8 情感话题

类型	解释	话题举例
亲情话题	亲人之间血脉相连，彼此间的情感异常深厚。因此和亲情相关的话题总能惹人关注，令人印象深刻，甚至让人落泪	父爱如山，母爱似海； 帮助我完成学业的哥哥； 跨越千里突然出现在父母面前，他们是怎样一种表情
爱情话题	爱情是每个人心中刻骨铭心的记忆，常常让人难以忘怀。将深刻而又多彩的爱情生动、唯美地展示出来，文字会更具感染力和吸引力	海枯石烂，爱亦永存； 跨越千山万水的相遇； 爱虽累，我却甘之如饴

续表

类型	解释	话题举例
友情话题	人离不开社会，只要在社会中，便会和别人接触，在这个过程中产生友情。友情是人社会化的产物，也是每个人都无比珍视的财富	那个在别人都嘲笑你时拉了你一把的贵人； 睡在我上铺的兄弟； 一杯酒，一辈子

4.5.2 站在用户视角组织语言

视角不同，说话的出发点就不同，文字的感染力自然也就不同。想要文字更有感染力和情感渗透力，头条号创作者在写文的时候就必须学会站在用户的视角组织语言，说用户想听的话，写用户希望看的文字。

那么在具体写文时，应如何站在用户视角组织语言呢？如图4-14所示。

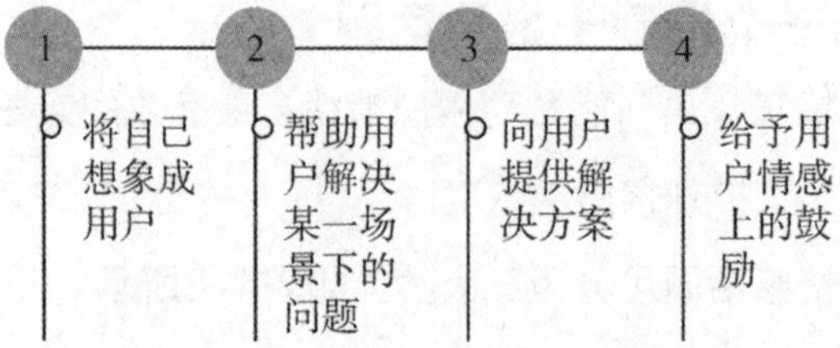

图 4-14 站在用户视角写文的方法

4.5.3 巧妙运用写作手法

写作手法运用得当，可以在很大程度上增强文句的感染力，让字里行间的情感变得更有渗透力，直击用户的心灵。因此，头条号创作者在写文时，需以技巧强化情感，引发用户共鸣。可强化文字情感渗透力的写作手法，如表4-9所示。

表4–9　可增强文字情感渗透力的写作手法

灵活运用修辞手法	比喻、反问、设问、拟人、排比等各种修辞手法的运用可在很大程度上增强文句的情感力
熟练掌握表达手法	生动的叙述、细致的描写、自然的抒情、深刻的议论，可将头条号创作者想要表达的情感淋漓尽致地展现在用户眼前
进行综合性描述	曲折的情节能够放大情感，长短结合的语句则可孕育情感，恰到好处的外貌、语言和动作描写能够让情感更形象、具体，更具感染力，更动人心扉

4.6　细节：好文章需要“精雕细琢”

一篇魅力满满的好文章，不仅要在轮廓框架上有形，还要在细节上具有质感，处处“精雕细琢”，从而珠圆玉润。只有这样才能让用户读起来乐在其中，读后回味无穷。

头条号“纪人物”的文章便善于在细节上发力，比如其在一篇文章中这样写道：“追兵早已被他甩开，他摸着怀中那颗盗出的义军印信，一想到投奔金人后，金银财宝、高官厚禄将纷至沓来，脸上不禁浮现出得意的笑容。”这句话运用了心理描写，将盗取金印之人内心的喜悦、得意之情刻画得活灵活现、惟妙惟肖。

可见，“精雕细琢”的细节可以营造出更好的行文效果，让人物个性更加丰满，故事情节更加生动。因此头条号创作者在写文的时候必须重视细节的雕琢，以完美的细节强化文章的画面感，提升内容的感染力。

4.6.1 人物细节

人物刻画是头条号创作者写文的重点，人物刻画得越生动形象，文章在用户眼中就越有质感，越有可读性。具体而言，人物细节刻画有三个作用，如图4-15所示。

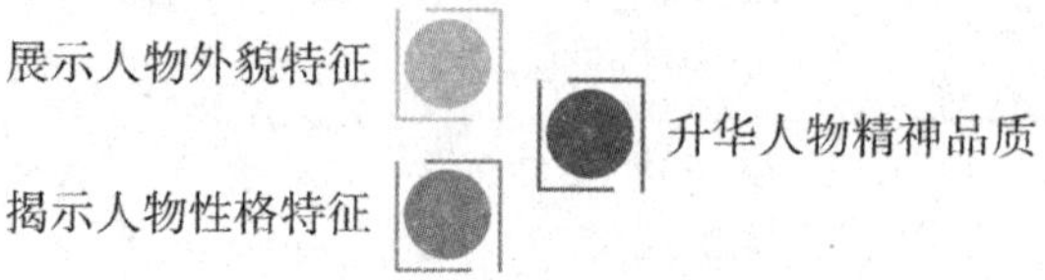

图 4-15　人物细节刻画的作用

而人物细节刻画方法通常有四种，如表4-10所示。

表4-10　人物细节刻画方法

方法	释义	举例
肖像描写	抓住人物典型的外在特征，通过外貌反映人物的个性	她脸部的轮廓很细腻，皮肤白而娇嫩，高高的鼻子，嘴很小且很湿润，眼睛不大，总给人一种眯起眼笑的糖娃娃的感觉
动作描写	通过人物具体动作的描写，反映人物的个性特点或心理状态	她把帽子扭了扭，躬着背，低着头，眯着眼，双手做出捧东西的样子
语言描写	通过人物的独白或对话展现其性格特点或心理状态	秀才说了一句："大雪落地似鹅毛。"这位戴乌纱帽的县官听后马上接了一句："皇家瑞气降人间。"财主笑着说："下它三年又何妨。"
心理描写	对人物在一定的环境中的心理状态、精神面貌和内心活动进行描写	望着满地的碎瓶胆片，我紧张得张开了嘴巴，呆呆地立在那儿，心里忐忑不安，心想万一爸爸回来发现了，准会狠狠批评我的

4.6.2 景物细节

景物细节是指通过描写景物的形貌、神韵等烘托人物形象，或酝酿某种情感。在描写景物时，头条号创作者可以从三个方面对其“精雕细琢”，如图4-16所示。

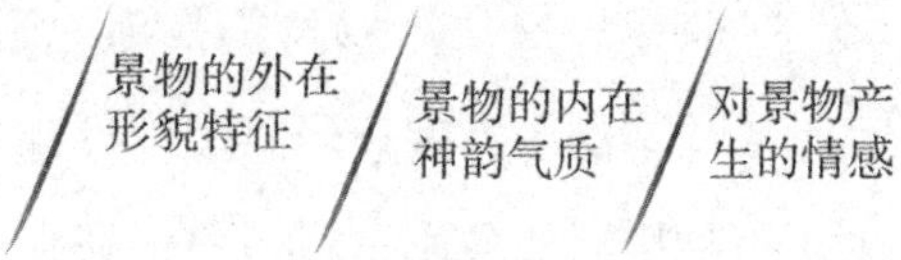

图 4-16 景物细节描写方法

4.7 变通：“种草”文案也适合头条号文章

所谓“种草”，是指将一种事物推荐给另一个人，让另一个人喜欢上这种事物的过程。比如一个人看了网上的某篇文章后，发出这样的感叹：“哎呀，怎么办才好，看了这篇文章，我‘种草’了里面介绍的这款口红！好多明星都在用，我也想试试！”那么这篇文章就成了名副其实的“种草”文，让更多人爱上了这款产品。

2018年3月注册的微信公众号“洪胖胖”，开号一周内粉丝就飙升至30万名以上，之后的文章几乎篇篇都是10万＋的阅读量，推荐什么火什么。“洪胖胖”的“种草”文之所以能够释放出如此强大的吸引力，和其精准的定位有很大关系——在女装时尚号大都聚焦轻奢、高门槛的大背景下，“洪胖胖”却将目标人群锁定为“预算少，不会搭”的“小白”用户，这些“小白”用户有时尚需求，但并不知道自己如何才能花最少的钱达到最棒的效果。“洪胖胖”的文章正好满足了这些人的需求，让她们找到了能够满足自身需求的高性价比产品，内容自然也就有了强大的吸引力，迅速火爆起来。

为什么这类文章能够“种草”呢？答案很简单，这类文章有自己独特的写法，强化了文字对于用户的感染力。头条号文章可以学习这种“种草”文的写法，以超强感染力吸引用户眼球。那么这种“种草”文具体有哪些特点呢？

4.7.1 定位精准

“种草”文之所以具备强烈的感染力，能够让用户心甘情愿地购买产品，最根本的原因就在于其定位精准。“洪胖胖”将目标用户锁定为“预算少，不会搭”的“小白”用户，在文章中专门推荐高性价比的服装，才会获得目标用户的关注和认可，顺利“种草”成功。

同理，头条号文章也需要精准定位，只有做好这一点，头条号创作者才能写出拥有10万+阅读量的文章。那么如何精准定位呢？方法有三，如表4-11所示。

表4-11 头条号内容的定位方法

定位方法	解释	举例
痛点定位	找到用户的需求痛点，解决它，满足用户最急迫的需求	“秋叶PPT”针对的是人们在工作中无法熟练运用PPT的痛点，通过在文章中讲解PPT的使用方法和技巧，解决白领用户的痛点
细分定位	将某一领域内容进行细分，找到一个空白领域或竞争强度小的领域，以专业化内容吸引用户关注	比如将军事内容进行细分，专门专注于“坦克”“舰船”“轻兵器”“导弹”“战斗机”等内容
非主流定位	为自身贴上有别于市场主流产品的标签，开辟另一空白市场，吸引用户关注	“洪胖胖”的文章拥有鲜明的“非轻奢”标签，区别于热衷向用户推荐“轻奢高价”产品的文章

4.7.2 强化关键词

想要对用户产生强大的吸引力，除了定位要精准外，还需要在标题、正文中强化关键词，据此在第一时间锁定用户眼球。比如头条号定位为“淘宝省钱大典”，那么头条号创作者在写文时便要善于运用“20元搞定”“绝对一折”之类的词语强化“省钱”定位，以此吸引追求高性价比用户的眼球。

那么如何精准提炼关键词呢？可以通过以下三种简单而有效的方法实

现，如图4-17所示。

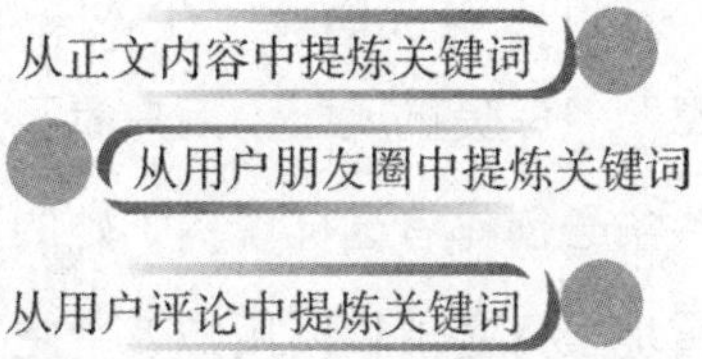

图 4-17　精准提炼关键词三法则

（1）从正文内容中提炼关键词。头条号创作者可以将之前写的文章按照阅读量从高到低进行排列，将这些文章的标题进行关键词提炼，然后将这些关键词进行类比分析，找到出现次数最多的词语。用这种方法提炼的关键词最准确，因为这些关键词反映了用户最想看的内容。

（2）从用户朋友圈中提炼关键词。头条号创作者要尽可能地将用户加为微信好友，查看用户的朋友圈，分析他们的喜好。通过分析用户热衷于分享的内容，头条号创作者能够准确地抓住他们的需求倾向，从而准确地提炼到关键词。

（3）从用户评论中提炼关键词。用户在看完文章后留下的评论对头条号创作者而言是巨大的财富，里面隐藏了用户的需求倾向。头条号创作者可以通过整理分析，从中提炼出准确的关键词，及时调整头条号内容，确保文本内容和用户实际需求相契合。

4.7.3　会“说人话”

内容的目的在于传递信息，因此内容必须能够让用户“一看就懂”，这就是所谓的“说人话”。很多头条号为了标榜所谓的才华，内容上喜欢堆砌词句，短话长说，认为这样的文章看起来才更有魅力。殊不知用户却不这样认为，他们看到此类内容时往往因为读不懂，或者不能在第一时间了解文章主题，继而心生厌恶之情。

因此，头条号创作者需要说走心的话，说能让用户明白的话，而不是说自认为很美却对用户没多少价值的长话、废话。

比如头条号创作者想在文章中描写一个人身上穿的羊毛衫，很多人通常会用“经典时尚”“大气简约”形容，但用户喜欢的却是这样的“人话”：“这款羊毛衫今年很受年轻人追捧，连×××明星都在穿！”

再比如，描述一个人穿的外套保暖性非常好，很多人会说“加绒加厚”“保暖抗风”，用户看了觉得很平淡，没有什么具体的印象。但是假如头条号创作者这样说：“她的这件外套很保暖，里面只穿了个半袖就可以在雪地里打雪仗！”用户就会觉得这件外套不一般，对其保暖性强的印象就会很深刻。

具体而言，头条号创作者在写文的时候可以通过三种方法“说人话”，如表4-12所示。

表4-12 “说人话”方法

方法	举例
打比方	听了他的话，我的心就像三伏天吃了雪糕，心里拔凉拔凉的——以三伏天吃雪糕形容说话带来的震惊效果
举例子	这款羊毛衫今年非常流行，×××大明星都在穿——以明星的例子证明羊毛衫深受欢迎
夸张	千万别跟走出美容院的女孩说话，她可能就是你的大婶子——强化美容院的美容效果特别棒

第 5 章

视频：15 秒短片也能刷爆好友圈

想要做火头条号，头条号创作者除了在图文内容板块发力外，还可以聚焦视频板块。头条号创作者可以根据自身定位、实力和专长，专注视频创作，通过爆款短视频吸引人气，快速吸粉、圈粉，打响品牌知名度。

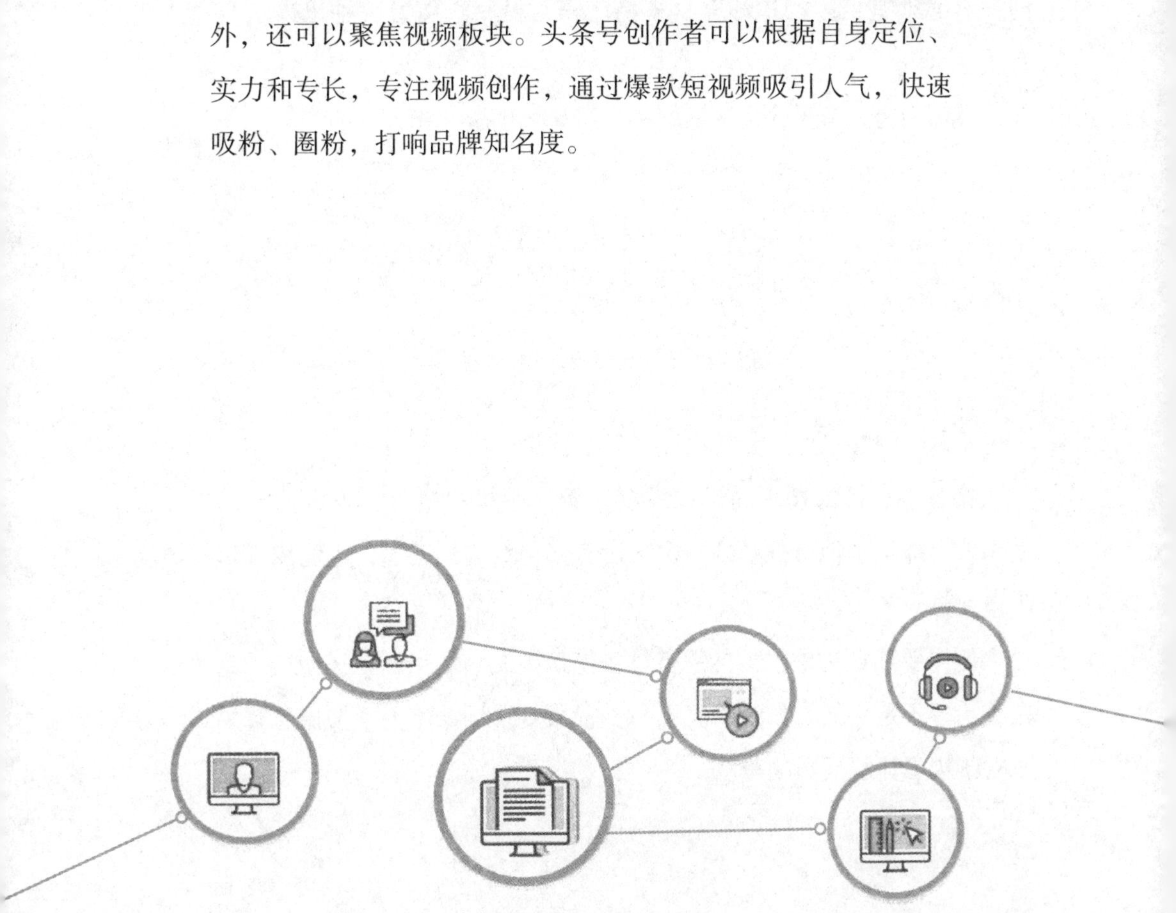

5.1 基础：做好拍摄前准备工作

想要拍好视频，仅仅有一股热情和闯劲是远远不够的，还要提前做好相关准备工作。

那么在拍摄视频前，头条号创作者要做好哪些方面的准备工作呢?

5.1.1 准备器材

正所谓“巧妇难为无米之炊”，想要拍摄出大片级别的视频，头条号创作者必须有相应的摄影器材支持。摄影器材选得好，拍出来的视频才更有质感。

具体而言，常见的摄影器材有三种，如图5-1所示。

图 5-1 常用的三种视频拍摄设备

（1）手机。

随着手机摄像技术的迅猛发展，智能手机的摄影、摄像功能越来越强大，大大降低了拍摄视频的门槛，没有任何经验的普通人也能用手机拍出高质量视频。

但需要注意的是，虽然手机具备携带方便的优点，但在拍摄视频上也存在着诸多不足之处，如清晰度不高、拍摄复杂场景吃力、拍摄时容易抖动导致视频观看体验受影响等。

（2）家用DV机。

相对于手机，家用DV机拍摄视频更加专业，是当前家庭日常拍摄视频的常用设备。用家用DV机拍摄视频的优点较多：镜头变焦能力强大，有的还能实现光学变焦，因而能够拍摄出更加清晰的画质；可操作性较强，易上手，用起来很简单；续航能力比较强，能够胜任长时间的视频拍摄任务。

（3）业务级摄像机。

业务级摄像机拍摄像素更高，拍摄出来的视频画面更有质感，大家在电视上看到的新闻、电视剧、综艺节目等都是由业务级摄像机拍摄的。除了具备像素高的优点外，业务级摄像机还具有储存空间大的特点，能够长时间拍摄视频素材。因此，对主打视频创作的头条号而言，在组建专业拍摄团队的同时，也应购入业务级摄像机。

但业务级摄像机也存在不足之处，如价格昂贵、体积较大、视频后期处理工作量较大等，因此头条号创作者需要根据自身实际需求理性选择。

5.1.2 组建团队，明确职能

专业、持续的视频拍摄工作往往需要团队合作才能圆满完成。因此，在拍摄视频前，头条号创作者需要根据具体视频选题组建专门团队，合理分工，明确职能，这样才能确保视频拍摄工作顺利开展。

通常而言，一个视频拍摄团队的分工如图5-2所示。

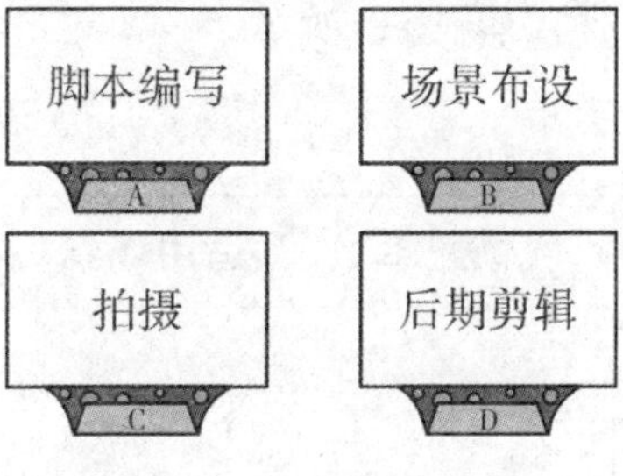

图 5-2 视频拍摄团队分工

5.1.3 知识储备

在拍摄视频前，除了要准备相应的器材和组建团队外，头条号创作者还需要掌握一定的拍摄基础知识，摆脱“视频小白”的身份。

（1）视频格式。

拍摄视频前，头条号创作者需要选好格式，以确保后期视频能够正常上传和播放。

常见的视频格式及特点如下。

①MP4格式。MP4格式是当前最常见的视频格式，这种数字多媒体格式会将拍摄的视频压缩成更小的文件，以实现快速上传和轻松播放。

②XAVCS格式。XAVCS编码可以达到100M以上的码流，在后期编辑时更加灵活。

③XAVCS4K格式。本质上，XAVCS4K格式是XAVCS格式的4K版，这种格式支持更高的比特率、更宽的色域及超高的分辨率。

④AVCHD格式。AVCHD是高清视频编码高清晰度的缩写，是索尼公司和松下电器联合发表的高画质光碟压缩技术。在这一格式下，头条号创作者可以创建720p、1080p甚至更高清的视频。

（2）帧速率。

帧速率是指每秒钟刷新图片的帧数，简单地说就是图形处理器一秒钟能够刷新的次数。比如想要生成顺畅、连贯的动画效果，帧速率一般要大于8fps。

在具体拍摄时，头条号创作者可以根据实际需求在四种帧速率中灵活选择，如表5-1所示。

表5-1　四种帧速率

帧速率	适用场景	内容
24fps	电影拍摄	大多数电影按照24fps的帧速率拍摄，较低的帧率能够捕捉到更多的运动轨迹，拍摄出来的视频动作显得更为真实和流畅
25fps、30fps	电视拍摄	虽然这两个帧速率仅比24fps快一点，但是更适合电视显示率，可使电视播放显示更清晰
50fps、60fps	快速动作	适合拍摄快速动作，拍摄后还可以进行后期制作
120fps、240fps	慢动作	超高帧速率能够让慢动作镜头产生极端的效果

（3）防抖。

拍摄视频的时候，假如摄像器材抖动得厉害，拍出来的视频看起来便会很晃眼、很难受，大大降低用户的观看体验。如此一来，即使头条号创作者发布的视频选题再好，用户也不会产生多大的观看欲望。

因此，在拍摄视频时，头条号创作者必须解决抖动问题。具体解决方法如下。

①借助器材防抖。在拍摄时，借助独脚架、三脚架、防抖稳定器等器材，能获得良好的防抖效果。

②避免大幅度动作。很多时候，抖动问题和拍摄者拍摄时的动作和姿态有很大关系，当拍摄者做大幅度动作时，拍摄工具往往容易发生抖动。因此在拍摄时拍摄者应尽量避免大幅度的剧烈动作：比如用手机拍移动视频时，拍摄者上身的动作要尽可能减少，下身小碎步移动，尽量保持上身的稳定；当镜头需要旋转时，则可以整个上身为轴心，尽量避免移动双手关节。

（4）曝光。

与静态摄影一样，为了保证画质的清晰度，动态的视频拍摄同样需要注意快门、光圈和ISO的设置。

①快门速度。在拍摄视频时，如果头条号创作者将快门的速度设置得过高，往往会导致视频中的运动（包括画面运动和画面内的运动）出现卡顿。因此，在拍摄时，头条号创作者应将快门速度设定为帧速率的两倍。比如，头条号创作者将帧速率设定为25fps，那快门速度最好设定在50fps；帧速率是50fps的话，快门就设定为100fps。

②光圈。光圈的主要作用是决定镜头的进光量以及景深：光圈越大，镜头的进光量就越大，背景越虚化；光圈越小，镜头的进光量越小，镜头景深越大。

③ISO。所谓“ISO”，就是常说的感光度。在曝光不足的场景中进行拍摄时，通常需要适当调高ISO，以保证视频画面获得较好的曝光效果。但

并非设置的ISO越高越好——ISO越高，视频中产生的噪点就越多，视频画质看起来就越差。

通常情况下，ISO的设置标准如表5-2所示。

表5-2　ISO的设置标准

环境	设置标准
晴朗的室外	ISO调到100或200最佳
阴天	ISO调到400或800最佳
昏暗的室内或夜间	ISO调到1600或3200最佳
完全没有灯源	ISO调到12800

5.2　脚本：拍摄前先写好视频框架

脚本是头条号创作者拍摄视频的依据，故事情节走向、镜头运用、景物环境、服装道具等都会体现在脚本中。可见，视频脚本的作用类似于电影、电视剧的剧本，其作用在于提前统筹安排好每个人物要做的事情、要说的话。

5.2.1　完整的剧情编写

编写视频脚本的第一步便是构建出完整的剧情，如此视频创作者才能快速明确主题，呈现价值。通常情况下，头条号创作者可以通过“总分总”的叙事模式来编写剧情，构建框架。

（1）明确事件，阐明主题（总）。由于视频，特别是短视频播放时间较短，创作者不可能在开始时花费太多时间做铺垫，而且大部分用户如果短时间内看不出视频主题便会放弃。因此创作者必须在一开始便说出主题。这就要求创作者在编写脚本的时候，要快速明确人物身份和场景细节。

举例说明。某头条号创作者打算拍摄一个展现父女亲情的15秒短视频，其所编写的视频脚本如下。

工作了一天，爸爸拖着疲惫的脚步走进了家，一屁股坐在沙发上。这个时候，4岁的女儿欢快地跑了过去，两只手里各拿着一个红苹果。

爸爸说："你有两个红苹果，给爸爸吃一个好不好？"

女儿看了看爸爸，又看了看手里的红苹果，然后低下头在两个红苹果上都咬了一口。

爸爸看了后，心里面产生了强烈的失落感。

女儿将苹果咽下后，将右手里的苹果递到爸爸眼前，大声说道："这个是最甜的，爸爸你吃！"

爸爸听后眼睛一红，抱住了女儿，他觉得这是他人生中吃过的最甜的苹果！

这个视频脚本从一开始便进入了主题，爸爸和女儿的身份设定表明这个视频想要表达的是亲情的力量。

（2）详细叙事，导出价值（分）。点出主题后，脚本接下来就需要详细叙事，通过具体的叙事导出价值，强化主题。比如上面的视频脚本，爸爸想要女儿给自己一个苹果，但是女儿却在两个苹果上都咬了一口，在爸爸眼中，这种行为是在宣示主权，因此他非常失落。但是接下来的情节走向却出现了转折，原来女儿是在替爸爸选苹果，想把最甜的那一个送给爸爸。通过详细叙事，亲情主题变得更加形象生动，更感人，让用户体会到了孝心的无价，继而在心中留下深刻印象。

（3）结尾，强化价值观（总）。详细叙事后，脚本就到了结尾部分，这个时候创作者需将想要向用户传递的价值观呈现出来，达到画龙点睛的效果。还是以小女孩为爸爸品尝苹果为例，"爸爸听后眼睛一红，抱住了女儿，他觉得这是他人生中吃过的最甜的苹果"，简短的一句话，突出了孝心的可贵，也引发了用户的反思：自己是否也这样孝敬过父母，有没有将最好的东西留给爸爸妈妈？

5.2.2 人物场景的设定

视频脚本除了要有完整的剧情框架外，还需要有详细的人物和场景刻画，这样才能推动剧情发展，突出主题和价值观。

（1）人物刻画。通过详细的人物语言、表情和肢体动作等表现出人物的性格特征，推动情节发展，强化某种价值观。比如在“小女孩为爸爸品尝苹果”这个脚本中，为了家人终日在外奔波的爸爸，回家后肯定极度渴望家人的关怀。随着故事情节的发展，爸爸的表情也演绎了“疲惫—期待—沮丧—感动”这四种情绪，这种表情上的变化又大大强化了视频“孝心无价”的主题和价值导向。

（2）场景。在视频中，除了人物之外，场景布置也是非常重要的，好的场景不仅能够强化人物的性格特征，还能积极推动故事情节的发展。

在设置场景时，创作者需要贴合故事内容和人物性格，同时场景的设置要有可行性。比如在“小女孩为爸爸品尝苹果”这个视频脚本中，创作者可设置这样的场景——60平方米的小房子，老式沙发，背后的台灯照射出暖暖的灯光。这样的场景更能凸显亲情的巨大力量和孝心的可贵。假如创作者将场景设置为“华丽的别墅，阔气的沙发，明亮刺眼的白光，豪华的地毯”，这样的场景显然同剧情发展格格不入。

5.2.3 台词和旁白

有了人物，就必须有台词；有了场景，还需要有旁白。因此，在脚本中，创作者必须设定台词和旁白。

设计台词时，创作者只要将人物间的对话分别记录下来即可。但需要注意的是，台词的设定不可随性而为，而是要遵循一定的原则，如图5-3所示。

图 5-3 台词设定原则

除了人物对话外，脚本旁白设定得好，也能强化人物的性格，突出视频主题。在设计旁白时，创作者也需遵循一定的原则，如图5-4所示。

图 5-4　旁白设计原则

5.3　内容：用高质量输出刷爆头条号

视频质量好不好，能否牢牢抓住用户眼球，关键还是要看内容如何。“内容为王”是一句老话，在很多人看来其是过时的老观念了，其实不然，但凡抱着这种想法的人最后都失败了。头条号创作者如果也认为“内容为王”已过时，结果必然是走进失败者的阵营。就像当下的电影市场，“流量为王”的时代已过，只有好的剧情、好的演员才能受到市场的欢迎。

李子柒火了，她的视频成了大家津津乐道的焦点，成了很多用户眼中的美食画卷和艺术精品。可以说，李子柒的大红大紫，最重要的一点就在于其视频内容的升华——她的视频内容承载了乡愁，拍出了妈妈的味道，在喧嚣的现代社会中为大家留住了一份难得的宁静隽永，拍出了用户心中向往的生活，如图5-5所示。

李子柒知道用户最需要的是什么，因此她的视频中处处洋溢着中国文化。她的视频讲好了中国故事，展现了中国文化，虽然她只是默默地干着农活，偶尔和奶奶说几句四川方言，但是全世界的人都从中看到了趣味，体会到中国的传统文化，被中国人的勤劳、聪慧吸引和感动。

图 5-5　头条号“李子柒”的视频内容

可见，内容品质越高，视频获得用户好感的概率就越大。

5.3.1　满足用户需求

满足用户需求对头条号创作者来说至关重要，很多人虽明白这个道理，却始终不知道粉丝真正想要的是什么，十分努力，最终拍出来的内容却和用户真正的需求南辕北辙。

头条号创作者拍出来的视频内容不能满足用户需求，通常有以下几个原因。

第一，人力、财力、时间跟不上用户的各种需求，自身能力受限。

第二，不知道自己的核心用户是谁，同时核心用户也不知道视频内容能给自己带来什么样的价值，从而流失。

第三，想满足全部类型用户的需求，但不同类型用户之间矛盾的地方很多，导致视频内容太过繁杂，无法形成独特的风格。

在满足用户需求之前首先要明确：是否真正了解了用户的真实需求，以及用户给予的反馈是否真的就是他们想要的。因为用户的需求表达也会存在问题，如图5-6所示。

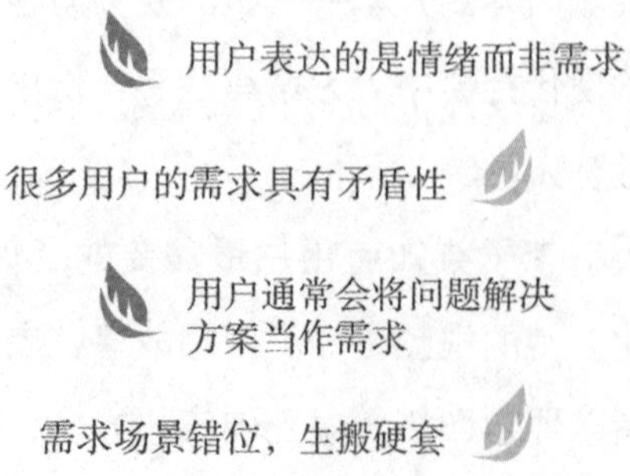

图 5-6　用户的需求表达存在的问题

排除了伪需求之后，头条号创作者就要研究如何满足用户的真实需求。

用户看一个视频，表面上看是因为视频提供了某种内容，但实际上他们真正在乎的是视频提供的内容能为自己带来何种价值。基于此，可以得出这样的结论：视频内容是否能够获得用户的认可，根本上是由视频内容所满足的用户需求决定的，而不是由内容本身决定的。所以，在打造内容时，头条号创作者需要遵循以下逻辑。

第一，确定哪些需求是要被满足的。既然用户的需求表达“不靠谱”，那么头条号创作者就要自己去找出真正的需求，同时要考虑价值、与自身的契合度和可信性等问题。可通过以下提问进行深入思考。

（1）这是否是大多数用户的需求？需求是否高频、紧急、刚性？

（2）这个需求是否在头条号创作者的核心价值路径上？

（3）其他同类型头条号对这个需求的反馈如何？是不是大家都在做，或者大家都不做？如果都不做，那他们的主要顾虑可能是什么？

（4）满足用户的某项需求，投入产出比多大？获得的回报是否能平衡或大于头条号创作者去满足这项需求所付出的成本？

（5）头条号创作者是否有能力去满足这个需求？

第二，打造核心点满足大部分用户的需求。每个人的需求都是不同的，每个需求的群体规模也是不同的，头条号创作者如果要获得较高的关注度，就需先确定内容核心点所针对对象的群体规模大小，要把核心点定位到最大规模上。

第三，不断创新跟上用户的需求变化。用户的需求并非一成不变，很可能今天有这个需求，明天就没有了，或者又产生新的需求。因此，头条号创作者在打造内容时要跟上用户需求的变化，不断创造新的内容去满足用户。

5.3.2 最受欢迎的五种视频类型

今日头条上的视频火不火，点赞数和评论数是重要衡量指标。头条号创作者可以根据点赞数和评论数对今日头条的视频内容进行排行，以此作为打造视频内容时的参考对象。今日头条上受欢迎的视频可分为五个类型。

类型一：高颜值。

高颜值内容一直是今日头条视频内容中被点赞的“靶心”，因为在“颜值即正义”的时代，用户的眼光更容易为颜值所吸引。当然，只凭外在的“颜值力”只是一时的，要保持长久的“颜值力”，还需要在打扮和动作上强化个性，形成独特风格。否则，长得再美也只是一个没有内涵的洋娃娃，用户看一阵就会觉得无趣。

图 5-7 头条号“黄喂喂”主页

从数据上来看，高颜值型的内容，用户通常都愿意第一时间点赞，反复观看的意愿也更强，评论互动的动力也更强烈。这也是为什么有些头条号创作者只是做了一个动作，唱了一首歌，或是跳了一支舞就能获得上百万个赞。

头条号“黄喂喂”的视频内容“颜值力”便非常强，视频中的黄喂喂面容姣好，身材修长，浑身上下都充满了青春气息，处处都彰显了典型的江南美女气质。再加上勤奋、上进、善良的品质和生活态度，使她的视频很受用户喜爱，每条视频的点赞数和评论数都非常高，如图5-7所示。

类型二：有趣搞笑。

在这个“全民娱乐”的时代，搞笑类的视频内容基本能覆盖全部的平台用户，做好了，绝对是点赞和评论收割机。搞笑类的内容包括讲笑话、冒傻气、搞笑情节剧、失误画面、恶搞等。今日头条最主要的使用情景是用户在碎片化时间里学习和消遣，因此搞笑类的视频内容是用户主要的聚焦点之一。当用户从中获得了久违的快乐，点赞就是自然而然的行为。

“笑乐门”就属于搞笑类的头条号，其发布的视频内容都很有趣，很搞笑。“笑乐门”通过定时发布搞笑视频故事、段子等，吸引了上百万名粉丝，如图5-8所示。

图5-8 头条号“笑乐门”主页

更难能可贵的是，这些视频并非那种很常见且庸俗的“为了搞笑而搞笑”的内容，而是类似于“鸡汤文”，能够让用户在哈哈大笑之余收获某种哲理，体味生活百态。

类型三：治愈。

与颜值对用户的吸引力类似，“萌值”吸引力也是靠外表获取点赞的一个大类型。不管是萌宝还是萌宠，都具备治愈力，而治愈力非常容易吸引用户点赞及反复观看。治愈力可以为以下两种用户带来不同效果：第一，对于有宝宝和宠物的用户，可以为其建立一种强价值认同；第二，对于没有宝宝和宠物的用户，给他们提供了“云”养娃或“云”养宠物的机会，也就是看到视频里的孩子或宠物成长，好像自己也养了一个孩子或一只宠物一样。

类型四：技术。

技术类的视频在今日头条上一直非常火，头条号创作者可以通过灯光、镜头的设计，再配上动感音乐，呈现出养眼且酷炫的画面。此外，还有一种技术类型的视频非常受欢迎，那就是各种技能的教授视频，无论是美食类的、生活技巧类的还是职场工作类的都非常受用户欢迎。虽然这类视频内容的用户规模有限，但胜在更加精准，可以带来更多转化。

类型五：才艺。

才艺类视频内容通常也是用户关注的焦点，特别是唱歌类的内容，堪称吸引用户关注的“黑洞”。不过才艺展示对头条号创作者的要求非常高，表演能力要强、唱歌要好听、跳舞要好看，没有一定实力的创作者是无法做好这类视频的。

5.3.3 原创才更具吸睛力

和搬运别人的视频相比，原创视频内容更真实，更具个性，更易于形成独特风格，打造出头条号品牌。因此，头条号创作者想要走得更长远，必须坚持原创，展现出自己有别于他人的观点，拍出有别于他人的视频。

那么如何才能持续性地做好原创视频呢？很多头条号创作者不能持续地生产原创视频，原因无外乎三种：一是期待的东西与制作出来的成品存在较大差距，继而降低了创作积极性；二是资金支撑不起持续的原创内容输出；三是选题难，没有新意。那么在实际操作中如何才能解决好这个问题呢？方法如图5-9所示。

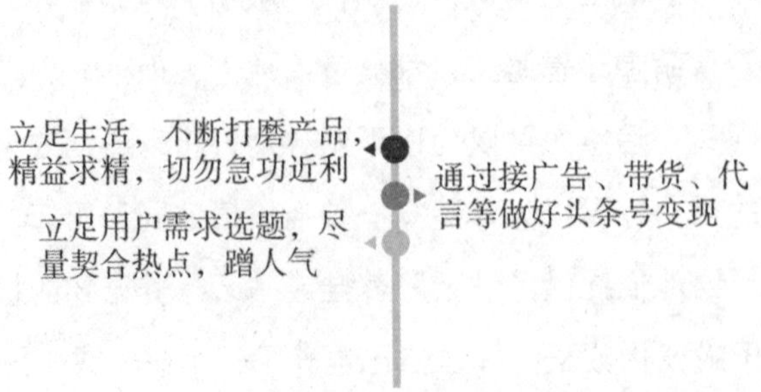

图 5-9　突破原创内容瓶颈的方法

拍摄原创视频时，为了提升内容走红的概率，头条号创作者可以结合主题和自身头条号定位，灵活选择内容套路。具体而言，常用的内容套路如图5-10所示。

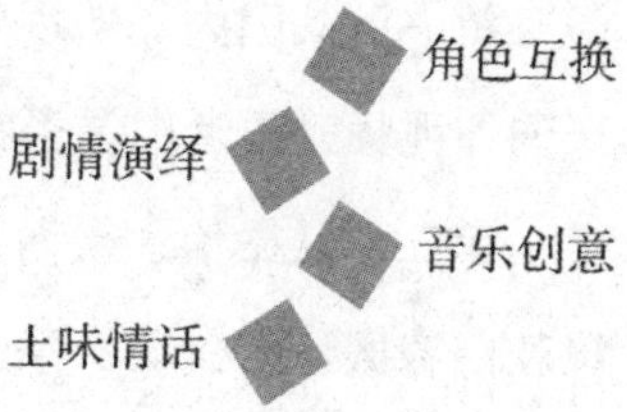

图5-10 常用的内容套路

（1）角色互换。一个人扮演多个角色，通过演绎不同身份、不同性格的角色提升内容的品质和趣味性，比如一个人又演“妈妈”又演“儿子”。

（2）剧情演绎。创作者通过演绎某一剧情，将用户代入故事中，激发用户的参与感，最终引发用户强烈的情感共鸣，比如少女侦探类剧情，神秘又有趣，往往很容易激发用户的关注热情。

（3）音乐创意。以节奏鲜明或者个性满满的音乐为内容灵魂，配合舞蹈、解说等吸引用户关注。

（4）土味情话。以带有明显乡土味道的情话拨动用户的情感之弦，引发用户强烈的情感共鸣，比如“我以为我过得还挺好的，吃得饱，穿得好，有钱花。只是还差一点什么，还差一个你”。

5.3.4 新思维，新方法

原创内容固然重要，但在刚开始做视频时，头条号创作者往往限于资金、选题、经验等因素，没办法持续性、高强度地生产原创视频内容。在这种情况下，头条号创作者可以转变思维，采用新方法，确保视频内容对用户具备较强的吸引力。这种花钱少、不费脑的新方法有以下几种。

（1）搬运法。

所谓“搬运法”，是指把其他平台上的视频内容搬运到今日头条上，其好处是简单、易操作，在平台监管还不是很严格时可以迅速吸粉，对于新手来说是个很好的选择，但是对企业或者希望长期运营头条号的人而言，并不可取。

怎么搬运？可以参考以下四点：

第一，从国内其他视频网站、国外视频网站搬运。需要注意的是，在搬运国外视频时要考虑是否符合我国人民的喜好。

第二，从微信、微博搬运。关注一些人气高的微信公众号，将一些微信爆款内容搬运到今日头条上；微博则可以从热搜、热门话题搬运，哪个排名高搬哪个。

第三，从电影、电视剧搬运。将较受关注的情节剪辑一下，搬到今日头条上。

第四，从名人明星处搬运。特别是偶像明星，其一举一动都非常受粉丝的关注，搬运明星的视频可以吸引这些明星的粉丝。

需要注意的是，运用搬运法时必须注明原创作者及出处，以免构成侵权。

（2）模仿法。

模仿法的好处可以总结为两点：首先，创意来源多样；其次，可以增加植入，增强相关性，模仿的人员、场所、道具都可以植入广告信息。

通常而言，头条号创作者可以从两个方面进行模仿：

第一，随机模仿。看到什么视频火，自己就模仿拍摄一个。

第二，针对模仿。寻找对标的账号、IP（今日头条内外的账号都可），分析其经典桥段、套路，看其是否已在今日头条上爆火，如没有就模仿拍摄一个。

（3）扩展法。

扩展法是指在明确目标用户后，围绕他们所关注的话题，迅速找到更多内容方向的方法。比如，某头条号的目标用户为25～35岁的年轻人，可按照以下方法进行扩展，如图5-11所示。

以年轻粉丝为核心，列出8对核心关系

再以8对核心关系为9宫格核心，列出8个常见的、最有冲突性的沟通场景

在8乘以8等于64的场景中，为每个场景设计3段对话

图 5-11　扩展法举例

以上例子中，根据目标用户群体，很容易就可以得出第一层核心关系：

①父母；

②孩子；

③好友；

④同事。

在这四个核心关系中，还会衍生出第二关系：

①爷爷、奶奶、叔父、伯母；

②孩子的朋友、老师；

③普通朋友。

以上是第一层的关系，接下来进行第二层扩展。

围绕与孩子的关系，可以得出以下四个场景：

①家庭；

②上学；

③出游；

④购物。

基于以上四个场景，再扩展出四个场景：

①家教；

②拍照；

③给孩子买东西；

④做家务。

根据这8个二级场景，每个场景都设计3段对话，比如家教：

①辅导作业对话；

②吃饭方式对话；

③礼貌用语对话。

角色之间的冲突关系都会在场景中有所体现，然后根据这个内容寻找素材创作即可。

5.4 拍摄：把小视频拍出大片感

视频的热度除了和内容有关外，还和拍摄有很大关系——构图出色、视角巧妙、光线利用得当、运镜舒畅，小视频也能拍出大片的感觉，给用户带来强烈的视觉冲击力。其要点可以用九个字来概括：构好图，布好光，运好镜。

5.4.1 构好图

视频中，构图是影响视频品质的重要因素，也是头条号创作者需具备的基本功之一。构图出色，能够让视频画面看起来更富美感，带给用户更美好的视觉体验。

那么在拍摄时如何构图呢？具体而言，在拍摄时，头条号创作者可以根据视频主题和具体场景灵活运用三种构图方法。

（1）中心构图。所谓“中心构图”，是指将所拍摄的主体置于镜头的中间位置，以此凸显主体的形象特征，通过具体的语言、动作和细节等，为用户打造出更加生动、具体的画面。

（2）前景遮挡构图。所谓“前景遮挡构图”，是指在视频拍摄时使用前景遮挡大部分画面之后再缓缓移动的构图方法。前景在构图时有重要作用，运用得当，能够显著提升视频的运镜感，通过和背景的对比，让视频看起来更富层次感。在拍摄时，头条号创作者可以将树叶、栏杆、石头、墙壁等作为前景，先用其遮住大部分镜头，然后再缓缓移动拍摄主要人物或景物。

（3）对比式构图。所谓“对比式构图”，是指通过捕捉场景中具有对比特征的元素增强视频视觉冲击力的构图方法。比如镜头中的动静对比、大小对比、黑白对比、快慢对比、前景和背景对比等。

5.4.2 布好光

在拍摄视频时，光线布置是关键一环，光线布置恰当、巧妙，拍摄出来的视频画面会更有大片的质感，让用户拥有畅快的视觉体验。光线布置失误，不仅会降低视频画面清晰度，还会大大降低视频的品质，给予用户一种视觉上的粗糙感。下面针对不同光源的运用要点展开说明。

（1）主光源。

在拍摄短视频时，主光源是场景中最基本的光源，其他的灯光在场景中都只能起到辅助作用。主光源运用得当，拍摄出来的短视频才会更具视觉冲击力。

通常而言，主光源主要有两种，如图5-12所示。

需要注意的是，拍摄时，摄像机和主光源间的距离要适中，要避免摄像机太过靠近主光源，否则会使拍摄出来的人或物看起来平淡无奇，缺少特色和想象空间。

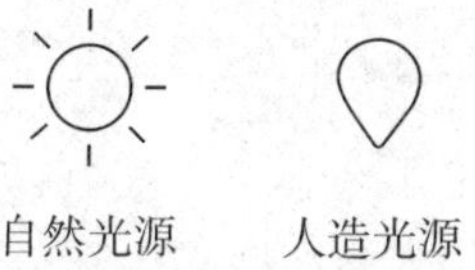

图 5-12 主光源

（2）辅助光源。

所谓“辅助光源”，是相对于主光源而言起到辅助作用的光源。辅助光源的创建相对而言比较容易，比如手机屏幕就可以作为辅助光源。辅助光源在视频拍摄中的作用是对主光源造成的阴影进行补充照明，从而使得视频中人或物的阴影变得浅淡，看起来更舒服，更具艺术感。运用辅助光源时要注意以下几点。

①辅助光源一般都放置在同主光源相反的一面，在亮度上要比主光源弱。

②为了方便，辅助光源可以固定在天花板或者墙上，之后通过调整输出功率的方法来控制阴影的深浅。

③获得辅助光源和主光源的最佳光比。你需要反复调节辅助光源和主光源之间的光比，构建最适合短视频拍摄的光影场景，营造出最佳视觉效果。

（3）背光。

背光是光线从被拍摄对象的侧面或者后面照射。熟练运用背光，可以有效塑造视频中人或物的立体感，让被拍摄对象更加突出。

在大多数情况下，被拍摄对象都会和背景拉开一定的距离，这就使得背景比被拍摄对象距离光源更远。因此，背景的亮度相较于被拍摄对象往往会更暗淡。假如在这种情况下直接进行拍摄，那么最终拍摄出来的视频中，被拍摄对象看起来就如同融入黑暗的背景之中，没有任何立体感。但如果能设置好背光，那么视频中人或物的轮廓就能够完美地呈现在用户眼前，会更具立体感。

背光的设置方法如图5-13所示。

图 5-13　背光设置方法

（4）侧光。

所谓“侧光”，是指来自被拍摄对象平行两侧的光。利用侧光拍摄，可以让被拍摄对象在视觉上产生明显的明暗对比——被拍摄对象的受光面会呈现得十分清晰，背光面则会产生明显的阴影效果。因此，侧光非常适合营造戏剧般的心情。侧光经常被用于拍摄层次分明、立体感强烈的物体。

摄像机拍摄方向和光线投射方向呈90°角。这个角度能够更好地展现被拍摄对象在光线下的明暗对比，营造出极富立体感的视觉效果。

5.4.3　运好镜

运镜类视频，顾名思义就是运动着的视频，“分身术”视频就是它的一种，它属于拍摄技巧类难度系数比较大的类型。如今，一个人仅用手机拍摄已经无法满足炫技的要求了，更多的头条号创作者会选择对视频进行后期加工处理，以达到预期的效果。

运镜类视频在今日头条上比较火，远镜是一种高超的拍摄手法，这种镜头可以使人物看起来很炫酷。例如很多头条号创作者利用这个手法，让水倒流，制造出了前期的吸引力，然后再利用运镜类的“分身术”特效营造整个视频炫酷的效果。

具体而言，在小视频拍摄中，头条号创作者经常用到的运镜方法有六种，如表5-3所示。

表5-3　运镜的方法

运镜方法	解释	应用场景
推拉运镜	推拉运镜是拍摄中运用最多的手法。推镜头是从较大的场景逐渐转换为局部特写的场景，被摄主体从小变大；拉镜头的运动方向与推镜头相反，从被摄主体特写逐渐拉开成远景	一般用来交代被摄主体所处的环境，也常用于视频结尾
横移运镜	横移运镜跟推拉运镜相似，只是运动轨迹不同，推拉运镜是前后运动，横移运镜则是左右运动	主要是为了表现场景中人物之间的空间关系，常用于视频的中间
跟随运镜	跟随运镜就是镜头跟随被摄主体移动，头条号创作者可以从人物正反方向进行跟随拍摄，但是要确保与拍摄主体保持相同的移动速度	主要是为了表现被摄人物在特定场景下的特殊动作和表情
俯视运镜	俯视运镜是镜头从低处慢慢移动到高处，比如把拍摄地面的镜头慢慢向上倾斜，直至拍摄到被摄主体的全景	强化被摄主体的高大形象
升降运镜	升降远镜是一种特殊的拍摄方式，需要结合稳定器/延长杆来进行拍摄，随着镜头的高度变化，所呈现的画面极具视觉冲击力，给人一种新奇而深刻的感受	展示被摄主体的着装特点，揭示人物的心理状态
低角度环绕运镜	低角度环绕运镜就是在低角度的情况下，镜头围绕拍摄主体旋转一圈拍摄，环绕半径要保持一致，旋转速度要相同	全方位展示人物的高大形象或情态、动作等特征

5.5 剪辑：做一个受粉丝喜爱的“剪刀手”

拍出来的视频仅仅是半成品，想要整个视频结构更加严谨，情节更具吸引力，节奏更为鲜明，画面更为吸睛，达到大片级别，还需要通过剪辑进行切割、整合。

5.5.1 剪辑方案策划六要点

想要剪辑好视频，头条号创作者必须提前制订好剪辑方案，这样才能做到有针对性、有目的性，继而让整个视频变得更加完美。

具体而言，头条号创作者在制订剪辑方案时需要明确六个要点，如表5-4所示。

表5-4 剪辑方案需要明确的六个要点

要点	内容
确定剪辑工具	是使用Premiere还是爱剪辑，头条号创作者可以根据自己对剪辑工具的操作熟练度选择最适合自己的视频剪辑工具
明确视频要求	如视频的长短要求、最终效果要求等
确定剪辑主题	剪辑的最终目标是将准备好的素材完美地结合在一起，而非简单地嫁接，所以其必然需要一个明确的主题来统筹剪辑的大方向，如你的短视频拍摄素材全都是美食类，那么你剪辑的主题是要展示某一饮食文化还是聚焦某个菜品的制作？你可以确定一个明确的剪辑主题
明确剪辑标准	整个剪辑要以一个什么样的标准进行，侧重点是什么，亮点在哪里，都需要一一明确
确定剪辑流程	要明确剪辑所需要的人数以及各自负责的工作，提前做好分工，这样剪辑工作开展起来才会顺畅、优质、高效
视频成品规划	明确片头内容是什么，所用时间几何；片中重点内容是什么，所用时间几何；片尾需要什么内容，所用时间几何

5.5.2 转场

很多头条号创作者心中经常会产生这样的疑问：为什么别人发布的视频看起来过渡是那么自然，条理是那么清晰，而自己发布的视频看起来却生硬刻板呢？其实视频之所以出现过渡生硬和条理不清的问题，根本原因在于不会转场。

转场是剪辑的重要部分，场面转换越自然、精巧，视频画面过渡就越顺滑、连贯，带给用户的视觉体验就越好。因此头条号创作者在剪辑视频时，必须掌握转场技巧。转场技巧又可分为技巧转场和无技巧转场。

（1）技巧转场。

技巧转场，顾名思义，是通过一定的技巧转换视频场景画面，从而确保视频自然、连贯。技巧转场主要包含三种：

①淡入淡出。所谓“淡入淡出”，是指上一个镜头画面由明亮转为暗淡，下一个画面镜头由暗淡转为明亮，逐渐显现在用户眼前。淡入淡出能够自然地中断用户的思路，是视频切入新场景时惯用的转场技巧。

②叠化转场。所谓“叠化转场”，是指前一个镜头和后一个镜头的画面彼此叠加，在这个过程中，前一个镜头的画面逐渐暗淡消失，后一个镜头的画面则逐渐显现清晰。

通常而言，叠化转场的作用主要有三个方面，如图5-14所示。

01
营造时间流逝感

02
表明时空发生了改变

03
展示梦中和回忆中的场景

图5-14 叠化转场的作用

叠化转场运用巧妙，前后两个镜头间的短暂重叠，可以营造出柔和、舒缓的视频效果。因此，利用叠化转场可以有效提升视频的感染力，营造隽永的氛围。

③划像转场。所谓“划像转场”，是指通过两个画面间的划出和划入自然、连贯地实现镜头过渡，一般用于情节段落之间的转换，使用得当，能让视频看起来更顺畅，情节过渡更自然。划出是指前一画面从某一方向退出，划入则指下一个画面从某一个方向进入。在这个过渡过程中，视频画面被某种形状的分界线分割，分界线的一侧是划出的画面，另一侧是划入画面，随着分界线的移动，划入画面会逐渐取代划出画面。

（2）无技巧转场。

相对于技巧转场，无技巧转场更简单，操作性更强。无技巧转场主要分为空镜头转场、声音转场和主观镜头转场。

①空镜头转场。空镜头可以分为写景和写物，写景也就是头条号创作者经常说的“风景镜头”，通常表现远景或全景，而写物则侧重细节描写，通常用在特写或近景上。

空镜头转场主要有四个作用，如图5-15所示。

1 介绍环境

2 表示时间

3 渲染人物情绪

4 具有拟人、比喻、对比等功能

图 5-15　空镜头转场的四个作用

头条号创作者需要明确的是，空镜头通常用于交代环境、交代时空、抒发人物情绪、表达主题思想等，是头条号创作者表达思想内容、抒发情感、调节剧情节奏的重要手段。

②声音转场。声音转场是指利用音乐、音响、解说词、人物对白等和画面之间的配合实现转场，是转场的常用方式。

声音转场有两个作用，如图5-16所示。

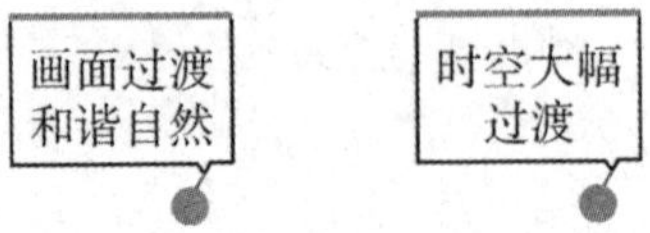

图 5-16　声音转场的两个作用

③主观镜头转场。所谓“主观镜头转场”，是指借助人物视觉方向转移

镜头，变换场景。使用主观镜头转场就是按照前后镜头间的逻辑关系来处理场面转换问题，通常用于大时空转换。

5.6 后期：添加字幕带来大变化

很多人在观看视频时往往有这样的感受：有字幕的视频相对于没有字幕的视频看起来更加高端，更有质感，即使两者的拍摄器材完全相同。

为什么会出现这种心理上的巨大差异呢？原因如下。

首先，字幕的出现，意味着制作上的用心。添加字幕不仅仅是一道剪辑工序，更重要的是体现了创作者精益求精的精神。在用户看来，在这种精神的加持下，拍摄出来的视频更值得观看。

其次，字幕会让视频信息传递更加精准。视频中的人物，有时说话带口音，用户可能听不太懂，或者声音太小听不清，这个时候，字幕能够精准地传递信息，让用户对视频情节、人物性格等的把握更加精准。

因此，在视频剪辑后期，创作者应尽量加上字幕，让视频在用户眼中更具质感。

那么如何为视频添加字幕呢？以“字幕通”为例，添加字幕的具体步骤如下：

（1）打开字幕通，导入待加字幕视频。导入视频主要有两种方式：本地视频导入，即直接把电脑本地的视频导入软件中；历史播放视频导入，即查找曾经播放过的视频进行导入。

（2）时间轴切分。切分方式主要有两种，一种是通过原视频字幕进行切分，一种是通过原视频语音进行切分，因为头条号创作者是给视频自动添加字幕，所以应选择通过原视频语音进行切分。

（3）识别语音成为文字。软件会自动进行识别语音转文字的操作，有些时候转的文字会有错别字，那是因为头条号创作者在录制的时候发音不精准，因此头条号创作者还需要一一校对。

（4）字幕设置。在编辑区域修改好字幕之后，还需要给字幕添加一些效果，比如字号、字体、颜色、字幕呈现效果等。全部设置好后，直接导出视频，一个带有字幕的视频就诞生了！

5.7 工具：用好软件才能事半功倍

想要做好剪辑，只有方法是不够的，还需要好的剪辑工具，正所谓“工欲善其事，必先利其器”。因此，创作者想要成为一个合格的“剪刀手”，还需要找到最适合自己的剪辑软件。

5.7.1 电脑剪辑工具

（1）爱剪辑。

爱剪辑是国内首款免费视频剪辑软件，其最大特点是操作简单，易上手，不需要创作者具备专业剪辑技能。但是缺点也比较明显，片头片尾的“爱剪辑”logo不能去掉，因此用该软件剪辑的视频播放和结束时都会出现“爱剪辑”的logo。假如创作者需要将片头片尾的“爱剪辑”logo去掉，则需要借助其他辅助软件进行二次剪辑。

（2）快剪辑。

和爱剪辑一样，快剪辑操作起来也很简单。但是快剪辑添加字幕不太友好，操作起来较为麻烦。假如创作者的视频不需要添加字幕，只需要简单进行剪辑，那么使用快剪辑就够用了。

（3）瞄影工厂。

瞄影工厂就是以前的万兴神剪刀手，其剪辑操作符合国人使用习惯，且操作简单，不需要创作者苦学教程，非常容易上手。瞄影工厂免费版可以使用一些基础功能，购买会员后可以使用更高级的剪辑功能。使用瞄影工厂，创作者除了可以进行简单的视频剪辑外，还可以进行绿幕抠像、画中画、录屏等操作。另外，通过瞄影工厂剪辑的视频，片头和片尾均不带任何logo和水印，是一款纯绿色视频剪辑工具。

（4）Pr。

Pr是Adobe Premiere Pro的缩写，是一款老牌视频剪辑软件，功能多，插件多，模板多，可通过官方途径购买、下载。头条号创作者应用Pr可以完成格式、剪辑、调色、转场、美化美颜、字幕添加、输出等整套流程。假如视频创作者并不需要强大的特效，使用Pr便能完成视频剪辑的各个环节。

但是Pr也有缺点，首先其对电脑的配置要求较高，文件大时容易引发电脑卡顿。另外，其特效效果不是太强，不太适合特效要求较高的视频。

（5）Ae。

Ae是Adobe After Effects的缩写，是一个专业的图形处理工具，能够为视频添加非常逼真的特效、高级动画、色彩渲染等，可以达到3D电影剪辑的水平，可在官网购买、下载。简单地理解，Ae就是为视频添加特效的，其视频合成的调色、蒙版、抠像、追踪等和PS有很多相似之处，所以通常被大家称为“动态PS软件”。

Ae和Pr是剪辑的黄金搭档，Pr剪辑的视频导入Ae做特效，最后再导入Pr，往往能够打造出视觉效果超强的视频。

5.7.2　手机剪辑工具

（1）巧影。

巧影是一款非常适合手机使用的免费剪辑软件，其功能设置简洁易懂，长按可以添加、删除素材，设置非常人性化。

创作者使用巧影能够为剪辑中的视频、图像、文本提供多图层操作功能，其不仅具备基本的剪辑、转场、拼接、滤镜等功能，还可实施修改，只要不删除历史序列便可以点击修改。另外，巧影的横屏操作性很强。

（2）Videoleap。

Videoleap专业性较强，适合有剪辑经验的创作者使用，但需要付费下载。Videoleap的显著优点是在视频制作方面有很强的可创作性，支持素材混合制作、特效字幕添加。

（3）一闪。

一闪是一款免费手机视频编辑App，自带VLOG社区，创作者通过它可以将视频分享给全球的一闪用户，得到评论和点赞。创作者通过一闪可以进行视频、照片和动图的创作，有多种滤镜和字体可以选择，是一款非常棒的视频后期编辑软件。

（4）小影。

小影是一款电脑端和手机端都可以使用的短视频拍摄与制作的收费软件，非常适合不会用Pr的新手视频创作者。

小影有独家视频美颜、动画贴纸、多字幕添加、配乐、炫酷特效等，操作界面很简单，制作MV或者VLOG都是不错的选择。但需要注意的是，小影剪辑的视频右下角是带水印的。

（5）快影。

快影是一款免费且具有强大功能的视频剪辑软件，其拥有丰富的音乐库、音效库和新式封面，可让视频创作者在手机上就能轻轻松松完成视频编辑和视频创意，制作出令人惊艳的趣味视频。

（6）Splice。

Splice剪辑安卓版是一款具有照片修剪和剪辑功能的免费视频编辑器和影片生成器。Splice 功能设置非常人性化，简单易用，丰富多样，能够轻松创建视频和幻灯片，没有长度限制、水印或广告。Splice是具有免费滤镜设置、歌曲设置、声音效果设置、文本覆盖等功能的编辑工具。

第 6 章

发布：一个“点击发表”步骤暗藏大门道

头条号发布看似简单，其实背后却隐藏着诸多规则和技巧，假如摸不清、弄不明，认为仅仅是点击一下“发表”按钮，那就大错特错了。很多时候，即使头条号创作者的内容再精彩，对今日头条算法不了解，发布时间不对，也不会获得太多推荐量和点击量。因此，头条号创作者必须摸清“点击发表”背后暗藏的大门道。

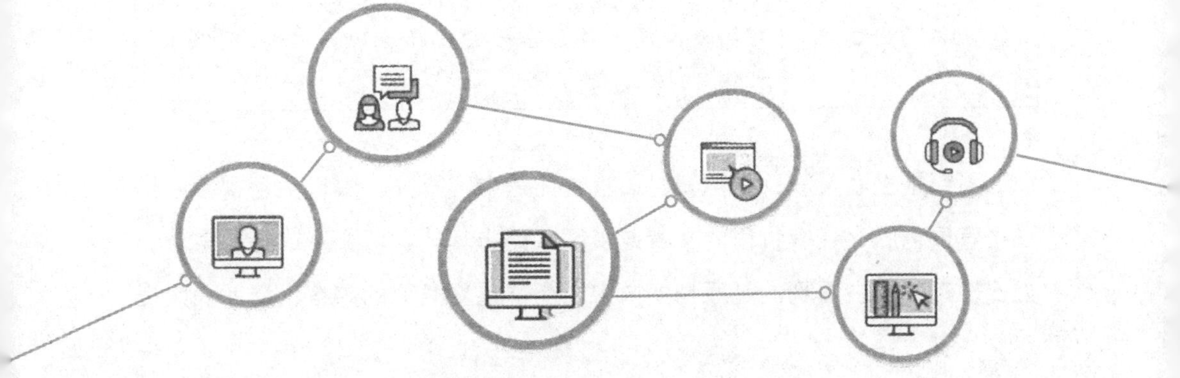

6.1 消重：别因同质化而被限流

通常而言，今日头条上的头条号在题材选择和内容上会不可避免地出现重复类似现象。对用户而言，看了一条内容后，必然会对相似的内容产生审美疲劳，自然不希望差不多的内容再出现在自己眼前。

因此，为了最大限度提升用户的体验，今日头条推荐算法会自动“消重”——将相同类型的内容屏蔽掉，避免其重复出现在用户眼前。

6.1.1 消重针对的内容

今日头条推荐算法的消重，主要针对两方面内容，如表6-1所示。

表6-1 今日头条消重内容

消重内容	解释
相似的主题	文章、视频的主题完全相同或高度相似，特别是热点事件和话题文章，很多头条号都比较追捧，比如两篇都聚焦京张高铁车型的文章，所关注的车型、车号相同，推荐算法会判定它们主题上有重复
相似的标题和封面	当内容的标题和封面完全相同或高度一致时，系统便会将内容标记为“重复”
相似的内容	文章、视频等在文句、图片、故事结构等方面完全相同或高度一致，系统会根据各内容是否为原创、是否有权威性等关键项来决定消重结果和是否推荐

不管是主题重复、标题和封面重复还是内容重复，今日头条都会向用户推荐原创的、最有价值的文章或视频，而将其他类似文章或视频屏蔽。如此一来，用户看到的是原创类内容，而非重复类似的内容，继而大大提

升了阅读体验，同时也保护了头条号原创作者的权益，激发了他们更大的创作热情。

6.1.2 避免被消重技巧

想要内容火起来，头条号创作者首先要避免被今日头条推荐算法消重。那么如何才能让内容避免被贴上“重复”标签呢?

（1）精选主题，做出差异化。针对文章主题的消重机制，头条号创作者在选择主题的时候要“精”，谨慎操作，力求做到差异化，而非盲目跟风热点事件和话题。

（2）标题和封面有创意。在设计内容标题和封面时，头条号创作者要避开传统的标题套路，力求有创意，以“新”“奇”“特”安全通过今日头条的消重审查。

（3）原创内容。要坚持原创，尽量避免单纯的复制粘贴。假如需要借鉴别人的内容，也需进行再加工，如加上自己的观点。

6.2 规范：内容符合规则才能发布成功

头条号发布的文章内容都需要经过今日头条审核，假如头条号创作者的待发布内容不符合相应的发布标准，今日头条将不会进行发布。因此，头条号创作者需要确保内容符合规则，才不至于功亏一篑。

6.2.1 今日头条文章审核规则

今日头条的文章审核规则如表6-2所示。

表6-2 今日头条文章违规及惩罚规则

违规行为	惩罚
发布和事实不符的各类消息	扣10分
发布广告或其他营销推广信息	扣10分
标题夸张、夸大	扣10分
非规范稿源发布泛时政内容	扣20分
发布色情、低俗等内容	扣20分
文章确认抄袭	扣40分
发布反动等违法内容	扣50分

违反相应规则，头条号会被扣除一定的分值，今日头条会根据头条号每天被扣分值给予相应的惩罚，具体为：

被扣10分，当天禁止发文；

被扣50分，关闭头条号广告和自营广告权限；

被扣100分，封禁账号，且不可恢复。

除此之外，今日头条还会对一些较严重违规行为做特别处罚：头条号内容被判定抄袭后，头条号原创标签和赞赏功能将会被收回，且今后不会再对该头条号开放此类功能；累计3天被禁发文的头条号，其内容的被推荐量将会大大降低。

6.2.2 内容要“一锤定音”

想要快速通过今日头条审核，头条号内容除了要遵守今日头条的相应规则外，在内容上还需要“一锤定音”，尽量减少修改次数。和许多平台上的内容发布之后便不能修改不同，今日头条上的内容发布后14天内是允许头条号创作者修改的。这种设置虽然大大提升了头条号创作者发布内容的精准性，但是假如头条号创作者在内容审核期间反复修改，便可能降低内容审核通过的概率。

通常而言，头条号创作者对文章的修改可以分为两类，如表6–3所示。

表6–3 头条号文章内容修改类型

修改类型	内容
审核期间修改	在审核期间修改文章内容，今日头条审核内容也会同步改变，直接以修改后的版本作为审核文章的内容
审核通过后修改	修改审核通过的文章内容，今日头条会重新对文章内容进行审核，最终显示的也是修改后的版本，假如修改后的内容没有通过审核，最终显示的则是修改前版本

虽然今日头条允许头条号创作者修改内容，但是过于频繁地修改内容会大大影响文章的审核通过率和系统推荐量。因为反复修改的文章往往会被系统判定为“存在不合规风险”，审核会更为严格，假如被判定恶意修改，头条号还会因此受到今日头条的严厉处罚。

6.3 时间：地利、人和重要，天时更重要

想要做好发布，除了要摸清平台审核规范和内容发布技巧外，还需要掌握好发布时间。正所谓“来得早不如来得巧”，时间恰当，时机巧妙，往往能够节省大量资源，从而达到超预期的效果。

6.3.1 四个固定的最佳发布时间段

当前，人们的生活和工作节奏越来越快，时间也呈现出了碎片化趋势，特别是空闲时间越来越分散。因此，头条号内容的发布需要切合用户的碎片化时间，抓住其一天中较长的碎片时间，在用户拿起手机的同时发布内容，使内容第一时间出现在用户眼前。

具体而言，用户一天中会出现五段较长的碎片时间，如表6-4所示。

表6-4　用户一天中较长的碎片时间

碎片时段	解释
5：00到7：00	大多数上班族、上学族都会在这个时间段内从睡梦中醒来，通常会登录今日头条查看最新发布，起床吃早餐，出门上班或上学，在公交车、地铁上，用户会习惯性地掏出手机阅读文章，观看视频
11：00到13：00	这个时间段内，有午饭时间、午休时间，人们通常会习惯性地掏出手机查看信息，阅读文章，观看视频
15：00到17：00	很多人在这个时间段内会休息一下，通常会选择以阅读的方式缓解一下疲劳，这个时候发布的内容往往会"近水楼台先得月"
17：00到19：00	在这个时间段，人们往往在下班的路上，劳累了一天，往往会选择在手机上阅读冲浪，以放松心情
21：00到次日凌晨1：00	很多人觉得这个时间段内人们的活动频率会大大降低，其实不然，在这个时间段，一、二线城市的夜生活才刚刚开始，有加班熬夜的，有出门玩耍的，人们在这个时间段登录今日头条的频率也会大大提升

6.3.2　粉丝最佳活跃时间

除了在上述的五个固定时间段发布内容外，头条号创作者还可以结合后台数据，根据关注自己的用户的在线时间情况发布内容。今日头条会向每位头条号创作者提供详细的用户活跃时间数据，根据此项数据，头条号创作者可以精准地确定关注用户的活跃时间节点，在用户最活跃的时间点发布内容，继而达到事半功倍的发布效果。

头条号创作者可以按照"后台—个人中心—我的粉丝—粉丝画像—活跃时间分布"路径查看用户的活跃时间规律，如图6-1所示。

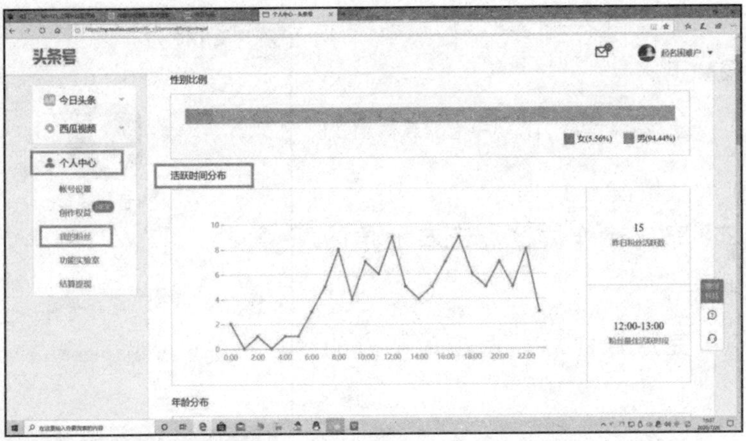

图 6-1 粉丝“活跃时间分布”查看路径

在“活跃时间分布”板块，创作者可以看到用户昨日各个时间节点活跃的折线图、昨日粉丝活跃数以及粉丝最佳活跃时段。其中“粉丝最佳活跃时段”统计的是头条号昨日粉丝最活跃的时间段，创作者可以在这个时间段内发布内容。

6.4 同步：选择能联合引流的平台联合发布

正所谓“不积小流，无以成江海”，头条号创作者想要将发布的内容打造成流量黑洞，除了要在今日头条上引流外，还需要学会多平台联动，这样才能将其他平台的粉丝吸引过来，最终成功完成流量引爆。

6.4.1 今日头条、抖音、西瓜视频、火山小视频、悟空问答同步

作为字节跳动旗下的五个产品，今日头条、抖音、西瓜视频、火山小视频（抖音火山版）、悟空问答之间的内容是可以同步的。同步后创作者发布的内容会同步显示在这些平台上，继而最大限度地汇聚各平台粉丝人气，达到良好的引流效果。

以抖音和今日头条同步为例，其具体操作步骤如下。

（1）登录抖音App，点击右下角的“我”。

（2）完成操作后，点击右上角的“☰”图标。

（3）完成操作后，点击最下方的“设置”。

（4）在“设置”页面，点击“账号与安全”。

（5）在“账号与安全”页面，选择“第三方账号绑定”。进入“第三方账号绑定”页面后，选择“今日头条”。

（6）完成操作后，进入“授权并登录”页面，点击“授权并登录”按钮即可绑定同步，如图6-2所示。

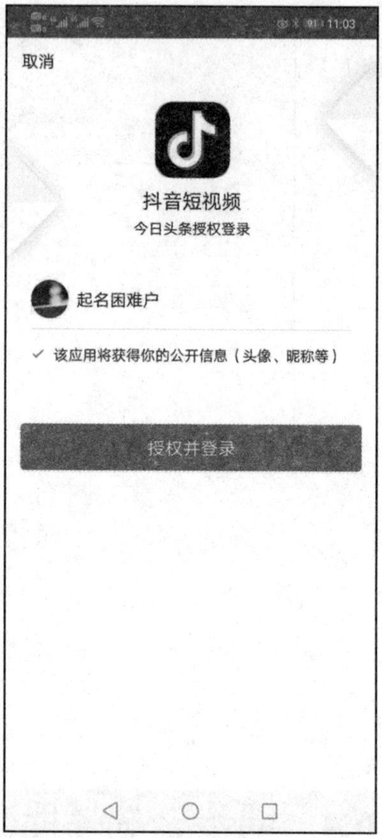

图 6-2 “授权并登录”页面

6.4.2 微信公众号

当前微信已经成了人们生活中不可或缺的部分，而微信公众号则是众多自媒体崛起的重要阵地，因此拥有庞大的用户基数和流量支持。头条号创作者可以采用头条号和微信公众号同步发布内容的策略，借助微信公众号扩大内容覆盖面，为头条号内容聚拢更多流量。

在同步微信公众号发布内容时，头条号创作者需要坚持两个原则。

（1）保持头条号的内容首发权。头条号内容是否为首发，直接影响到系统给予内容的推荐量大小。因此，同步并非意味着绝对的“同时发布”，创作者需要优先在头条号上发布内容，间隔一定时间后，比如三个小时，再在微信公众号上发布。

（2）设置引流入口。发布在微信公众号上的内容还需要设置引流入口，才能将微信用户吸引到头条号上。创作者可以通过在文内嵌入头条号账号、图片、头条号账号水印等方式设置引流入口。

6.4.3 大鱼号

大鱼号是阿里大文娱旗下的内容创作平台，为内容创作者提供“一点接入，多重收益”的整合服务，为内容创作者提供畅享阿里文娱生态的多点分发渠道，包括优酷、土豆、UC等阿里文娱旗下多端平台。

创作者通过淘宝的实名认证后，可以注册一个大鱼账号。创作者在头条号上发布内容后，可在大鱼号上发布，只需要在文内留下头条号账号信息或者图文打上头条号账号水印，即可引导用户关注。

6.4.4 知乎

“有问题，上知乎”，相信很多人都听说过知乎这一优质问答平台。作为一个高品质的优质内容问答平台，知乎具备四大引流优势，如图6–3所示。

图 6–3　知乎四大引流优势

头条号创作者可以在知乎上注册账号，和头条号同步发布内容。需要注意的是，在做知乎引流时，头条号创作者需要先做好准备，要先养号，诸如浏览话题、点赞、关注、收藏等，不断提升账号的权重和人气。

6.5　颜值：发布前挑一个吸睛的封面

生活中，人们往往习惯“以貌取人”，漂亮的、英俊的人通常很容易获得别人的好感。其实头条号内容也遵循这一规律，封面越漂亮，颜值越高，对用户的吸引力就越大，越能刺激用户点击阅读。因此，头条号创作者必须意识到内容封面的重要性，坚定以封面颜值换点击量的决心。

那么什么样的封面才能惊艳用户呢?

6.5.1 代入感强烈的封面

封面是给用户看的，是为了吸引用户点击而存在的，因此头条号创作者设计封面时要多站在用户立场思考，善于以用户视角进行设计。如此一来，用户才会从封面中看到自己的身影或感受到自己憧憬的精神，继而产生强烈的代入感。

头条号“经济日报”发布的一篇名为《中经观点：要复工，把路通》的文章，其封面便非常有代入感。这篇文章的封面展现的是“排队等待通行的多如蚂蚁般的汽车大军”，配合“要复工，把路通”的标题，营造了强烈的代入感——新冠肺炎疫情期间，各地不断封路，返程之路不通，是每个人都不得不面对的现实。因此，这篇文章发布仅仅30分钟，便吸引用户留下了1131条评论，如图6-4所示。

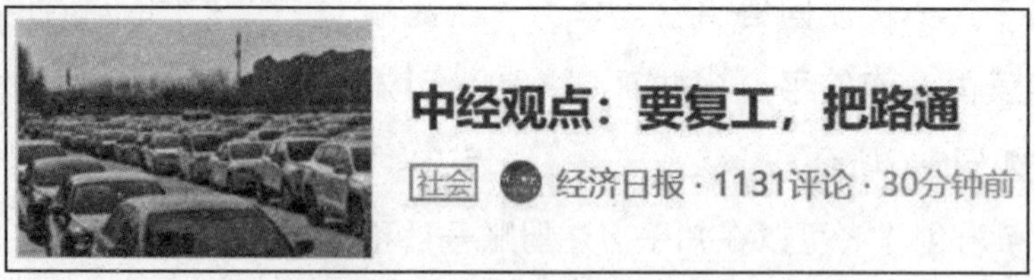

图 6-4 头条号“经济日报”代入感强烈的文章封面

可见，封面代入感越强，越能吸引用户点击。那么什么样的封面看起来更有代入感呢？通常而言，三种封面图片看起来更有代入感，如图6-5所示。

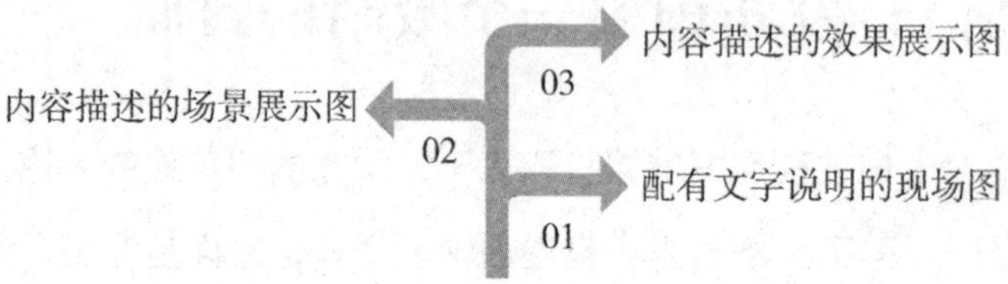

图 6-5 代入感强烈的三种封面图片

6.5.2 创意满满的封面

人们通常有喜新厌旧的心理，因此封面越有创意，越新奇独特，对用户的吸引力就越大。因此，头条号创作者在设计文章封面时，可以为其注入创意因子，这样可以有效地提升封面在用户眼中的颜值。

头条号“职场妈妈怡帆”发布的一篇名为《那些考证的中年人：没有节假，4点起床，30多岁活出了高三的感觉》的文章，所用封面便非常有创意——没有景物图，也非美女图，而是一位用户的评论内容截图。在这张图中，这位全职带娃十年的妈妈诉说了自己的考证成果：考完了所有能考的专业资格证，并且在老大考上大学的那一年，她和别人合伙创办的会计师事务所正式开张。这个创意满满而又励志的文章封面极大地刺激了用户的阅读欲和评论意愿，吸引用户在短短3个小时内便留下了1371条评论，如图6-6所示。

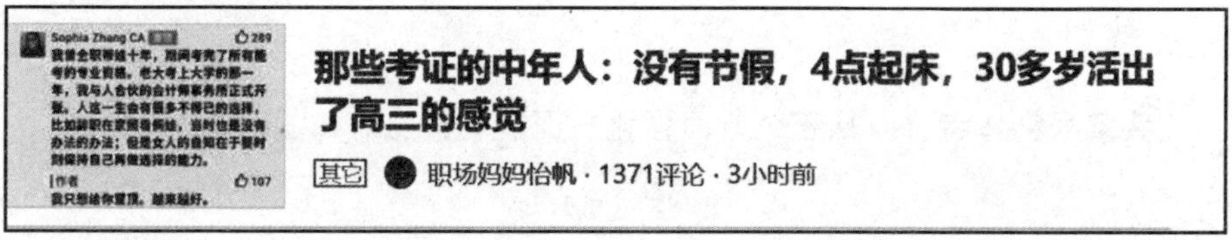

图 6-6 “职场妈妈怡帆”发布的创意封面文章

那么在具体的操作过程中，如何才能为内容封面注入创意呢？方法有三，如图6-7所示。

图 6-7 让封面更富创意的三个方法

6.5.3 场景感十足的封面

相对于文字，图片更适合完美地再现场景，而形象生动的场景往往更易于吸引用户关注。因此，头条号内容的封面场景感越强，其对用户的吸引力就越大。

头条号“历史李老师”发布的一篇名为《1929年帝国大厦施工现场：工人高空无防护作业，每一幕都胆战心惊》的文章，封面便场景感十足：四张封面图片，每一张都展示了当时工人施工的一个场景，直观、形象地向用户展示了当时工人高空作业的危险性。这个场景感十足的封面，仅3个小时就吸引用户留下了1222条评论，如图6-8所示。

图 6-8　头条号“历史李老师”场景感十足的文章封面

头条号创作者可以从三个方面强化封面的场景感，如图6-9所示。

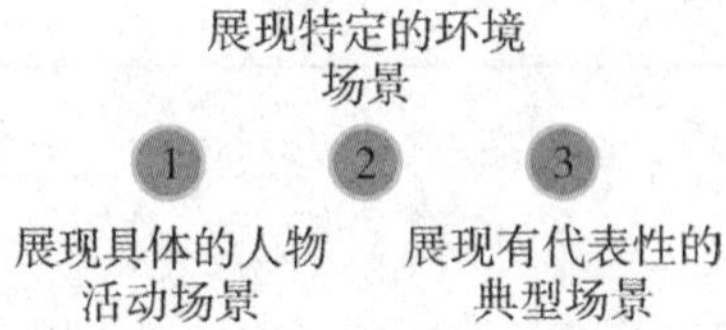

图 6-9　强化场景感的三个方法

6.5.4 对比性较强的封面

通过为图片注入强烈的反差性，头条号创作者能够在第一时间在用户眼前营造出强烈的对比效果，以此快速锁定用户眼球，刺激用户点击阅读。

那么如何设置具有对比性的封面呢？具体而言，头条号创作者可以从三个方向设置对比封面，如图6-10所示。

图 6-10　设置对比性封面的三个方向

6.6　排版：内文也要注意颜值问题

想要发布的内容颜值惊人，除了要做好封面之外，还需要排好版式，使发布内容在整体上更加美观、有序，让用户获得更加舒畅、美好的阅读体验。而版式又分为文字版式和图片版式。

6.6.1　文字版式

一篇文章，文字通常是表达中心思想和向用户传递信息的主要载体。因此，文字版式精美与否在很大程度上决定了用户的阅读体验如何。那么如何才能为用户呈现出舒心、精美的文字版式呢?

头条号“文案君”发布的一篇名为《怕就对了》的文章，就利用“短句成行”的排版方法，带给用户极为强烈的舒畅感，相对于密密麻麻的文字轰炸，其更具视觉上的冲击力。

具体文字内容如下：

我怕少年白头，但我更怕中年无能

我怕选择，但我更怕没了选择

我怕上班，但我更怕穷

…………

版式排得好，用户看起来才更带劲，阅读体验才更佳。而好的版式有一定规律。

（1）14～16px字号。

当前，绝大多数用户习惯在手机端登录今日头条。因此，为了适应手机屏幕，头条号文章内容的字号以14～16px为宜——标题16px、正文15px，这样能够让文字看起来更舒心、更清晰。“px”是pixel的缩写，翻译成中文为“像素”，是屏幕上显示数据的最基本的点，15px大约对应Word中的小三号字。

（2）字体颜色要统一。

颜色用对了，可以快速成为用户瞩目的焦点；用错了，则会让用户感觉杂乱无章。具体到头条号文章内容，统一的字体颜色更利于用户集中精力阅读，五颜六色的字体颜色会影响用户的阅读体验。因此，文字的字体颜色最好统一，或者是互补色系，特殊情况下，需要丰富字体颜色的，最好不超过三种。

（3）行距控制在1.5～1.75倍。

因为手机屏幕上的内容以1.5～1.75倍行距最佳，所以头条号创作者在排版时，也应将行距设置为1.5～1.75倍。具体而言，假如头条号内容较短，行距设定为1.5倍显示效果最佳；假如头条号内容较长，则内容行距设置为1.75倍显示效果最佳。

（4）首行不缩进，段落要空行。

头条号创作者在写作时，通常会将首行段落缩进，但手机屏幕每行可显示字数有限，且今日头条App上的内容分段间距通常都大于行间距，已经能够区别出段落，因此头条号内容首行无须缩进。相反，假如头条号创作者将首行缩进，发布出来的内容看起来会不整齐，整体上不美观，会破坏用户的阅读体验。

6.6.2 图片版式

一篇文章中，除了文字外，为了提升整体吸引力和表达效果，通常还会配图。这些图片如果排列得当、画质精美，会显著增强内容在用户眼中的可读性。

头条号"火星科技站点"在小米10手机发布前夕推送了一篇名为《小米10外观配置公布，价格就算暴涨，也是行业里最让人头疼的鲶鱼》的文章，除了文字表达给力外，配图也很到位——图片不仅清晰精美，且和文字互补性强，爆料性十足。猛料配上这些图片，吸引了数千名用户留下评论，说出了自己的看法，如图6-11所示。

图 6-11　头条号"火星科技站点"发布的文章

进行图片排版时要注意以下几点。

（1）提升清晰度，统一色调。

正文中插入的图片，头条号创作者首先应保证其清晰度高。要知道，只有清晰的图片才能生动形象地向用户传递信息和情感。如果图片模糊不清，不仅会阻断信息和情感的传递通道，还会大大降低内容在用户眼中的信任感和可读性。

另外，图片的整体色调要统一，杂乱无章的色彩会在很大程度上影响用户的阅读体验，降低用户阅读内容的积极性。

（2）消除图片水印。

文章内容中的图片如果有水印，用户便会产生这样的疑问：图片是用别人的？二手货？这样一来，文章在用户眼中的价值便会大大降低，传播效果自然大打折扣。因此头条号创作者在为内容配图的时候，绝对不能随便配几张图便觉得万事大吉，而要仔细检查所用图片上有没有水印。

头条号创作者的时间、精力、财力、物力有限，并不能做到所有的图片都由自己设计、自己拍摄，或从第三方购买。在这种情况下，如何将网络上有水印的公开版权图片变成可用资源呢？方法很简单，通过剪裁去掉水印即可。

通常而言，头条号创作者剪裁图片需要五个步骤。

步骤一：下载图片处理软件。头条号创作者可以根据自己的喜好下载Photoshop或 Fireworks等工具，也可以利用QQ裁剪功能。

步骤二：导入图片。下载好图像处理软件后，头条号创作者需要将待处理图片导入软件中，找到裁剪工具。

步骤三：选择待裁剪水印。

步骤四：裁剪。对选择的待裁剪水印进行裁剪，假如待裁剪水印较多，则可分批进行裁剪。

步骤五：保存。裁剪完成后，头条号创作者需要保存图片，否则之前所有裁剪成果都会丢失。

（3）数量适中。

内容中插入的图片并非越多越好，而是要根据需要适当配置。假如一味地堆砌图片，则会大大降低用户的阅读体验。

通常而言，以下四种情况需要配图：

①产品展示。需要展示产品的时候，一张图往往胜过千言万语，这个时候需要在介绍文字下插入产品图片。

②场景再现。在用文字构建某一场景时，为了让抽象的文字更生动，头条号创作者需要在文字下插入场景图片。

③语句解释。当语句含义相当丰富时，头条号创作者可以用图片注释语句，方便用户读懂，理解到位。

④思想延伸。当需要延伸或升华文字内容所要表达的思想时，可插入具有憧憬性的图片。

第7章

涨粉：懂运营的头条君不怕没粉丝

头条号想要提升人气和影响力，成功打造出品牌，粉丝是重要的基础。通常而言，关注头条号的粉丝越多，头条号内容的人气就越高，所获分享量和转发量就越高，影响力必然也会随之增强。而粉丝通常和运营有着直接关系，运营巧妙、有针对性，头条号吸粉能力就强。因此，头条号创作者必须学会如何通过运营涨粉。

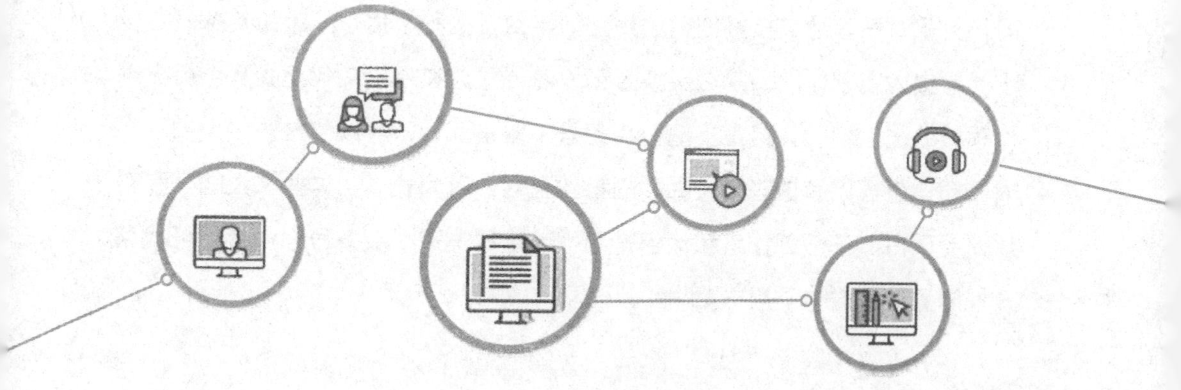

7.1 种子：利用头条关注功能吸引第一批用户

“种子用户”，顾名思义，就是能够如同种子一样“生根发芽”的首批用户，这类用户一方面对头条号内容、功能、品牌等高度认同，能提出有价值的改进意见；另一方面能够投入足够的感情，乐于主动分享和推广头条号，帮助头条号吸引更多用户。头条号涨粉的关键是找到第一批种子用户，激活他们，将他们变为头条号的推销员。

头条号创作者需要利用今日头条关注功能快速地吸收第一批种子用户，依托他们快速做好产品，扩大影响力，打响知名度。

那么如何引导种子用户关注头条号呢？

7.1.1 步骤一：找到种子用户

想要引导种子用户关注头条号，头条号创作者首先必须找到他们。那么如何找到种子用户呢？对头条号创作者而言，可以从三个方面入手找种子用户，如图7-1所示。

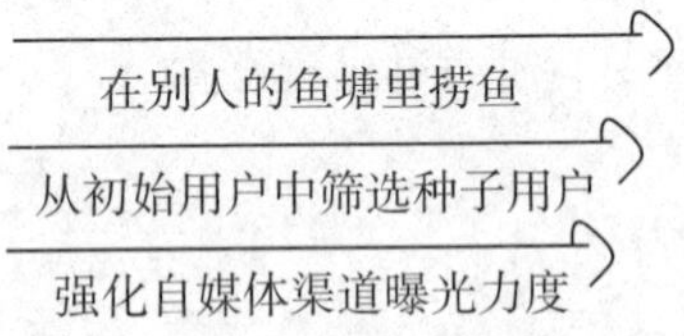

图 7-1 寻找种子用户的方法

（1）在别人的鱼塘里捞鱼。所谓“在别人的鱼塘里捞鱼”，是指关注同行竞争对手，通过接触他们的用户锁定自己的种子用户。比如头条号定位于“历史内容创作”，那么头条号创作者便可以在今日头条上找几个历史创作领域的“大咖”，经常去他们头条号下留言互动，可以和这些“大咖”本人互动，也可以和这些“大咖”的粉丝互动。时间长了，这些“大咖”和粉丝便会明白头条号创作者和他们是同类，这样一来，头条号创作者便可找到一批志同道合的种子用户。

另外，头条号创作者还可以进入这些“大咖”建立的微信群、QQ群寻找种子用户。这些群的用户都是经过竞争对手筛选的，属于优质用户，通过相应的互动，头条号创作者很容易找到适合自己头条号的种子用户。

（2）从初始用户中筛选种子用户。头条号创作者可以从关注头条号的用户中筛选比较活跃的用户进行培养，引导他们向种子用户进化。

（3）强化自媒体渠道曝光力度。在运营头条号寻找种子用户的同时，头条号创作者还可以通过其他平台寻找种子用户，诸如微博、百家号、知乎、小红书等。通过在这些平台上阐述理念、发布内容，找到支持和欣赏头条号创作者的人，并将之导流到头条号。

7.1.2 步骤二：爆款内容刺激

找到种子用户并将其初步引导到头条号后，接下来头条号创作者还需要通过提升爆款内容产出率，依靠源源不断的爆款内容刺激种子用户“生根发芽”，坚定其关注头条号的信念，提升其忠诚度，刺激其分享和转发的积极性。

头条号“李子柒”自2016年12月发布首个古风美食视频，连续三篇200万＋播放量的爆款内容对其吸引种子用户分享和转发起到了至关重要的作用，她的头条号也因此开启了疯狂涨粉之路，如图7-2所示。

图7-2　头条号“李子柒”的首发视频

可见，爆款内容刺激可以有效地锚定种子用户，极大地刺激他们进行分享和转发，吸引更多用户关注头条号。那么头条号创作者如何才能提升爆款内容的产出率呢?

（1）做出差异化。不管是图文还是视频，头条号创作者都需要注入自身的态度、想法和创意，避免同质化。这样一来，头条号对种子用户才更有吸引力。比如李子柒的古风美食视频，便做出了差异化，继而大获成功。

（2）细分化。头条号要想办法占领垂直领域中的某个细分领域，凭借专业化内容俘获种子用户的芳心，刺激他们分享和转发。比如头条号“办公室小野”，其之所以能够在激烈的竞争中脱颖而出，吸引大批粉丝关注，并非因为其呈现出来的食物多么美味、精致，而在于“办公室里设厨房”的奇思妙想和在她之前没有人这么做过。

7.1.3 步骤三：强化未来预期

在产出爆款内容的同时，头条号创作者还需要强化种子用户的未来预期，坚定他们关注的决心，增强他们分享的动力。通常情况下，头条号未来的预期越好，种子用户持续关注的决心就越强。

头条号创作者可以从三个方面强化种子用户的未来预期，如图7-3所示。

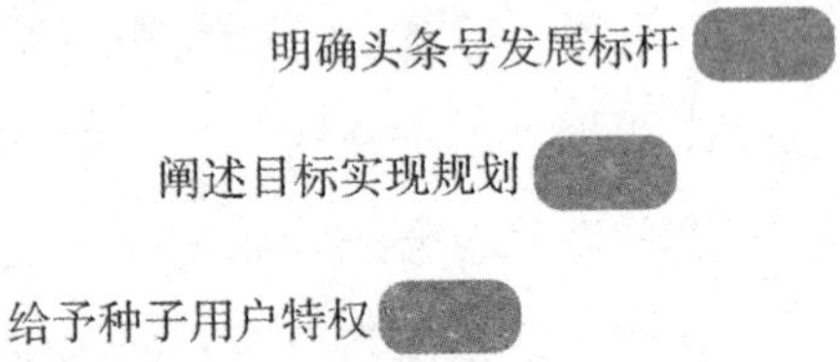

图 7-3 强化种子用户未来预期的方法

7.2 裂变：抛出诱饵让粉丝主动传播

对头条号而言，如何才能快速吸粉呢？最高效的方法就是让粉丝自主传播，裂变的基本逻辑可以归纳为“诱饵—种子用户分享—二级用户参与—再次分享”，首先对种子用户进行利益触达，调动起种子用户的参与感和分享积极性，影响更多二级用户，推动这些二级用户再次分享。

仔细分析裂变的基本逻辑，可以发现引爆用户的核心是对用户进行利益触达。要知道人性是趋利的，人在利益的驱动下可以最大限度地完成目标。因此，想要激发用户快速裂变，头条号必须抛出诱饵。

7.2.1 诱饵设计四原则

既然诱饵是快速裂变的核心，那么头条号创作者就必须设计好诱饵，确保抛出后效果惊人。想要诱饵足够有效，头条号创作者在设计时必须遵循四个原则，如表7-1所示。

表7-1 诱饵的设计原则

原则	解释	举例
用户想要	头条号创作者设计的诱饵必须是用户需要、渴求的，这是诱饵见效的基础	春天送风筝； 夏天举办“转发赠空调”活动； 冬天“评论赠送优衣库羽绒服”
相关、有限且超出预期	抛出的诱饵必须和头条号产品相关，且数量上有一定限额，优惠力度超出用户预期	前十名评论用户获半年付费专栏免费阅读资格； 培训类头条号赠送一年付费课程； “关注+转发”获得笔记本电脑抽奖资格
知名	作为诱饵的产品必须有一定的知名度，而非小众平庸物品。通常而言，诱饵产品知名度越高，对用户的吸引力越大	定位理财解读的头条号向用户赠送《富爸爸，穷爸爸》； 定位电子数码原创内容的头条号举办“转发送荣耀V30手机”活动
潮流	诱饵产品潮流感强，好玩又有特色，对用户的吸引力就大。更重要的是，这类诱饵产品往往成本较低	名创优品的香水、眼线笔、网红化妆镜； LED智能补光镜、Paper Watch纸手表、智能保温杯、指纹储蓄存钱罐、智能灭蚊灯、薄冰机、溏心鸡蛋神器、小米智能音箱

7.2.2 四个超具诱惑力的诱饵

不管头条号定位如何，专注于哪个细分领域，都可以选用四个超具诱惑力的诱饵，推动种子用户裂变。

（1）红包。生活中，头条号创作者经常会听到这样的话——送什么都不如直接送钱实惠。俗话说，“有钱不是万能的，没钱却是万万不能的”，因此，头条号设置诱饵时，可以直接向用户赠送红包，红包金额和个数可根据自身实力和预算灵活设置。比如某头条号在春节来临之际便开展了“关注+转发送三个666元大红包”活动，用户只要关注并转发该条信息，便有机会获得666元的超级幸运大红包。超大红包诱饵抛出后，用户争相关注和转发，该头条号在短短3天内便增加了10万名粉丝。

（2）自身产品免费或低价购买。头条号可以将自身付费产品作为诱饵，通过免费赠送或者低价的方法吸引用户分享和转发信息，继而推动用户裂变。比如免费赠送给用户6个月的付费专栏阅读券。

（3）特定的身份资格。除了具体的产品外，头条号还可将特定的身份资格作为诱饵，刺激用户分享和转发。比如只要用户分享1次，便可获得会员资格，免费观看3次付费视频内容；分享6次，可获得超级会员资格，可在10天内免费观看所有付费内容；等等。

（4）赠送非自身产品但与自身行业相关或者知名的产品和服务。比如定位名著解读的头条号向用户赠送名著，定位育儿的头条号向用户赠送奶粉等，都会极大地刺激用户分享的欲望。另外，头条号也可将众所周知的知名产品作为诱饵，诸如苹果手机、华为平板、小米电视等。

7.3 固粉：源源不断地产出才能留住粉丝

在运营头条号时，吸粉固然重要，固粉同样不可或缺，需要头条号创作者投入大量时间和精力做好做优。否则，吸粉一千，掉粉八百，头条号想要做好必然千难万难。

那么如何才能将吸引来的新粉丝固定下来并让他们彻底喜欢上头条号创作者呢？这离不开持续的优质内容产出以及相应的经营。

7.3.1 建立素材库

头条号创作者想要保持源源不断的内容输出，工作量和工作强度都不小，如果只是靠灵感或者临时查找资料，是远远不够的。建立素材库才是解决这个问题的根本办法。

（1）素材搜集的四大方向。

第一，热点新闻的搜集。制作内容时，热点事件往往是重要的素材，因此可以搜集各类热点新闻。诸如今日头条、搜狐、网易、微博这类大的权威性的热门网站，每天都会实时发布并更新热点新闻。头条号创作者可以从这些平台快速、有效地积累热点素材。

第二，电影、电视剧的搜集。搜集经典电影、电视剧，关注其中比较经典的剧情。这对头条号创作者创作内容往往有很大帮助。

第三，段子的搜集。段子不是一下子就能想出来的，所以平常要注意段子的搜集，以便制作内容时使用。

第四，小故事的搜集。现在很多头条号创作者都喜欢讲故事，但是用户们早已厌烦那些满是陈词滥调的说教故事，而喜欢看一些富于生活感悟的故事。所以，头条号创作者平时要注意生活类故事的收集，不管是网上流传的，还是发生在自己身边的真人真事。

（2）建立素材库的三大步骤。

建立素材库总的来说可以分为三个步骤：

第一步，广泛搜集素材。可以通过以下两个方法搜集素材：一是碎片收集。头条号创作者每天都会看各种视频、文章，接触各种信息，感觉好的就可以搜集起来。可以利用一些工具，比如有道笔记、云储存来做碎片收集。二是固定主题收集。头条号创作者先做好未来一个月的规划，确定这个月内都要做哪些主题的内容，然后根据这些主题进行素材的收集和整理。

第二步，保存素材。收集的目的是为了方便调用，因此需要一些承载工具。这些工具必须具备两大特点：一是全平台支持；二是有强大的搜索功能。此外，还要做好分类工作。比如工作、学习、生活感悟、明星、社会热点、搞笑等的分类。分类能让头条号创作者快速找到相关的素材池。

第三步，挑选素材。素材收集的最终目的是为了能使用，但并不是所有的素材都适合所选主题，因此就要学会如何挑选素材，可重点考虑以下三点：

其一，新鲜感。素材有新意，而不是用户看了无数遍、在朋友圈出现过很多次的内容。

其二，反直觉观点。这种类型的素材与日常的观点相反，可以快速引起用户的好奇心。比如说大家都知道吃小龙虾不要吃头，但是有的素材却说小龙虾可以吃头，还有科学依据。

其三，符合自己的主题。在挑选素材时，一定要紧扣自己的创作主题，否则可能用不上，即使用上了，也令人迷惑，容易掉粉。

7.3.2 持续不断产出优质内容

想要将粉丝固定下来，内容是根本——只有源源不断地产出优质内容，让粉丝获得实际价值，他们才会留下来，为之欣喜且甘之如饴。

头条号“一个人穷游中国”，截至2020年2月1日，拥有粉丝171万名，获赞892万次，如图7-4所示。其之所以拥有如此多的粉丝，最关键的一个因素便是其能源源不断地产出优质内容，将新粉丝固定下来。

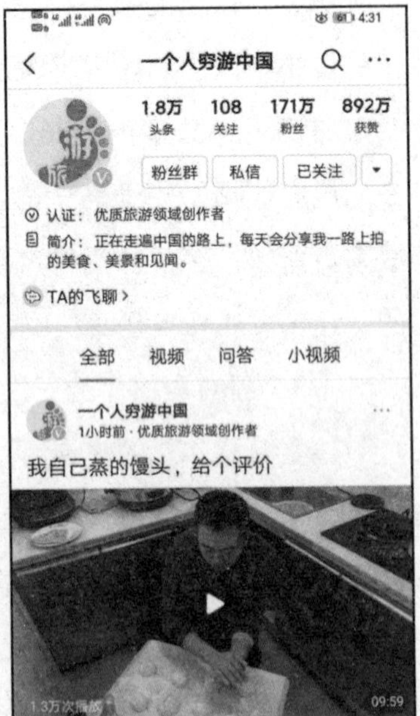

图 7-4 头条号“一个人穷游中国”主页

2020年春节期间，受新冠肺炎疫情影响，“一个人穷游中国”计划中的出游无限期推迟。但是这并没有成为其“停业”的借口，反而成了其发现新题材的契机——他将镜头转向了自己的村庄、自己的家、自己的美食学习之路，通过展现自己在新冠肺炎疫情期间的“蜗居”生活，源源不断地创造高品质作品，吸引了大批粉丝留言评论，如图7–5所示。

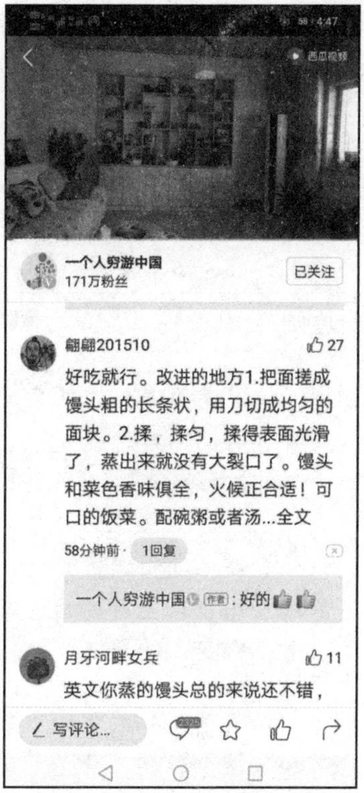

图 7–5　粉丝的留言互动

由此可见，持续的、高品质的作品是留住粉丝的根本原因，固粉最根本也是最高效的方法便是源源不断地产出优质内容。

那么如何才能持续不断地产出优质内容呢？一些小技巧可以帮助头条号创作者将更新的工作变得相对简单。

第一，以简单为主，不要太复杂。更新时，不要加太多内容，只要有点缀即可，开头、结尾、特效等能模板化就模板化。

第二，以时间为核心策划内容。只做计划内的内容，计划外的可先不做，另外还可成系列地产出内容。如此，既保证了账号的更新工作，又提高了粉丝的黏性。

第三，深挖内容。深挖自己领域的内容，不放过任何创作素材。如此，既保证了内容方向不会跑偏，契合了头条号定位，又能把内容做得更有深度、更专业，同时还能保证有足够的素材持续更新。

第四，精简话题。一个内容只说一个主题，多了没有用户看，看了也记不住，还会显得内容很混乱。

第五，精致内容。把精华留下，没有必要存在的部分通通删掉。

7.3.3　巧妙回复和管理评论

粉丝在阅读文章或观看视频后，如果有一定的感触，通常会在下面的评论区内留言。头条号创作者应当充分重视粉丝的评论，在第一时间进行回复和管理，和粉丝充分互动。如此，头条号才能给予粉丝强烈的获得感，继而留住粉丝。

通过PC端的头条号“评论管理”页面，头条号创作者可以逐一管理和回复每一位粉丝的评论。为了提升回复的互动效果，头条号创作者需要秉持四个原则，如表7-2所示。

表7-2 提升互动效果原则

原则	解释	具体方法
及时	对用户而言，头条号创作者能够在第一时间回复评论是惊喜，也是一种尊重，这样一来，用户自然对头条号好感满满	及时查看评论，第一时间回复用户； 抛出诱导性问题，吸引用户再次评论互动
亲切	在回复用户评论时，头条号创作者应当用亲切友好的语气回答用户的疑问，解释自己的观点	多用敬辞； 以朋友的语气回复用户； 站在对方立场上说话
平和	有些用户的评论可能有“乱喷”之嫌，这个时候，头条号创作者需要摆正心态，平和以对	选择性回复，避开不友好评论； 采取迂回战略，巧妙转移话题
有效	有时候，头条号后台的回复无法显示出来，属于无效回复	回复后过段时间查看回复效果； 二次回复用户，确保回复有效

7.3.4 提升被利用的价值

很多头条号创作者自认为内容和运营都做得不错，却留不住用户，问题出在什么地方呢？一个主要的原因是缺少高频价值功能，缺少被用户利用的价值，时间久了，用户自然便会觉得关不关注无所谓，最终弃之而去。因此，头条号需要最大限度地提升自身被用户利用的价值，将自己打造成用户生活和工作中必不可缺的一部分。

头条号“有书一读”便很善于提升自身被用户利用的价值，它的方法很简单，就是通过剖析名著，帮助想读书却没有时间读书的用户更好地掌握名著的精髓。比如其发布的《鸿篇巨著〈百年孤独〉震撼人心的30句话，让你学会享受孤独》，就通过解读名著《百年孤独》中的30句话，让用户得以更好地理解孤独、享受孤独，继而为用户更好地生活提供了价值，如图7–6所示。

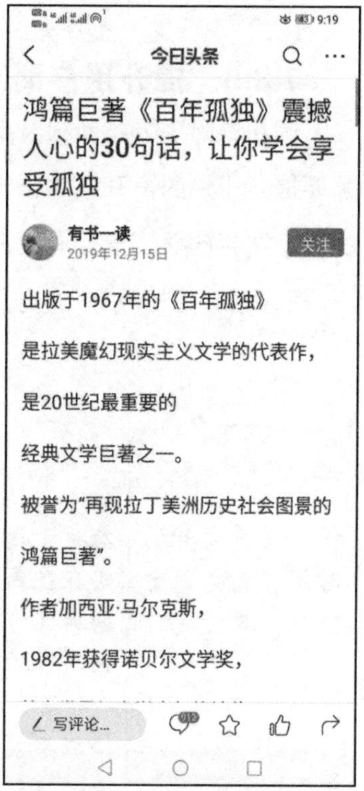

图 7–6　头条号"有书一读"的价值内容

那么，如何提升自身被利用的价值呢？头条号创作者可以从以下三个方面做起。

（1）打造高频价值功能。头条号可以结合自身定位，针对用户生活和工作中的高频需求，推出针对性功能，如此一来，头条号在用户眼中的利用价值自然也就高了。比如2020年初新型冠状病毒肺炎开始肆虐中国大地，人们在春节期间被迫"蜗居"，针对这一情况，有头条号特地推出了"各省疫情汇总""口罩货源实时信息""签到有礼"功能，方便用户了解新冠肺炎疫情的最新情况，有针对性地提供口罩货源信息，同时倡导健康打卡，帮人们树立战胜疫情的信心。这些功能推出后，由于价值性强，用户需求频率高，该头条号的人气快速提升。

（2）做垂直细分内容。头条号的内容越垂直，越专业，对特定用户的吸引力就越大，粉丝持续关注的意愿就越强烈。因此，头条号需要立足自身定位，不断提升内容的专业性，向用户输出价值内容。

（3）创造或植入使用场景。在具体内容中突出使用场景，往往会让用户觉得内容更有利用价值，继而倾向于长期关注头条号。比如头条号创作者想要写一篇解读《红楼梦》的文章，标题便可这样拟定——"红楼之十大俘获美女芳心技巧"，这一标题便清晰地向用户表明了使用场景——"恋爱攻心"，继而吸引恋爱中的男女阅读。

7.3.5 提升用户离开成本

固粉，除了要不断提升头条号的被利用价值以增强用户的获得感外，还需要提升用户的离开成本，当用户觉得离开后自己的损失较大时，他们离开的决心便会动摇，直至消失。

那么如何提升用户的离开成本呢？具体方法有二，如表7–3所示。

表7–3 提升用户离开成本的方法

方法	解释	举例
提升用户离开的时间、精力、金钱等成本	时间、精力、金钱等成本对于用户来说都是实实在在的，这些成本的增加，可以有效动摇用户离开的决心	采用会员制、付费制，提升内容品质，绑定用户的时间、精力和金钱； 定期推送，抓住用户的碎片化时间
提升用户离开的情感成本	情感是人和人之间的重要连接纽带之一，因此离开的情感成本越高，用户离开的决心就越容易动摇	推出用户头衔升级计划，以不断提升的头衔带给用户足够的获得感； 和用户交朋友、拉家常，全心全意做好各项服务，成为用户生活和工作中的参谋和顾问

7.4 促活：多做互动，别让粉丝变“僵尸粉”

对头条号而言，如何保持粉丝活性是关系头条号未来能否健康发展的首要问题，必须重视并找到解决方法。因为用户有活性，头条号人气值才高，影响力才大，变现的价值才会提升。所以，在运营头条号时，头条号创作者必须掌握促活技巧，提升粉丝活性。

7.4.1 用活动增强用户参与感

想要让用户活跃起来，开展各类活动是简单而又高效的方法。通常而言，活动越有价值，越简单，用户的参与感就越强，活性就越高。

常见活动如表7–4所示。

表7–4 常见的活动类型

类型	目的	举例
分红包活动	用金钱唤醒用户活性，给予用户获得感	过大年发红包，“关注+转发”即有机会获得666元新春红包
抽大奖活动	利用物质直接激发用户的参与感，提升用户活性	为了回报粉丝支持，购买了3台小米平板4，寄给评论获赞最多的3个粉丝
签到活动	通过日常签到行为，刺激用户持续点击头条号报到	连续签到10天赠送精美春节对联，连续签到15天自动获得抽千元大奖的机会
节假日活动	利用节假日等时间节点来提升关注度，激活用户	元宵佳节寄送100个精美红灯笼，数量有限，想要的立即留言
促销类活动	利用打折、满减等方式促活用户，提升销售额	为了回报粉丝支持，所有农家有机蔬菜5折销售3天

7.4.2 持续沟通

人和人之间的关系要通过持续沟通才能长久保持，头条号的促活也是如此，需要持续和粉丝进行沟通，时时刻刻在线，悉心为用户服务。假如头条号创作者和用户的沟通仅仅是三天打鱼、两天晒网，可以想象，粉丝的活性自然一天不如一天，绝大多数用户最后都会成为“僵尸粉”。所以一定要持续地进行沟通和提供服务。

（1）持久沟通。想要让用户保持足够的活性，头条号创作者需要和用户持久沟通，成为用户的倾听者甚至好朋友。想要做到这一点，头条号创作者必须建立起沟通渠道，要能够在第一时间找到用户。

通常而言，头条号创作者可以通过四个渠道和用户保持沟通，如表7-5所示。

表7-5 和用户沟通的渠道

沟通渠道	操作方法
今日头条后台	在今日头条后台，能够直接查看用户基本信息，回复用户评论，第一时间了解用户，和他们互动
个人微信号或微信群	通过赠送礼物、发送红包等，头条号创作者可以添加用户的个人微信号或将他们拉入微信群，这样能够直接、实时地和用户互动、沟通
个人QQ号或QQ群	通过情感互动或钱物赠送等方式添加用户的个人QQ号，或邀请他们加入QQ群
目标用户常去的其他平台	通过问卷调查、大数据分析等方法掌握目标用户常去的平台，如百度贴吧、小红书等，在这些平台上和目标用户沟通、互动

（2）持续服务。除了要做好持久沟通外，头条号创作者还需要做好持续服务，让用户获得优质的头条号体验。只有及时满足用户的服务需求，头条号在用户眼中才更具价值。那么要如何做好持续服务呢?

①及时从留言、评论中提取用户需求并满足它。很多时候，用户的需求大都隐含在留言和评论中，这就需要头条号创作者有规律地梳理用户的留言和评论，找到用户需求，及时满足。假如用户需求超出头条号创作者的能力范畴，头条号创作者可以为其制订解决方案，或明确表示抱歉，无法为对方解决问题。如此，可以有效赢得好感，提高用户活性。

②预测需求推出价值内容。高效服务的最高境界就是提前预测用户的需求，想用户之所想，将服务做到用户心坎上。比如春节一过，春天就近了，某个以摄影为主题的头条号就发布了文章《拍花的10个摄影技巧》，指导用户如何拍摄出更加美丽的花朵照片。这篇文章便写到了用户的心坎上，大受用户欢迎。

7.5 召回：有好草，好马也会回头吃

很多时候，一些用户会因为某种原因取消关注头条号，但是这部分用户对头条号创作者而言还有很大的价值，契合头条号的定位。这个时候，头条号创作者就需要采取一些措施来召回这些用户，让他们成为“吃回头草的好马”。

7.5.1 两种不适合召回的“前粉丝”

并不是所有取消关注的用户都能顺利召回。想要高效地召回用户，头条号的召回目标必须精准。头条号创作者必须了解哪些用户是不可能召回或不值得召回的，然后才能避开大坑，事半功倍地召回价值用户。

通常而言，三种用户不值得头条号创作者花费大量时间和精力召回，如表7–6所示。

表7–6 不适合召回的“前粉丝”

时期	类型	说明
初期	直接离开的用户	这类用户对头条号只是简单地扫了几眼就离开，没有具体、深入地了解头条号的板块设置和内容便直接判定了头条号“死刑”，因为已先入为主，所以召回价值不大
中期	不契合内容定位的用户	这类用户虽然对头条号的板块设置和内容有了一定的了解，但其兴趣或需求和头条号定位不契合，因此召回价值也不大

需要注意的是，后期流失的用户则一定适合召回。因为用户关注头条号创作者的时间比较长，互动正常，但是一段时间后却突然取关消失了。他们

离开的原因并非需求和头条号创作者发布的内容不契合，而是和竞争对手拉拢或头条号产品功能迭代缓慢有关。通过提升内容品质、强化用户互动，这部分流失用户便可召回。

7.5.2 构建流失用户特点模型

了解了哪些用户值得召回，哪些用户不值得召回后，头条号创作者还需要找到流失目标用户的共同特点，构建出完善的流失目标用户特点模型，这样才能有针对性地采取召回措施，实现高效召回。

那么如何才能精准地收集流失用户的共同特点构建模型呢？在实际操作中，头条号创作者可以从四个方面入手，如图7-7所示。

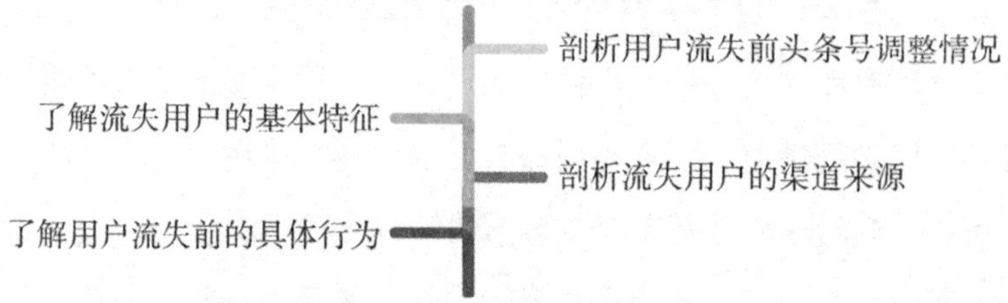

图 7-7　构建流失目标用户模型的方法

7.5.3 用“三步走”策略召回用户

在具体召回用户时，头条号创作者可以采用“三步走”策略，步步为营，触达用户，唤醒用户，绑定用户。

（1）通知触达。想要召回用户，头条号创作者首先要向其传递召回信息，触达已经流失的用户。因此，头条号创作者需要以更加醒目、直接的方式唤醒用户。

头条号创作者可以用三种方式向用户传递召回信息，具体如下：

①通过短信传递信息。在掌握流失用户手机号的前提下，头条号创作者可以通过短信向他们传递信息。短信传递信息的优势很明显，其送达率和打开率都非常高，能够将召回信息快速、高效地呈现在用户眼前。

但需要注意的是，短信大都以文字为主，比较单调，而且频率太高，会引发待召回用户的反感。因此在具体操作时，头条号创作者需要遵循四个原则，如图7-8所示。

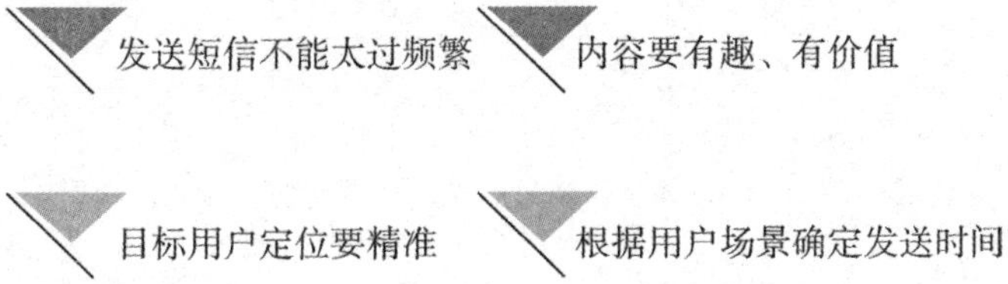

图 7-8　短信触达流失用户四原则

②通过微信、QQ传递信息。假如头条号创作者掌握了流失用户的微信号或QQ号，则可通过微信或QQ向其传递召回信息。微信、QQ传递的信息形式多样，图文丰富，有利于头条号创作者更生动形象地向流失用户传递信息。

通过微信、QQ向用户传递信息时，为了达到最佳触达效果，头条号创作者需要秉持三原则，如图7-9所示。

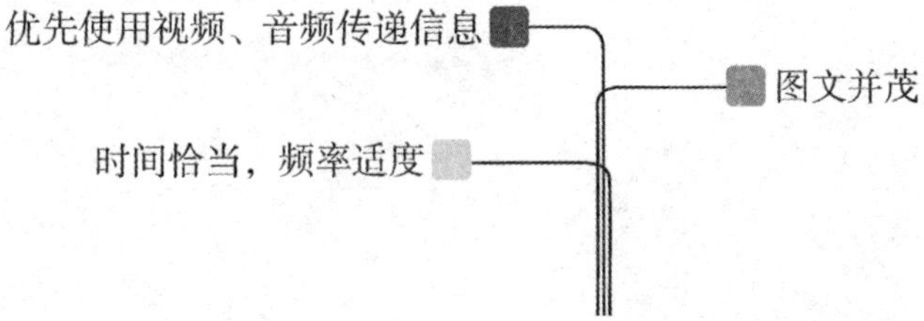

图 7-9　微信、QQ 传递信息三原则

③通过电子邮件传递信息。电子邮件可以传递类型多样的内容，诸如文字、图片、音频、视频、网页链接等。需要注意的是，为了提升流失用户的打开率，电子邮件需要有一个吸睛标题。

（2）给利。想要召回流失用户，仅仅有信息触达是远远不够的，还需要给予用户一定的利益，满足用户的实际需求。有真实利益，流失用户回归的热情才会高涨。

具体而言，头条号可以从三个方面给予流失用户利益，吸引他们重新关注，如图7-10所示。

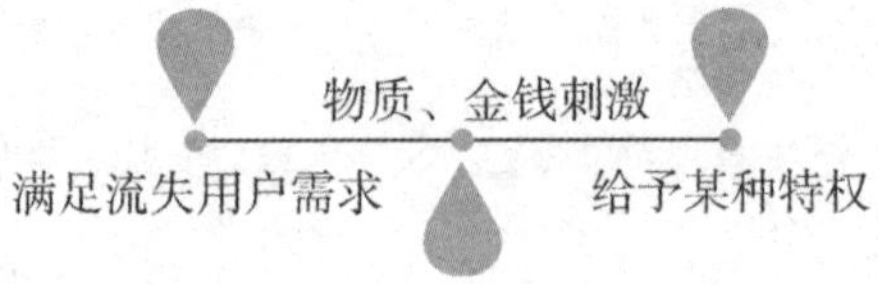

图 7-10 给予流失用户利益的三个方法

（3）暖心。在利益刺激后，头条号创作者还需要在精神上温暖流失用户，给予他们某种归属感和获得感。只有让流失用户感受到价值感和归属感，他们对头条号才会更有好感，回归的可能性才会更高。

那么如何温暖流失用户的心呢？具体而言，头条号创作者可以从三个方面入手，如图7-11所示。

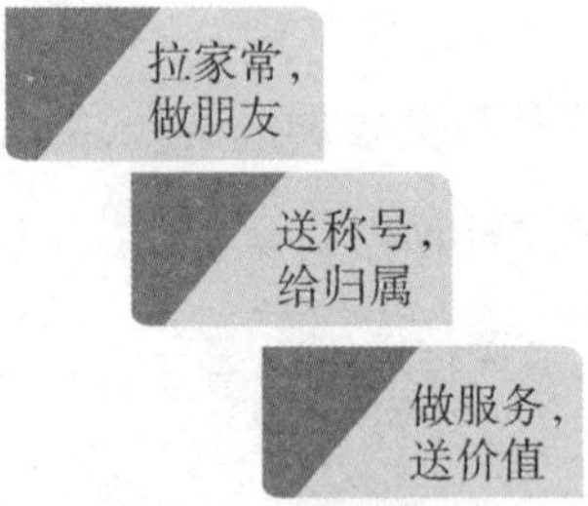

图 7-11 暖心三法

7.6 升级：把普通用户打造成超级粉丝

全球知名市场调研公司尼尔森旗下的剑桥集团高管艾迪·尹说：“超级用户是这么一群人，和普通用户相比，他们对某一产品会投入炙热的情感，甚至到了痴迷的程度。”比如很多人出国旅游，回国的时候往往会带一些当地的美食和旅游纪念品，但是一个星巴克的超级用户，带回来的却是一大堆星巴克城市杯。

可见，超级用户会狂热地支持自己喜欢的品牌，不仅对其产品如数家珍、大量购入，还会将它推荐给别人，积极分享和转发品牌和产品的相关信息，并为产品的研发和改进献计献策。头条号想要最大限度地吸粉、涨粉，就必须善于将普通用户打造成超级用户，将他们培养成自己的专属推广员和代言人。

7.6.1 超级用户是头条号的“涨粉磁石”

超级用户不仅现在发自内心地喜爱头条号创作者的头条号，在未来也会为头条号的产品和服务付费，并充当宣传员和推广员。全球知名市场调研机构尼尔森的一份研究表明：超级用户的消费力是普通用户的5～10倍，每当他们增加1%，会推动新客户增加10%～15%，促进销售增长20%～25%。可见，超级用户不仅会自己重复消费，还会为头条号带来源源不断的新粉丝，成为头条号的“涨粉磁石”。

举个例子。小A从2018年开始有了自己的头条号，这一年粉丝仅仅增加了1000名，但到了2019年，粉丝却爆发式地增长到了10万名，一年增长了100倍。小A是如何做到的呢？秘密就在于他从头条号老用户中挑选出了500名VIP用户，邀请他们加入了超级用户微信群。小A通过红包、赠送付费专栏免费体验券、全年购买付费视频7折、抽奖、送生日神秘礼物、节假日惊喜等，一步步提升了这些VIP用户的归属感，刺激了他们分享、转发头条号内容的激情。

可见，超级用户和普通用户不同，他们不仅消费能力和意愿高于普通用户，而且还会通过持续不断的分享、转发，为头条号带来新客流。因此，将普通用户升级为超级用户，头条号才能快速吸粉、涨粉，大步迈向今日头条“大咖”行列。

7.6.2 四步法推动普通用户进化为超级用户

既然超级用户对头条号吸粉、涨粉如此重要，头条号创作者在日常运营时就必须投入更多的时间和精力，运用有效方法，推动普通用户向超级用户进化。那么如何才能促使普通用户进化为超级用户呢？具体而言，头条号创作者可以运用四步法实现这一目标。

步骤一：从老用户中筛选出超级用户“幼苗”。头条号的老用户，对头条号都有一定的感情，对头条号未来的发展也比较期待。头条号创作者可以从中筛选出较为活跃的、消费能力强的用户作为超级用户“幼苗”。

步骤二：构建社群，强化互动。从老用户中筛选出超级用户“幼苗”后，接下来头条号创作者就需要组建社群，强化自身和这些潜在超级用户间的互动。比如可以邀请超级用户“幼苗”加入微信群、QQ群等，通过举办各种活动、打造情感话题或热点话题等方式强化头条号和他们之间的情感连接。

步骤三：给予利益。除了培养情感外，头条号创作者还需要给予超级用户“幼苗”一定的金钱和物质利益，这样才能促使他们快速成长，最终向超级用户进化。具体而言，头条号创作者可以通过发放红包、抽奖、给予特权等方法，让他们获得实实在在的利益。

步骤四：抛出合伙制，打造终身超级用户。为了能够最大限度地激发超级用户的主动性，刺激他们快速裂变，头条号创作者还需要给予超级用户成为合伙人的期望，建立合伙制度，吸收做出重大贡献的超级用户成为合伙人，将头条号由“头条号创作者的”变成“我的”。

第 8 章

推广：让你的头条号被更多人知道

在信息爆炸的当下，酒香也怕巷子深，因此想要快速打响知名度，头条号就必须做好推广，或自己摇旗呐喊，或推动用户代言。只有做好推广，让更多的人知道头条号，头条号创作者才能快速实现预期目标。

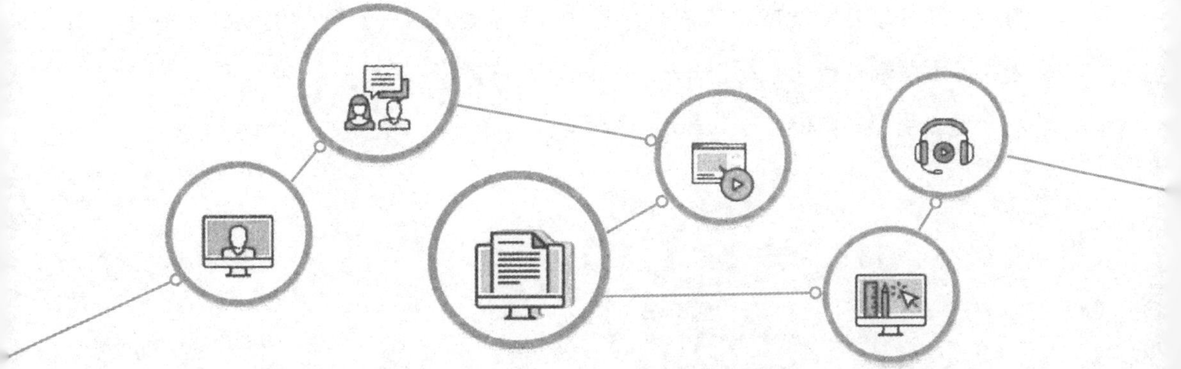

8.1 自推：为你的头条号建立一个引流矩阵

头条号要想做好推广，应首先挖掘自身的资源和潜力，进行自我推广。那么在具体操作时，如何才能实现高效的自我推广呢？最简单、有效的方法是为头条号建立一个引流矩阵。

所谓“引流矩阵”，通俗地说就是小号集群，通过各个小号推广大号。想要成功运用小号推广大号，头条号创作者必须重视小号的培育，诸如定期和粉丝互动，强化彼此间的情感连接，赠送礼物，等等。如此一来，粉丝才会更乐于分享头条号创作者通过小号发布的推广内容。

例如小B在今日头条上申请头条号后，为了快速打响知名度，就采用了小号推广大号的策略——申请了几个小号，坚持在微头条上发布热点话题，并有规律地发布推广大号的文章，转发大号发布的内容。由于小号矩阵配置合理，有解读大号原创精神的，有剖析大号内容风格的，有不断分享和转发的，因此，小B的主打头条号为越来越多的用户所熟知，知名度稳步提升。

8.1.1 建立引流矩阵

通过小号推广大号，并非先申请小号，再将所有的内容复制粘贴后发布那样简单，那种形式的推广痕迹很明显，难以吸引用户关注，更不用提引导用户主动分享并转发推广信息了。高效的自推是建立在矩阵基础上的，小号之间分工明确，各司其职，才能达到最好的效果。

建立引流矩阵的步骤如表8-1所示。

表8-1 引流矩阵的建立步骤

次序	具体操作	注意事项	举例
步骤一	申请几个小号	申请的小号和大号名字上要有一定的联系。有联系，小号才能更好地烘托大号的“行业权威”形象	比如主推头条号名为“玩转视频”，那么小号的名称则可为“视频达人”“趣视频”等
步骤二	制订推广计划，明确各小号推广方向	每个小号的推广侧重点要有差异，内容也不能雷同	小号1着重分析大号创作风格； 小号2侧重分析大号内容的实用性； 小号3负责制造大号相关的热点话题
步骤三	生产推广内容	推广内容要有差异，要有各自的风格	小号1推广内容幽默化，主打趣味性； 小号2推广内容严谨，向权威靠拢； 小号3推广内容实用，向生活靠拢

8.1.2 掌握推广技巧

在具体操作中，利用小号推广大号还需运用一定的技巧，下面我们来看一下这些技巧。

（1）巧用转发语。小号在转发大号内容时，不能仅仅转发一下就完事，想要吸引用户点击并分享推广内容，还需要设计好转发语。转发语可以是阅读文章或观看视频的真实感受，也可以是噱头满满的口号语、富有哲理的箴言等。比如小号转发了一篇摄影技巧总结文章，转发语便可这样写：“有了它，媳妇看了我拍的照片再也没打过我！”

（2）营造活跃氛围。头条号运营者可以邀请亲朋好友积极评价、点赞和分享推广信息，营造一种受欢迎的活跃氛围。因为人人都有从众心理，评论、点赞和转发的人越多，用户越觉得内容有价值、受欢迎，推广的内容才更易引发用户关注。

（3）加入娱乐性元素。在当下全民娱乐的大背景下，有趣的内容才更易吸引用户眼球，激发他们的分享热情。因此，头条号创作者可以在推广内容中添加一定的娱乐元素，诸如加入段子、关联名人等。

（4）小号的数量要多。一个账号的影响力是有限的，所发布的推广信息触达的用户数量不会太多。但是假如头条号创作者的小号数量较多，便能在很大程度上通过推广信息的分享提升大号的曝光率。因此，在条件允许的情况下，头条号创作者需要申请尽可能多的小号，比如动员亲朋好友注册头条号，将这些头条号变为推广自己头条号的小号。

8.2 互推：与其他头条号互相推广

头条号想要快速打响知名度，除了自力更生外，还可以彼此借力，相互推广。相对于自推，互推覆盖的用户范围更广泛，效果更佳。因此，在自推的同时，头条号创作者还要互推。

例如，小C和小D都在2020年1月开设了自己的头条号，因为在同一个城市且都聚焦电子产品相关的内容创作，所以他们很快在头条上相识。两人都是新手，都需要通过推广获得曝光度，因此他们很快便有了互推的共识——彼此在头条号上推广对方的号和内容，不仅能相互吸粉，更能刺激对方粉丝分享、转发。

之后的日子里，小C和小D便经常互相推荐对方的头条号：小C善于在文末推荐小D的头条号，而小D则善于图文并茂地推荐小C的头条号。由于小C

和小D的互推态度都很坚决，内容也别致有趣，因此取得了明显的效果，两个人的头条号粉丝都有了快速增长，知名度也大增。

可见，相互推荐得当，能够快速打响知名度。那么在具体操作时，头条号创作者应该从何处入手呢？

8.2.1 同行互推

同行之间不仅有“刀刀见血”的竞争，也可以有困境中的相互扶助。同行业的头条号，彼此目标用户相同或相似，相互推荐，很容易获取对方粉丝，扩大影响力，提升知名度，最终实现“1＋1＞2”的推广效果。

具体而言，同行互推的方法有四种，如表8-2所示。

表8-2 头条号的同行互推方法

方法	释义	举例
搭车推广	将对方的头条号和同行业“大咖”头条号放在一起推广，借助“大咖”头条号影响力放大推广的头条号在用户眼中的价值	写一篇名为《2019年今日头条电子行业最值得关注的十大头条号》的文章，前九大为行业“大咖”头条号，最后一个为推广的头条号
文末互推	在各自文章、微头条、视频、音频等产品末尾相互推荐头条号	文末添加“想要了解更多，欢迎关注×××”的引导语； 双方在文末共推一个链接，此链接中有双方的头条号可供选择
图文合作互推	采用图文的方式相互推荐，引导粉丝关注对方	彼此写一篇介绍对方头条号的文章，分析对方作品的特点，并图文并茂地呈现出来
被关注自动发消息互推	头条号可将自动回复设置成互推消息，当粉丝关注时便会立即向其发送推荐内容	自动回复信息设置为“感谢您的关注，您可以在这里了解到最新的财经知识，也可关注×××，了解最新财经事件”

8.2.2 跨行互推

除了在同行业内寻找合作伙伴相互推广之外，头条号还可跨行寻找合作伙伴，利用其他行业的优质资源扩大自身影响力，快速打响知名度。

比如小E的头条号专注于文案技巧，而小G的头条号定位为营销推广，两个人在各自领域内都打拼了一年，有了一定的名气。为了在新的一年里更上一层楼，吸引更多粉丝关注，提升头条号知名度和影响力，小E和小G决定结成推广联盟，利用在各自行业内的影响力推广对方的头条号。

为此，小E和小G专门创作了各种各样的推广内容模板，在各自的头条号上发文推广对方。比如，其中一个推广内容模板的内容如下：

今天，我想向大家介绍一位好友，他的头条号专注于普及文案写作技巧（营销策略技巧），是今日头条上小有名气的文案高手（营销专家）——文案小E（营销小G）。

之所以向大家推荐文案小E（营销小G），并非因为他如何厉害，而是因为其学习能力强，所发内容有很强的实用性，现在已经成了很多人的专属文案（营销）定制师。如果大家想提升自己的文案写作水平（营销能力），不妨去他的头条号上看看，相信会有很大的收获。

通过持续互推，小E和小G的头条号知名度都有了很大的提升，影响力也进一步扩大。

可见，跨行互推运用得当，可以快速打响知名度，提升头条号的影响力。但是在具体操作时，头条号创作者需要注意三个问题，如图8-1所示。

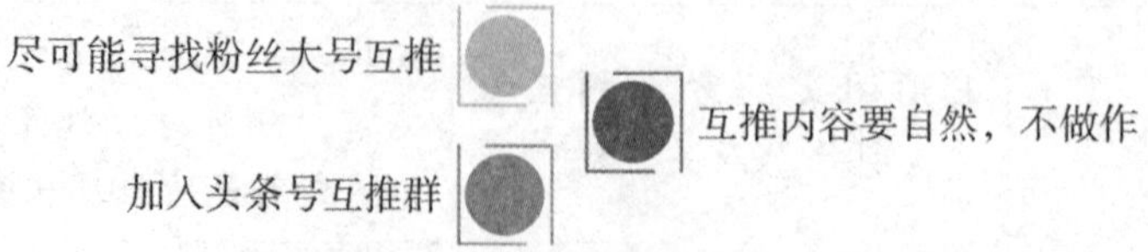

图 8-1　跨行互推注意事项

8.2.3 组团线下共推

头条号创作者还可以和同城头条号组成推广联盟，将各自有限的资源聚合在一起，形成合力，通过举办各种推广活动在线下发力。

要想做好线下共推，头条号在组团时需要秉持三项原则，如图8-2所示。

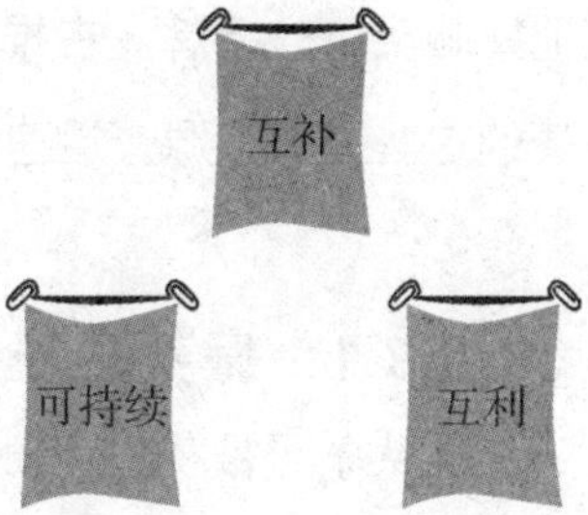

图 8-2 组团线下共推三原则

为了保证组团线下共推的效果，在推广之前，需要制订相应的计划。头条号创作者在制订计划时需要确定四点。

要点一：确定各参与方提供的资源。组团各方，应在平等、自愿的基础上确定线下活动所需提供的资源，确保线下推广活动得以顺利进行。

要点二：确定各家的推广次序。首先推广谁，之后推广谁，事先要有一个明确的次序，确保在任何时间大家都能合力推荐某一头条号，确保线下活动的推荐效果最大化。

要点三：确定活动前的准备事项。线下推广活动需要用到什么，在事前都需准备妥当，比如准备充足的名片，确定嘉宾的行程，备好奖品，等等。

要点四：确定有足够动人的诱饵。除了依靠活动本身吸引线下用户外，头条号创作者还需要准备足够动人的诱饵，以金钱、物质等抓紧用户眼球，增强他们的参与感和分享欲望。比如设置抽大奖环节，奖品是一台笔记本电脑，相信对用户的吸引力将是非常巨大的。

8.3 内推：不要浪费官方给的宣传资源

今日头条作为一个庞大的信息集散地，本身便是一个庞大的推广阵地，不管是微头条、文章、视频还是问答，都具备强大的自媒体功能，利用得当，都可以成为头条号创作者推广头条号的阵地，继而让头条号创作者快速地打响头条号品牌。在推广头条号时，头条号创作者可以巧妙地利用今日头条的这些固有资源，迅速扩大头条号的影响力。

8.3.1 微头条推广

微头条可被视作今日头条版的微信，其篇幅较短，可以让头条号创作者用几句话、几张图片勾勒出生活和工作的状态。但和微信不同的是，得益于今日头条的推荐机制，头条号创作者发布的微头条内容会被推荐给可能感兴趣的用户，获得更好的推广效果。

具体而言，微头条的推广优势有二：

首先，微头条内容简短，有利于头条号创作者快速生成推广内容，速战速决，推广时效性强。

其次，微头条发布程序简单，无须审查，因此头条号创作者可以在其中加入一些推广性语句，引导用户关注和分享头条号。

那么怎样的微头条内容容易得到推荐和关注呢?

（1）贴近生活。一般而言，生活性越强，用户越会感同身受，越容易产生共鸣，转发和分享的积极性就越高。

比如头条号“多泽安妮”在新冠肺炎疫情暴发期间，坚持每天发布微头条，写自己居家隔离的状态和遇到的具体问题，由于贴合热点，击中痛点，引发了用户广泛的共鸣。比如在居家隔离第9天时，其发布的微头条内容为：“宅居第9天。我想很多人跟我一样，家里口罩基本没有库存，现在进出超市、公交车和地铁必须戴口罩，于是会在网上各种拍下碰运气。从1月22日到现在一共拍了17家，现在已经退了14家，还有3家留着碰碰运气……”短短几句话，便将疫情下的个人生活状况勾勒出来，说出了大家的心声，吸引了很多用户关注，达到了较好的推广效果，如图8-3所示。

（2）图文并茂。在人的五感中，视觉刺激对人的行为往往更具引导力，单纯的文字对于用户的吸引力较低，而色彩感十足的图片则能在第一时间锁定用户眼球，刺激他们点击阅读。因此，在发布微头条时，头条号创作者要多配图，配好图。

头条号“大河网”发布的一条热心市民为防疫执勤人员送饭的微头条，便配上了一张高清大图，不仅对文字起到了很好的说明作用，还强化了内容的可读性和推广力，激发了用户的分享热情，如图8-4所示。

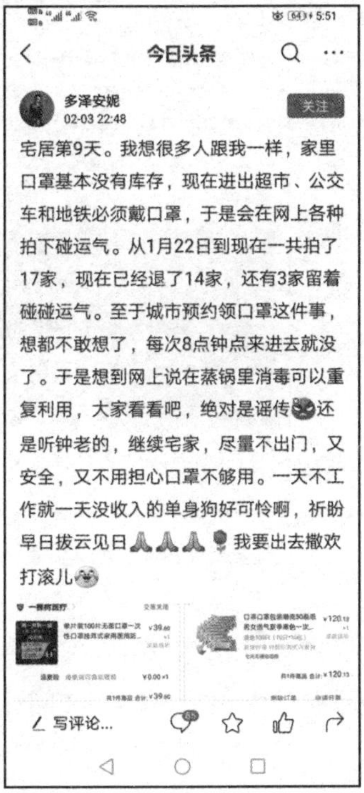

图8-3　头条号“多泽安妮”发布的热点微头条

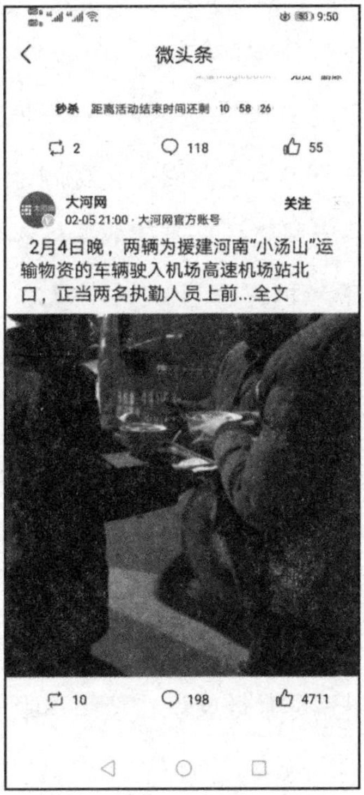

图8-4　头条号“大河网”发布的微头条

8.3.2　文章推广

在今日头条上，头条号创作者还可以通过发布文章吸引粉丝关注，快速地推广头条号。由于今日头条的推荐算法能够将文章内容推送到每一个可能感兴趣的用户眼前，因此，只要头条号创作者的文章内容足够好、有价值，便能依靠文章快速达到预期推广效果。具体而言要注意提升文章的吸引力和价值性。

（1）提升吸引力。文章想要在第一时间抓住用户眼球，刺激他们的分享、转发欲望，获得足够的推广力，最重要的一点就是自身必须有足够的吸引力。头条号创作者的文章要满足哪些条件才能更具吸引力呢？

①有一个满是吸睛点的标题。用户在今日头条上浏览内容，往往会根据标题来决定是否点击进一步阅读。因此，标题越有吸睛点，文章的点击率越高，推广效果就越佳。具体而言，头条号创作者可以利用悬念、疑问、数字、痛点关键词等方法设置吸睛点，在第一时间抓住用户眼球。

例如头条号“每日江夏”发布的文章《泪目！为抗击疫情96后女孩4天3夜骑行辗转300公里》，“96后”“4天3夜骑行”“300公里”等第一时间呈现出了文章的内容要点，将一线医务人员抗击疫情的决心和努力淋漓尽致地展现在了用户眼前，从而吸引了大批用户关注和阅读，如图8-5所示。

图 8-5 头条号“每日江夏”发布的文章

②有魅力满满的封面。用户看文章，第一眼看到的除了标题外还有封面，因此，一个魅力满满的封面同标题一样重要，能够大大强化用户点击阅读的决心和分享转发的欲望。

在设计文章封面时，头条号创作者需要做好两点：

一是确保图片美观、简洁。文章封面只有图而无文字时，图片要尽可能美观、简洁，利用色彩对视觉的强刺激性抓住用户眼球。

二是强化关键词。当文章封面图文都有时，除了确保图片美观、简洁之外，头条号创作者还需加入吸睛的关键词，以此激发用户对内容的好奇和期待。

（2）提升价值性。好标题、好封面吸引用户点击，但必须是有价值的内容，才能将点击率完美地转化为推广力，因为内容越有价值，用户转发和分享的意愿越强烈。那么如何才能让内容在用户眼中更有价值呢？

①实用性要强。文章内容实用性越强，越符合用户的需求，在用户眼中就越有价值。比如在学校延期开学期间，头条号创作者的头条号发布小学各年级新学期各学科学习知识点，帮助家长更好地辅导孩子。

②个性要足。头条号文章越有个性，在用户眼中就越新鲜，越有价值，越值得关注和阅读。因此，文章需要打造出自己独特的个性，在风格、词语、情节、结构等方面打造出差异感。

8.3.3 视频推广

视频内容是今日头条上的重要内容，也是用户关注的焦点内容，因此利用视频能够快速吸引粉丝关注，达成预期推广效果。

强化视频推广力的方法如图8-6所示。

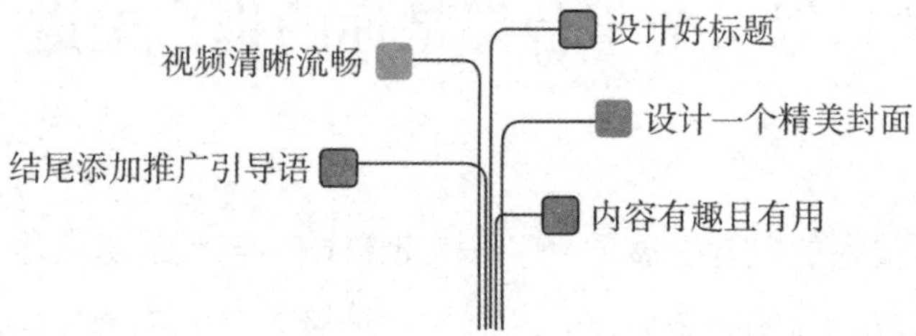

图 8-6 强化视频推广力的方法

8.3.4 问答推广

悟空问答是今日头条推出的一个知识、经验分享互动平台，头条号创作者可以通过提问题、回答问题做头条号推广。

那么如何利用悟空问答做好头条号推广呢？

（1）提出与头条号相关的问题。头条号创作者可以在悟空问答平台上提出和头条号相关的问题，引导用户关注头条号、体验头条号。比如你运营着一个名为“历史侦探”的头条号，你可以在悟空问答上提出这样的问题：

“今日头条上小有名气的‘历史侦探’究竟有何特色，竟然能吸引众多粉丝关注？”

（2）回答与行业相关的问题。头条号创作者可以在悟空问答平台上多回答和头条号定位领域相同或相关的问题，力求打造出爆款答案，以高人气加大头条号的推广力度。头条号创作者在回答问题的时候，头条号账号会显示出来，且账号右侧会出现一个“关注”按钮，因此当头条号创作者的回答内容有趣、有价值时，用户便会关注头条号，且更乐于转发、分享。

（3）巧妙添加引导语。利用悟空问答回答问题时，头条号创作者可以在内容中添加引导语，引导用户关注、分享自己的推广内容。比如你专注于知识培训，引导语可这样设计：“点击右上角‘关注’，私信发送转发和分享截图，赠送价值千元课程”。

8.4 外推：每一个平台都是你的推广渠道

移动互联技术的迅猛发展催生了一大批影响力巨大的新媒体平台，这些平台类型多样，涉及领域广泛，已经深刻地融入了人们的生活和工作。因此，除了利用今日头条的内部资源外，头条号创作者还可利用其他平台推广，最大限度地打响头条号的知名度。下面介绍几个适合外推的平台及操作要点。

8.4.1 微信推广

作为当前炙手可热的社交平台，微信拥有数量庞大的用户，并深度融入人们的生活和工作之中。头条号创作者可以立足微信庞大的用户基数和高社交性进行头条号推广，如果方法运用得当，往往能够达到事半功倍的效果。

（1）微信公众号。微信公众号是众多自媒体发展的摇篮，通过微信公众号发文推广头条号，可以快速提升头条号的知名度。

通过微信公众号推广头条号的方法主要有三种，如图8-7所示。

图 8-7　微信公众号推广头条号的方法

（2）微信朋友圈。微信朋友圈是当前人们展现生活、工作状态和抒发情感的主要阵地，利用得当，头条号推广信息便可从一个圈子传递到另一个圈子，继而被无限传播下去，最终实现知名度的有效提升。因此，在推广头条号时，头条号创作者必须重视微信朋友圈。

通过微信朋友圈推广头条号的方法有三种，如图8-8所示。

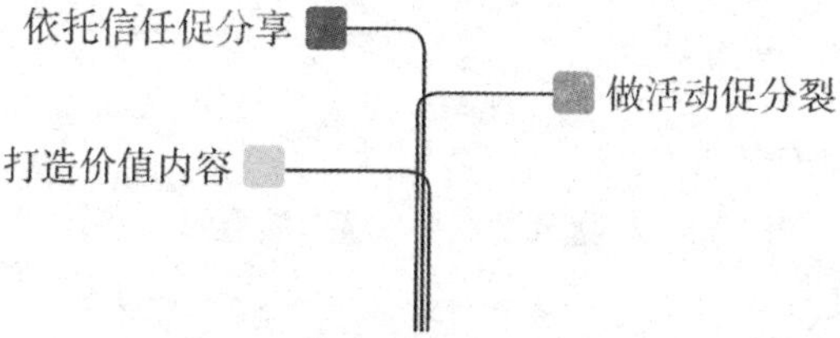

图 8-8　微信朋友圈推广头条号的方法

（3）微信群。在自己已经加入的一些微信群中定期发布自己的头条号消息和视频，增加自己的存在感和曝光率。当然了，这和微信朋友圈推广有一个共同之处，那就是选择发送的视频要有质量，且不能频繁发送，否则会被群主踢出群。同时也要注意时间点，一般要选择在晚上黄金时间或中午午休时发送，这样可以调动人们观看的积极性。

此外，头条号创作者还需要不断加入一些大群，然后在互动中发布头条号内容，慢慢引导大群成员关注自己的头条号。

8.4.2 QQ推广

QQ是很多人生活和工作中必不可少的一个社交软件，它让人们的社交更加方便，同时也是非常好的头条号推广工具。

（1）利用QQ推广。

利用QQ来推广头条号时，最重要的是细节上的小技巧。

①巧妙设置QQ头像、昵称。

QQ的头像、昵称是网络流量入口，头条号创作者要根据自己的头条号性质来设置。例如可以把头条号名称设为QQ名称，把头条号头像设置为QQ头像等。

但是，无论如何设置，头条号创作者的QQ头像和昵称都需要满足三个条件，如图8-9所示。

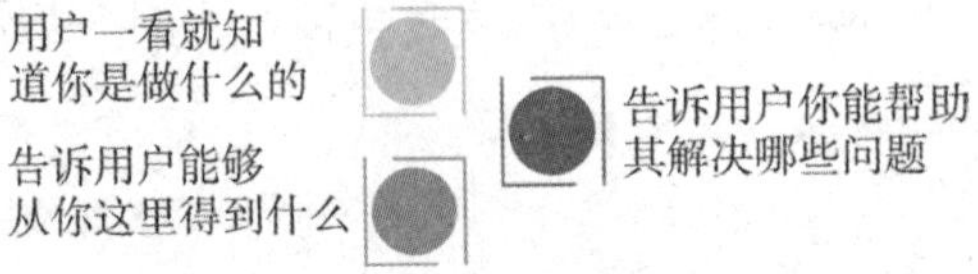

图 8-9　QQ 头像和昵称需要满足的三个条件

②提高QQ日志浏览量。

QQ日志也是头条号推广的一个好渠道。头条号创作者每天重新编辑一下日志文章，再点击下方更新动态，日志就又会变成一篇新的文章展现在别人面前了。

③在QQ空间送礼物。

头条号创作者可以批量发送礼物，每次发7个人，这样做的好处是送礼物给别人，别人登录QQ的时候礼物会自动弹出来，而且是强制性的，对方必须点击查看才能消失。在送礼物的留言中头条号创作者可以加入头条号推广内容，例如加入头条号账号、头条号视频内容简介、头条号链接等。但是这种方法不可太频繁，否则QQ官方会视其为恶意操作。

④个性签名。

QQ的个性签名是推广的一个重要环节。头条号创作者可以设置成跟QQ空间说说同步，只要空间说说更新，那么个性签名也会更新。在个性签名中加入头条号的内容就可以让别人一目了然，这是一个不错的展示。

⑤QQ空间评论。

头条号创作者还可以每天手动去评论别人的空间日志、说说，别人只要登录QQ，就会看到头条号创作者在空间留下的信息。

（2）利用QQ群推广。

头条号创作者还可以自己建QQ群进行头条号推广。创建QQ群后，头条号创作者可以通过百度贴吧、论坛等宣传推广，或者到同行业QQ群内发展成员。但是这类方法积累用户的时间较长，推广成本高，效率较低。那么有没有一个低成本、高效率的方法，可让QQ群得以快速吸收成员，迅速成为头条号推广的阵地呢？通过优化关键词提升QQ群的搜索排名，可有效解决这一问题。因为用户习惯通过QQ搜索框寻找群，比如在搜索“营销”时，便会出现“营销交流群”“营销行业技巧群”等，这个时候，排在前面的QQ群被用户点击加入的可能性相对于后面的就大很多。因此，通过优化关键词提升搜索排名，可有效提升QQ群的曝光率，吸引有需求的用户源源不断加群。

那么如何优化关键词呢？有两种方法。

①从用户需求中提炼关键词。QQ群名称必须包含能够反映用户需求的关键词，才能吸引用户点击加入，否则即使用户搜索到也不会点击。因此头条号创作者必须提炼用户的需求点，将之融入群名称中，比如“减肥计划群”“华为产品内购群”“PPT技巧分享群”等。

②提炼场景关键词。针对某一场景提炼关键词，将其融入群名或介绍中，能够显著提升QQ群的被搜索概率，比如“演讲话术群”“思维训练群”等。

8.4.3 微博推广

微博作为当前信息发布的重要平台之一，深受名人、权威人士等的青睐，也因此拥有了数量庞大的用户，汇聚了巨大的人气。在微博平台上，用户只需用很少的文字和图片便能表达自己的心情或传递某一信息。微博利用得当，头条号创作者也能快速打响头条号知名度。

那么如何在微博上推广头条号呢？方法如图8-10所示。

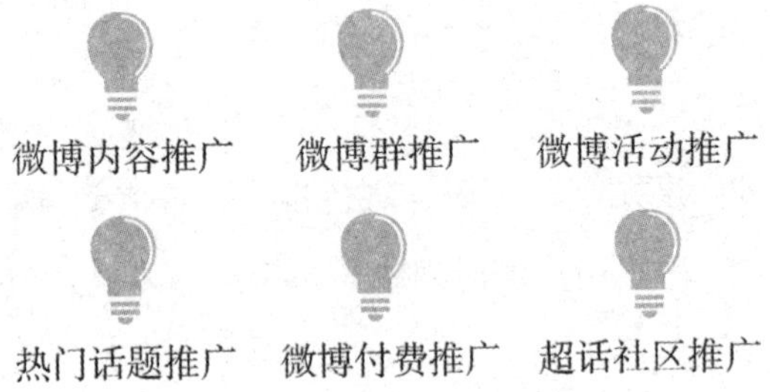

图 8-10 微博推广头条号的方法

接下来重点说一下如何利用微博超话社区进行推广。

所谓“超话社区”，就是微博用户搜索量、阅读量、发帖量、粉丝量比较高的一些话题。那么，怎么找超话社区呢？

第一步：打开手机微博客户端，在发现一栏中可以看到“超话”选项。

第二步：点击进入超话社区，头条号创作者可以看到很多超级话题。接下来头条号创作者可以根据自己推广的产品来选择相应的话题。例如你是做餐饮的，那么就可以关注“餐饮”“美食”等超级话题，然后去发帖引流。

下面是具体的推广思路：

（1）发帖。

直接编辑好内容，点击“发布”就可以在超级话题中发布短微博。发完后可以把话题内容同步到自己的微博中，以方便查看帖子的阅读量。阅读量越大，说明头条号创作者所发帖子受到的关注度越高。

（2）发头条文章。

这需要头条号创作者用到微博电脑端。内容是核心，如果内容没有吸引力，用户是不会关注的。所以，头条号创作者要尽量创作出有价值的原创内容，做好价值输出。发完信息，可以把话题内容同步到微博，这样方便查看帖子的阅读量。

（3）顶帖。

这是一个非常关键的步骤，而且是决定推广引流多少的一环。微博超级话题默认帖子置顶的规则是按照帖子更新的时间排序。所以，如果头条号创作者想让自己的帖子排名第一，则需要不定时地更新、回帖。回帖有一个很重要的技巧，每次回帖的内容必须有变化，不能复制、粘贴，否则微博官方就会封号，限制你回帖。

定时刷新回帖，这样可以保证帖子排名靠前，让更多的用户看到并关注。

（4）设置粉丝自动回复功能。

当头条号创作者的帖子被顶到了前面，就会有用户给头条号创作者的微博发私信。这是一个很关键的推广引流部分，头条号创作者如何将他们成功引流到自己的头条号呢？需要设置微博用户自动回复功能，可以把你的头条号名字或者内容设置在微博用户自动回复中，这样用户就会看到你的留言，从而扫码关注。

8.4.4 简书推广

简书平台是一款集写作和阅读功能于一体的社交性互联网产品，同时也是一个内容分享社区。头条号创作者可以在简书上发布与头条号相关的推广信息，巧妙引导用户分享，最终达到良好的推广效果。

在简书上推广头条号的技巧如图 8-11所示。

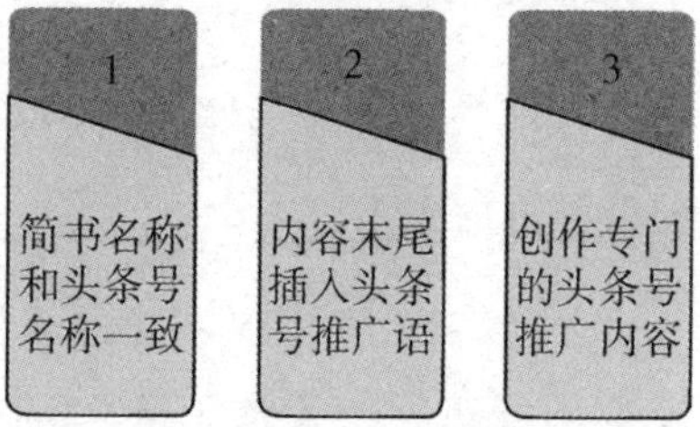

图 8-11　简书推广头条号的技巧

8.4.5 抖音推广

作为当前炙手可热的短视频平台，抖音仿佛流量黑洞，牢牢抓住了数以千万计的用户的眼球。因此，借助抖音庞大的用户基数和超高人气，头条号推广能够达到事半功倍的效果。

在抖音推广头条号的方法有两种。

（1）自己养号推广。在抖音上注册账号后，通过不断发布优质原创短视频，不断提升抖音号的人气和知名度。有了一定的人气和知名度后，头条号创作者便可在视频中插入推广内容，用来推广头条号。

（2）付费推广。头条号创作者可以和抖音上的“大咖”合作，以付费的方式通过他们发布头条号推广内容，便于快速提升头条号知名度，吸引更多用户关注。

8.5 借力：聪明的头条君都会“蹭热点”

在头条号的推广过程中，除了依靠头条号创作者自身的力量进行自推、互推、内推和外推外，还需要借助外力，搭上热点顺风车。借力热点，头条号创作者的头条号推广不仅成本低，还能快速发酵话题，可谓花小钱甚至不花钱就能办成大事。

头条号“绍明伊文”在新冠肺炎疫情暴发期间发布的一条微头条，6小时内就吸引了1013人评论，获得了1.1万次点赞，被转发了220次，达到了良好的推广效果，如图8-12所示。

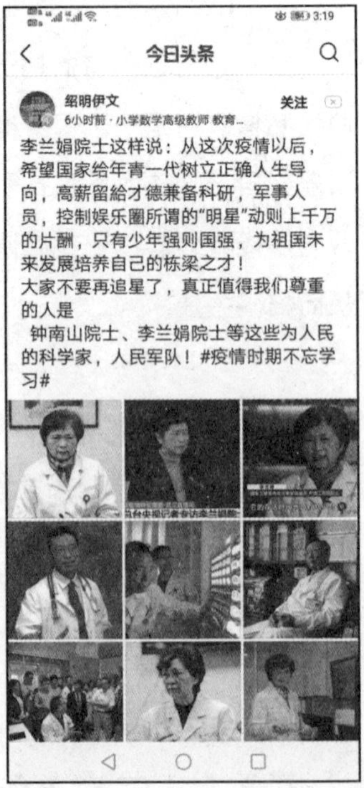

图 8-12 头条号“绍明伊文”发布的微头条

这条微头条之所以能够获得这样的推广效果，最关键的一点就是其利用热点，借助抗击新冠肺炎疫情功臣李兰娟院士之口，说出了青少年应树立的正确人生导向，并认为真正的明星是李兰娟、钟南山这样的科学家。这说出了大家的心声，引起了大家的共鸣，自然获得了显著的推广效果。

可见，契合热点的正向内容，可以借助热点巨大的影响力获得强大的推广力，让头条号在用户的评论、点赞和转发、分享中迅速打响知名度。

8.5.1 选择热点的五个准则

热点虽然万众瞩目、影响力大，但并非所有的热点都能拿来用，有时候热点用不好，反而会产生负面效果，导致推广迟滞。为了避免出现这种情况，头条号创作者在选择和跟进热点时，需要秉持五个准则。

准则一：正向。头条号创作者选择的热点必须是正向的，符合社会主流价值观。自然灾害、社会悲剧、政治事件、民族矛盾等最好不要触碰。

准则二：有关联。所选择的热点最好和头条号定位或产品有一定的关联，假如找不到关联点，生拉硬套，则不如不凑这个热闹。比如高考到来之际，一个专注于情感领域创作的头条号，突然写起高考文章来，便会让人丈二和尚摸不着头脑。

准则三：合理合法。在蹭热点推广时，需要合理合法，不能触碰伦理或法律红线。比如有些头条号在蹭明星、名人热点时，往往会直接使用他们的头像，这种做法是侵犯对方肖像权的。

准则四：顾及公众情绪。所蹭热点是否存在争议？所剖析的方向是否会产生歧义而伤害公众感情？这些问题都需要头条号创作者思考，要避免触碰公众情绪雷区。

准则五：卡住关键时点。蹭热点是有时效性的，假如不能在热点发生六小时内完成关联、十二小时内完成内容发布，之后就没有必要再蹭了。

8.5.2 借力热点的三个关键点

选定热点后，头条号创作者就要快速行动起来，在十二小时的最佳借力期完成推广内容发布。那么在具体实践过程中，头条号创作者应当如何向热点借力呢？答案很简单，在借力热点时，头条号创作者只要抓住三个关键点便能事半功倍。

关键点一：做出差异性。

头条号借力热点是为了更好地传播推广，而不是简单地复制粘贴凑热闹。因此，头条号在策划推广内容时，首先需要把握热点趋势，找到热点和目标用户的兴趣交点，抓住热点和头条号间的结合点，然后做出差异化。

比如新冠肺炎疫情期间，头条号“自保叔”并非简单地重复新闻，而是结合自身专注财经领域的定位，深入剖析新冠肺炎疫情期间人们的应对策略，为大家答疑解惑。这种告别简单复制粘贴的创新型热点跟随策略让“自保叔”做出了差异性，大大提升了内容的吸引力，达到了很好的推广效果。比如其发布的一则名为《面对新冠肺炎，免费领的保险真的有用吗？》的微头条，直言这类保险可以领，但是领之前一定要明白一些事情，之后引导大家观看视频。如图8-13所示。

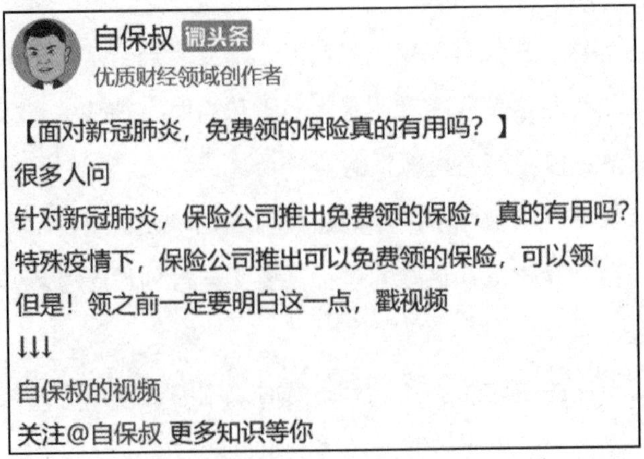

图 8-13 头条号“自保叔”发布的微头条

可见，头条号在利用热点推广时，一方面要做好用户调察，另一方面要找到独特的切入点，在此基础上，结合自身定位，才会生产出与众不同的内容。

关键点二：和用户建立利益或情感连接。

头条号借力热点的内容想要达到好的推广效果，必须在利益或情感上发力，这样才能快速吸引用户眼球，推动他们转发、分享。简而言之，推广力强大的内容大都能迎合用户的喜好，并和他们建立起利益或情感连接。

那么如何才能将热点和用户的利益或情感联系起来呢?

（1）站在用户视角看热点。热点发生后，头条号需要站在用户视角报道热点，分析热点，抒发情感。如此，头条号内容才更有同理心，更易获得用户认同，继而引发用户共鸣。

春节临近，回家过年便成了众多游子最迫切的需求，但是想要回家却不容易，因为春运期间往往一票难求。针对春运这一热点和用户的痛点，某头条号拍摄了一组主题为“春节回家路”的短视频，以用户视角温情地讲述了一个个和车票有关的故事。“春节回家路”系列短视频大量运用了反转的表现手法，当主角正为买不到回家的车票而焦急时，平日里看似冷漠的人却默默帮助他安排好了行程，很多用户看着看着便产生了情感共鸣，情不自禁地流下了眼泪。

（2）总结热点的应对技巧。如何理性看待热点，聪明应对热点? 这是热点发生后人们头脑中思考最多的问题，回答好这个问题，头条号便能快速提升人气，获得更好的推广效果。比如“新冠肺炎疫情下如何更好地做好防护? 怎样消杀? ”对于这一热点，应对技巧是人们最关注的。

（3）分享热点获利方法。热点发生后，外行看热闹，内行看门道，但热点中往往隐藏着机会。这个时候，假如头条号创作者能在第一时间分享热点获利方法，引导用户更好地利用热点获利，自然会为大家所追捧，继而获得更好的推广效果。

关键点三：强化参与感。

蹭热点推广，不能仅仅是头条号创作者单方面使劲，还应充分调动其用户的互动性和参与感，让用户将头条号当成话题，如此一来，头条号创作者的头条号推广才算做到家。那么如何调动用户的参与积极性呢?

（1）提出自身观点，刺激用户评论。头条号创作者可以提出自身对于热点的看法，之后邀请用户说出自己的看法。人人都有表达欲望，特别是看到别人表达观点时，表达欲望会更强，参与话题讨论的意愿自然更高涨。

（2）预测热点走向，吸引用户参与。热点发生后，头条号创作者还可以预测热点在未来一段时间的走向，吸引用户参与话题讨论。

（3）抛出物质奖励，引导用户转发。通过“转发有奖”，刺激用户的参与感，提升推广内容的曝光度。

8.6 话题：主动制造一个能吸引关注的传播点

话题是什么? 在回答这个问题之前，需要首先了解“圈子”这个名词。经常玩百度贴吧的人都知道，每个贴吧之间其实没有多大的联系，每个贴吧都是独立的存在，有自己的吧规和关注焦点。因此这些贴吧之间存在着壁垒，信息很难在贴吧之间流通。贴吧其实就是圈子，是一个相对稳定且具备一定社会形态的用户集群，即社群。而话题则等同于这些社群间的桥梁，可以帮助信息在社群间快速传播。

8.6.1 话题的推广作用

所谓“话题”，就是谈话的题目，谈论的主题。话题是互动的核心因素，有了话题，人和人之间的互动才有方向，信息才会被包含在话题中得以快速地从一个圈子传递到另外一个圈子。

在小米10手机发布之前，雷军、卢伟冰等小米高层的头条号便持续性地制造与处理器、内存、充电、5G、马达等相关的话题，在今日头条上引发了很大的关注。这些话题被其他KOL（关键意见领袖）和用户广泛转载和再加工，起到了巨大的推广作用。

可见，话题运用得当，头条号可以巧妙地制造轰动效应，快速实现推广目标。具体而言，话题推广主要有三大作用。

（1）信息承载。话题是船，推广信息则是乘客，话题制造得好，便可承载更多的推广信息，以更快的速度在圈子之间分裂传播。

（2）社交引爆。热点话题更易于激发人们口口相传或者社交分享的欲望，通过人们的社交行为快速出现在更多人眼前，甚至成功引发媒体关注。

（3）精准触达。话题指向性更明显，更易于触达目标用户，达到预期推广效果。

8.6.2 五大热传潜力话题

话题在头条号推广中有着巨大作用。那什么样的话题最易于受到用户关注且更可能被分享、转发呢？答案如表8-3所示。

表8-3 五大热传潜力话题

话题类型	解释	举例
国民骄傲类	无处不在的“中国骄傲”无时无刻不在激励着人们，为生于这个热血沸腾的新时代而骄傲。因此，国民骄傲类型的话题通常自带热度，能够为头条号带来巨大人气，有利于快速打响头条号品牌	国产C919大飞机； 医护人员抗击新冠肺炎疫情； “复兴号”高铁； “山东号”航母
群体表情类	在工作节奏越来越快的大背景下，自嘲已经成了人们喜欢的一种缓解焦虑的方式，群体表情类话题由于群体自嘲意味明显，因此深受用户喜爱。更重要的是，群体表情类话题的分享率非常高，持续分裂能力强	中年危机； “油腻大叔”； “精致女孩”； “佛系”
人工智能类	人工智能代表着未来科技的发展高度，充满了神秘感，迎合了追求新、奇、特的人性	无人驾驶； 智能音箱

续表

话题类型	解释	举例
社交方式类	人在社会，就离不开社交，以何种方式完成社交，达到甚至超出预期效果，或者陷入某种境地，这类话题易于吸引人们的眼球，引发大众关注	动物表情； 交往中的套路； 谢谢老板发红包
生活类	生活中的热点、痛点话题，由于场景感强、亲近、有趣，因此极易为用户所关注	“女神”成了我老婆； 超市全是大男人

8.6.3 根据“四基于法”制造话题

在利用话题推广时，头条号创作者如何才能打造出高传播性的话题呢？头条号创作者可根据“四基于法”制造出传播能力超强的话题推广“武器”。

（1）基于价值制造话题。话题对用户越有价值，用户参与话题活动的意愿就越强，分享、转发的积极性就越高涨。因此，头条号创作者需要弄清目标用户的真实需求，再结合头条号定位，有针对性地制造话题。比如头条号定位在电子行业，目标用户为三、四线城市的年轻用户，这部分人对电子产品的需求其实很明确，他们更看中电子产品的性价比，因此“性价比手机排行榜”“小米10还值得入手吗”之类的话题在这些用户眼中更有价值。

（2）基于争议制造话题。当存在争议时，用户基于维护或者表达自己观点的需要，会更坚定地参与到话题讨论和分享中，继而大大提升推广力。比如“明星高薪酬”这个话题就非常有争议性，有人觉得明星拿高薪酬靠的是实力，是应该的，也有人觉得医生、教师、科学家才应该拿高薪酬，因为他们对社会的贡献更大。

（3）基于事件制造话题。某些事件和生活息息相关，某些事件关注度较高，某些事件折射人性……基于这些受大众关注的事件提炼话题，往往更能锁定用户眼球，推动他们分享。事件话题要紧扣核心点、特殊点或者动情点，比如“我为抗疫援鄂医生唱赞歌”，这一话题就很有动情点，在新冠肺炎疫情大背景下，很容易吸引用户参与。

（4）基于概念制造话题。话题制造还可立足新概念，力求带给用户更新的信息和体验。新概念可以是某个行业内全新的概念，诸如5G、流量屏，也可以是在现有概念上的创新，诸如新人性推广、“喜茶效应”等。

8.7 故事：把你的往事说给更多人听

为什么《水浒传》能够成为中国人必读的经典？除了其体现出来的反抗思想外，主要的原因是里面有一个个生动的故事。马云也非常善于将自己的理念融入一个个故事当中，以此获得大家广泛的认同和支持。可以说，推广的本质就是讲故事——当头条号创作者能够在头条号中讲好自己的故事时，便能散发出无与伦比的吸引力，吸引更多的人口口相传或转发、分享。

8.7.1 讲自己的人生故事

每个人的生活和工作都是一本故事书，写满了独一无二的故事。这些故事贴近生活，真实而富有情感，因而更容易打开用户心扉，吸引他们的关注，推动他们转发和分享。因此，头条号创作者可以向用户讲自己的人生故事，以真实感人，以真情动人。

头条号创作者想要讲述好自己的故事，可以按照“三步走”战略实施。

步骤一：全面盘点、剖析自己。头条号创作者需要对自己的人生进行一个大盘点，彻底剖析自己的人生，从中提炼出有料有情的故事素材。比如小时候经历过的磨难、学生时代的友情、婚姻生活中的感悟等，这些都是不错的人生故事素材。

步骤二：分门别类，建立故事素材库。将盘点过程中想到的故事素材分门别类地记录下来，储存在相应的电脑文件夹或笔记本中，比如童年故事、学生故事、婚姻故事等。

步骤三：再加工。故事素材要想成为津津乐道的故事，还需要头条号创作者对其进行再加工，通过对任务、环境、场景的精细刻画以及改变结构、运用修辞等手法让故事听起来更有感染力。

8.7.2 讲自己的创业故事

创业历程中的故事往往更励志，更正向，更有指向性，对用户的吸引力更大。因此，头条号创作者可以通过向用户讲述自己创业故事的方式提升头条号吸引力，推动更多人转发和分享。

那么在具体讲述时，头条号创作者可以从哪些方面入手呢?

（1）讲述创业的源头故事。为什么要创业? 这是很多用户都关心的问题，为什么放着稳定的企事业单位不去，却选择前途莫测的创业路? 用故事回答好这一问题，便能更好地吸引用户眼球。比如某头条号创作者发布的一篇名为《朝九晚五的事业单位工作，让我变成了一粒沙》的文章，便通过一个故事讲述了自己不甘于平淡生活而开始创业的故事，吸引了大量用户围观和转发。

（2）讲述创业中的挫折故事。创业之路不可能一帆风顺，将遭遇到的艰难困苦以故事的形式讲述出来，往往能够吸引用户。因为不管是遭遇挫折时的沮丧和无助，还是战胜挫折时的信念和坚定，都能让用户产生强烈的代入感，在情感上产生强烈共鸣。

（3）讲述创业经验的故事。创业成功靠的是什么，有何值得分享的经验? 这是很多有志于创业的用户关心的问题，将经验融入故事中，在用户眼中会更有价值，更具吸引力。

8.7.3 讲和用户间的互动故事

故事想要更具感染力和推广力，还需要将用户包含进来，带给他们强烈的参与感和获得感。因此，头条号创作者讲述的故事中还应有用户，而此类故事通常有两种类型。

（1）以用户为主角的故事。专门以用户为主角讲述的故事能够让用户感受到强烈的尊重，产生极强的代入感和获得感，继而更加认同头条号。这类故事可以文字形式出现在用户眼前，也可以视频、音频等形式讲述给用户听。

（2）头条号创作者和用户间的故事。讲述头条号创作者和用户之间发生的美好的故事，诸如帮助用户创业，为用户制订问题解决方案，和用户一起完成某个作品，年终聚会，等等。讲述得好，会让用户对头条号产生更多的亲切感，甚至将头条号视为精神家园。

第 9 章

优化：依靠大数据运营的头条号才有前途

假如头条号创作者能够根据用户的需求变化不断调整自身内容，便能时时刻刻抓住用户眼球。而想要洞察用户的需求变化，头条号创作者就需要借助大数据的力量——头条号后台为创作者提供了各类数据，利用得当，可掌握用户的真实需求，有针对性地优化内容。

9.1　算法：推荐量低是因为你不懂它

今日头条为什么能够从各种内容平台的激烈竞争中脱颖而出，成为和微信并列的内容平台巨头呢？最重要的原因是今日头条依靠独特的推荐算法真正做到了“千人千面”——每个人登录今日头条后，看到的都是自己最感兴趣的文章、图片和视频。

因此，头条推荐算法就成了决定头条号内容曝光度的根本——推荐量越大，内容曝光度就越高，火起来的可能性也会随之变大；反之，被推荐的次数少，意味着曝光度不足，火起来的可能性自然会大大降低。

9.1.1　算法如何感知用户阅读兴趣

今日头条推荐算法从三个方面感知用户的兴趣，并在此基础上进行内容分发，继而做到“千人千面”，让每一位用户都能在第一时间看到自己感兴趣的内容。算法的这三个“感知触角”分别如下。

（1）用户的基本信息。今日头条算法会收集用户的地理位置、手机型号、性别、年龄、职业等基本信息，在此基础上判断用户可能喜欢的内容类型。

（2）用户主动订阅或喜欢的内容。用户在今日头条上查看过的内容，发表过的观点，订阅、搜索、关注的类型等，今日头条算法会以这些为根据生成用户模型，了解用户喜好。

（3）行为轨迹。今日头条算法会根据用户的行动轨迹，诸如点击、在某类内容板块上的停留时间、评论、收藏、转发等，以及对不感兴趣内容的操作标记，建立用户兴趣模型，最终精确掌握用户兴趣，匹配相应内容。

需要注意的是，今日头条算法为用户匹配兴趣内容并非一蹴而就，而是层层探索递进。首先，今日头条算法会将文章、视频等内容推送给可能感兴趣的用户，之后根据这些用户的操作行为再决定是否扩大范围，推荐给更多的相似用户。假如用户对某类推荐内容兴趣寥寥，算法便会减小推荐力度，缩小推荐范围；相反，假如用户对某类推荐内容兴趣很大，头条算法便会加大推荐力度，扩大推荐范围。

有效点击率是今日头条算法决定是否扩大推荐范围的重要依据，所谓“有效点击率”，是指用户深度阅读的点击率，用户在某个页面停留的时间较长才被计算在内，假如用户只是单纯地点击却没有阅读文章或者观看视频就退了出来，那么这种点击在推荐算法“眼中”便是无效的，反而会被认定内容价值性不高，继而减小推荐力度。

今日头条的算法推荐流程如图9-1所示。

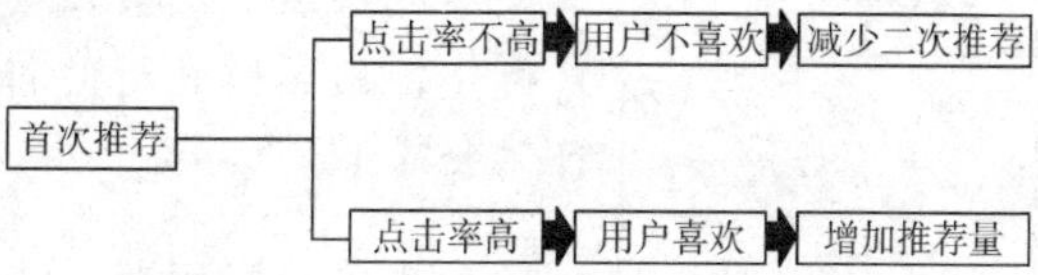

图 9-1　今日头条算法推荐流程

9.1.2　影响推荐量的八大因素

今日头条算法决定了内容被推荐的力度和曝光度，因此，头条号创作者想要快速提升人气，打响品牌知名度，必须“搞定”今日头条推荐算法，提升自身内容被算法推荐的可能性。

头条号内容推荐量的查看路径为：今日头条后台—数据分析。在“数据分析”页面，头条号作者可以分别查看文章、图文、微头条、问答、小视频内容7天、14天、30天内的推荐量，如图9-2所示。

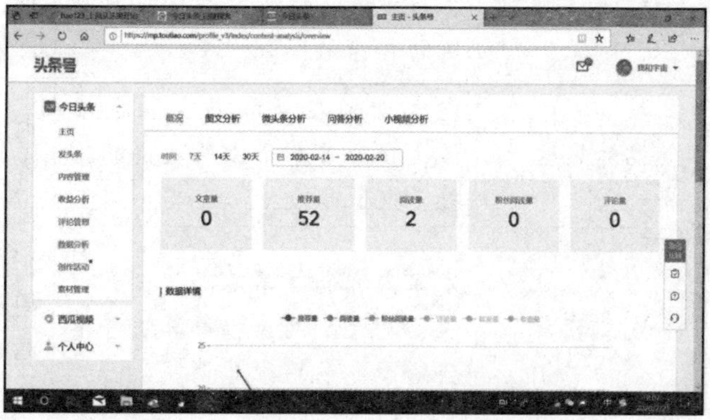

图 9-2　头条号“数据分析”页面

那么影响头条号内容推荐量的因素具体有哪些呢？头条号如何应对才能做到有的放矢呢？想要解

决这些问题，头条号创作者必须掌握影响推荐量的八大因素及其应对方法，如表9–1所示。

表9–1　影响推荐量的八大因素及应对方法

影响推荐量因素	解释	应对方法
点击率和读完率	点击标题且从头到尾阅读或观看的用户人数越多，今日头条算法给予该内容的推荐量就越大	提升标题和封面的吸引力，明确内容价值，提升用户阅读的期待感和收获感
分类	头条号内容分类不明，推荐算法便不能快速识别其匹配的用户群体，内容所获得的推荐量自然会降低	标题中加入类别标签； 明确内容类别属性； 提升内容的垂直性和专业性
文题	标题和正文内容脱节，文不对题，推荐算法便会为其贴上“标题党”标签，减少推荐量	头条号标题和内容要符合用户预期，做到文题一致
内容质量	内容质量才是提升推荐量的根本，质量不佳的内容很难让推荐算法“刮目相看”	坚持原创； 长期、持续性输出； 提升内容的专业性和创新性
账号定位	内容题材随意、宽泛，头条号内容所获得的推荐量更低	明确头条号定位； 坚持在擅长领域创作
互动数和订阅数	用户互动性不强，用户订阅内容数量少，便不会获得推荐算法的青睐	提升用户互动的频率； 推出系列活动，引导用户订阅内容
站外热度	内容话题在互联网上的热度低，在今日头条上所获得的推荐量也低	内容话题要善于蹭热点； 有自身观点，有个性
发文频率	发布内容的频率不高，三天打鱼、两天晒网，推荐算法并不会给予更多的推荐量	制订内容发布计划，坚持周期性、持续性输出； 结合用户需求变化灵活发文

9.2 权重：提升它才能获得更高曝光度

头条号创作者想要提升内容的推荐量，除了要迎合平台的推荐算法外，还需要提升头条号权重。所谓“头条号权重”，是今日头条对头条号的价值认可度，权重越高，头条号内容的推荐量以及收益单价就越高。

9.2.1 高权重头条号的优势

具体而言，相对于权重低的头条号，权重高的头条号主要有三点优势。

（1）获得更高的推荐量。头条号权重越高，内容的首次推荐量就越高。

（2）更容易出爆款。推荐量上去了，意味着头条号内容会被更多用户看到，曝光度更高，阅读量自然也会变高。这样一来，只要内容有品质，便很容易聚拢人气，成为爆款。

（3）获得平台更多功能内测资格。头条号权重越高，意味着其对平台的价值也越高，平台也会开放更多的资源扶植，为其提供更多的功能，激励其产出更大的价值。

9.2.2 提升权重五法

既然权重如此重要，那么头条号创作者如何才能提升权重呢？在实际运营中，想要提升头条号权重，头条号创作者可以从五个方面入手。

一是提升原创度。

内容原创度是决定头条号权重的重要因素，通常而言，内容原创度越高，意味着头条号创作越努力，输出的内容对今日头条价值越大，今日头条给予的权重就越高。因此，头条号创作者要坚持原创，持续性输出优质内容。

除了提升内容的原创品质外，首发也在很大程度上影响着头条号的原创度。一篇文章，虽然是你自己写的，但是假如已经在其他平台上发表，用户已经看过，那么今日头条再向用户推荐，用户的体验感自然会下降。在今日头条的考核中，内容是否首发非常重要。因此，头条号创作者需要将内容首发在头条号上，才能最大限度地提升原创度。

二是提升健康度。

头条号内容是否健康也是影响头条号权重高低的重要因素。今日头条主要从内容和图片两个方面对头条号进行考核，具体如表9-2所示。

表9-2　头条号健康度考核内容及应对方法

考核方面	具体内容	应对方法
图片	格式、品质以及和文字的贴合度是否有问题	图片要完全按照平台要求的格式上传，要清晰，且贴合内容主题
内容	是否涉黄、赌、毒； 是否是标题党； 价值观是否正向； 是否有广告	杜绝黄、赌、毒等内容，远离政治、宗教性主题； 不做标题党； 坚持输出正能量内容； 少发硬性的广告类内容，也不要持续地发一些营销推广类内容，更不要在内容中留下联系方式

三是提升活跃度。

头条号越活跃，意味着头条号创作者投入的时间、精力和资源越多，对今日头条的贡献也越大。因此，今日头条会给予高活跃度的头条号更大的权重，以推动这些头条号创作者产出更优质的内容，贡献更大的价值。

那么如何提升头条号的活跃度呢?

（1）按时更新内容。头条号活跃度在很大程度上表现在内容的更新上：内容更新速度越快，系统便会认为其越活跃；反之，头条号内容更新缓慢，甚至长时间不更新，系统便会下调其活跃度分值。

（2）积极参与平台活动。除了按时更新头条号内容外，头条号创作者还需要积极参与平台推出的各项活动，力争“混个脸熟”。通常情况下，头条号参与的平台活动越多，活跃度分值就越高。

四是提升垂直度。

内容越垂直，在用户眼中就越具有专业性、权威性，对平台而言也就越有价值，权重自然就越高。因此，想要提升头条号权重，头条号创作者还需要在内容垂直度上发力，让内容更有价值。

提升内容垂直度的方法如表9-3所示。

表9-3　头条号内容垂直度的提升方法

方法	内容	举例
细分	将某个行业细分再细分，最后在自身专长基础上进行创作	比如你对美食感兴趣，那么可将美食细分为面点、热菜、凉菜、刀工等，然后选择一个领域
专一	做好了细分定位，头条号创作者必须将所有资源都投入进去，专一，深挖，而非什么都要做一做	比如选择了面点，那么你的文章、视频等都要集中在这个领域内，深挖价值，持续更新
特色	垂直的内容要有特色才能做出差异性，比如有自己的独特观点、有标志性的风格，等等	比如面点，你可以介绍各种动物造型的糕点的制作方法，也可以专注于一个“甜”字

五是提升互动性。

互动性是指头条号创作者和用户之间的互动交流热度，互动性越高，平台给予头条号的权重就越高。

头条号创作者可以运用三种方法提升头条号的互动性，如表9-4所示。

表9-4 头条号互动性的提升方法

方法	内容	举例
内容引导	在文章、视频等内容中引导用户互动	文章末尾留言“创作不易，欢迎在评论中留言鼓励”
积极回复评论	评论是头条号创作者和用户互动的阵地，积极回复用户评论，是头条号互动性的重要表现	第一时间回复用户评论； 和用户拉家常，做朋友； 为用户解决问题
举办活动	通过系列活动调动用户的互动积极性	抽奖、红包、折扣等
社群互动	将用户引流到线下社群，增强互动时效	微信群、朋友圈、QQ群等

9.3 增减：从粉丝数的增减判定运营效果

粉丝数量的变化是头条号运营的晴雨表——粉丝数量在一定时期内持续增加，意味着对应时段内头条号的运营方向正确，方法得当；假如一定时期内头条号粉丝数量持续减少，则意味着对应时段内头条号在运营上出现了问题，需要及时矫正。

9.3.1 增粉数据

粉丝是头条号运营的根本，粉丝多了，头条号才有人气，品牌才更具价值。因此，头条号创作者需要每天查看增粉数据，掌握粉丝变化情况，在此基础上有针对性地调整内容，优化提升，提升自身吸粉能力，走上良性循环之路。

那么如何查看增粉数据呢？头条号创作者可以在头条号后台单击“个人

中心”按钮，在“我的粉丝”页面中点击“粉丝概况”查看，如图9-3所示。

图 9-3 “粉丝概况”页面

从图9-3中可以看到，在“粉丝概况”页面上方有“粉丝数”“粉丝画像”和“粉丝列表”板块，下方则有 “新增粉丝”板块，在该板块可以查看7天、14天、30天增粉变化折线图，如图9-4所示。在该折线图上，将鼠标指向任一日期节点，还能显示出当天增加的粉丝具体数量。

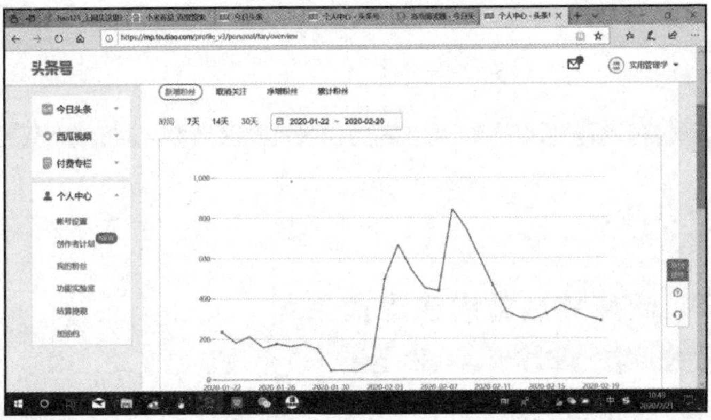

图 9-4 增粉变化折线图

通过增粉变化折线图，头条号创作者不仅可以直观地了解某一时期内的粉丝增加数量和波动趋势，还能了解当天宣传推广措施的具体效果并做出相应调整：“峰点”对应的宣传推广方法转化率较高，内容很契合用户需求，头条号创作者在今后一段时间内可多采用，多创作类似主题内容；“谷点”

对应的宣传措施转化率不高，内容吸引力不强，需要改进优化或摒弃。

9.3.2 掉粉数据

增粉数据固然重要，掉粉数据也需要足够重视——通过分析掉粉数据变化趋势，头条号创作者可以精准地找到自身宣传推广措施的不足之处，洞察内容的缺点，继而有针对性地调整推广方向，优化内容品质。

查看头条号掉粉数据的步骤为：头条号后台—个人中心—我的粉丝—取消关注。在“取消关注”页面，头条号创作者可以查看7天、14天、30天内取消关注粉丝的变化折线，如图9–5所示。

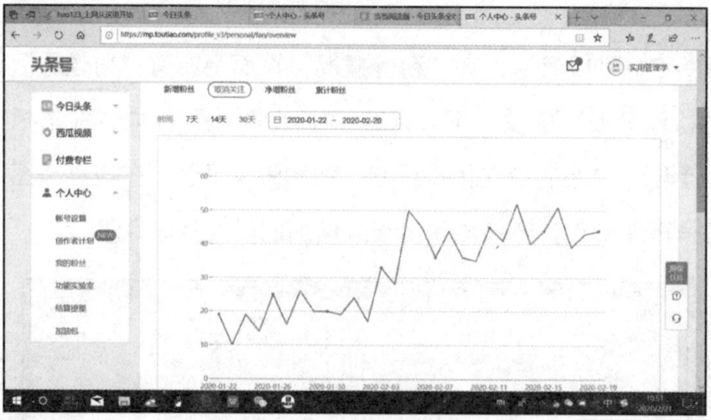

图 9–5　掉粉变化折线图

9.3.3 增减数据背后的运营启示

粉丝数据的增加和减少，表面上是一个个数字的变动，本质上却反映了头条号内容和用户需求的契合度以及推广宣传的效果。头条号创作者需要足够重视，从数字变化中找到自身不足，采取精准措施强化优势，弥补不足，才能不断进化，走得更远。

具体而言，粉丝数据增减的应对措施如表9–5所示。

表9–5　粉丝数据增减的应对措施

数据	变化	应对措施
新增粉丝数据	持续增加	证明对应时期内内容主题和内容方向正确，品质提升，推广措施得当，在之后的日子里可沿着既定方向稳扎稳打
	持续降低	粉丝增量下降，意味着内容吸引力下降，推广措施效果不佳。因此头条号创作者需要调整内容选题，优化内容品质，改进推广方法
取消关注粉丝数据	持续增加	掉粉数量持续增加，意味着当前内容吸引力下降，推广效果不佳，或者后期补救措施无效，头条号创作者需要立即停止原先发布计划，提出新选题，策划新内容，提出新的推广方案
	持续降低	掉粉数量持续降低，意味着内容品质有了提升，推广方法达效，后期需要加大创作和推广力度

9.4　标签：从关键指标找运营方向

用户是头条号内容的消费者，用户的需求是头条号创作者创造内容的依据。有经验的头条号创作者会通过后台了解目标用户的性别、活跃时间、年龄、所在地域、使用的终端等，用来勾画完整的用户画像，找到头条号运营的正确方向。

9.4.1　用户性别

性别不同，所关注的内容类型也不同。通常情况下，女性喜爱阅读文学类内容，喜欢浪漫、温婉的故事，而男性除了喜欢文学类内容外，还喜欢经济、历史、哲学、管理等内容。因此，相对于女性，男性的阅读口味会更多元。

头条号创作者需要对关注自己的用户性别比例有一个清晰的了解，之后再根据性别比例有针对性地发布内容，投其所好，这样自然可以让用户拥有更好的阅读体验。

头条号创作者查看关注用户性别比例的路径为：头条号后台—个人中心—我的粉丝—粉丝画像。在“粉丝画像”页面，第一项便是性别比例，如图9-6所示。

图 9-6　“粉丝画像”页面中的性别比例

图9-6为头条号“实用管理学”的关注用户性别比例，可以看出其关注用户男女比例差非常大，男性用户大约为女性用户的4倍，结合“实用管理学”的定位，可以看出这种性别比例是和其目标群体相匹配的。因为男性用户性别比例较大，在接下来的运营中，“实用管理学”需要重点照顾男性用户的阅读口味和行为模式，提升内容的垂直度。

9.4.2　用户活跃时间

关注头条号的用户一天24小时内哪个时间段最活跃？了解了用户每天最活跃的时段，头条号创作者便可以将最好的内容在这段时间发布。用户的“活跃时间分布”显示在“用户性别”栏下，查看路径和“用户性别”查看路径相同，在“粉丝画像”页面。关注用户的活跃时间分布图如图9-7所示。

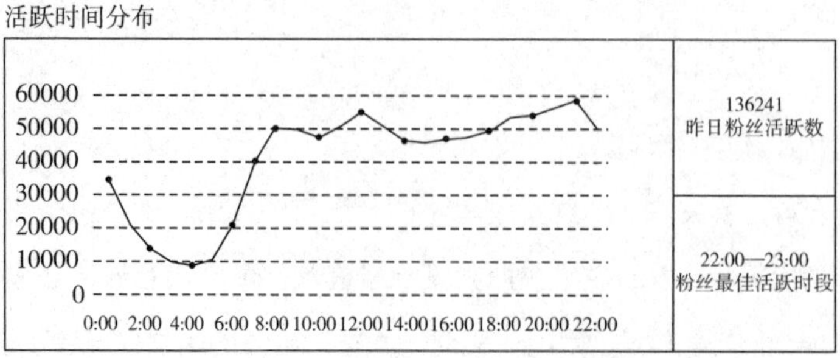

图 9-7　粉丝活跃时间分布折线图

掌握了关注用户的活跃时间分布情况后，头条号创作者可以从两方面入手提升头条号的运营效果，强化自身的吸粉、圈粉能力。

（1）在关注用户最活跃的时间段内发布内容。当前，人们的时间越来越碎片化，因此如何抓住用户的时间就成了头条号创作者最关心的问题，而“活跃时间分布”则为头条号创作者解决了这一难题，可以让头条号内容第一时间出现在用户眼前，继而大大提升内容的曝光度和转化率。

（2）提升关注用户活跃时间段内的互动强度。知道了关注用户在哪个时间段内最活跃，头条号创作者就可以通过提升此时间段内的互动强度来强化用户的体验感和获得感。

9.4.3 用户年龄

用户年龄也是影响阅读倾向的一个重要因素，比如幼儿、小学生喜欢卡通类内容，中学生、大学生倾向于阅读名著，30岁左右的青年人喜欢阅读创业内容，40岁左右的中年人则热衷财经类、管理类内容，50岁以上的用户则更喜欢养生类内容。因此，了解用户的年龄分布，有助于头条号创作者有的放矢、投其所好。

查看头条号用户年龄分布的步骤为：头条号后台—个人中心—我的粉丝—粉丝画像。在“粉丝画像”页面，头条号创作者可以看到“年龄分布”栏，在那里平台通过条形图非常直观地展示了头条号用户各个年龄段的百分比，也可在右侧查看详细的用户年龄区间所占百分比，如图9-8所示。

从图9-8中，头条号创作者可以看出：“实用管理学”的关注用户年龄主要集中在50岁以上，这个年龄区间的用户占总用户的40.28%；另外，31～40岁之间的用户和41～50岁之间的用户所占比例也较大，二者的占比都在19%以上。

因此，“实用管理学”在之后的运营中需要多结合这些年龄段用户的喜好创作管理类内容，如财经、股票、影视娱乐、网游等。

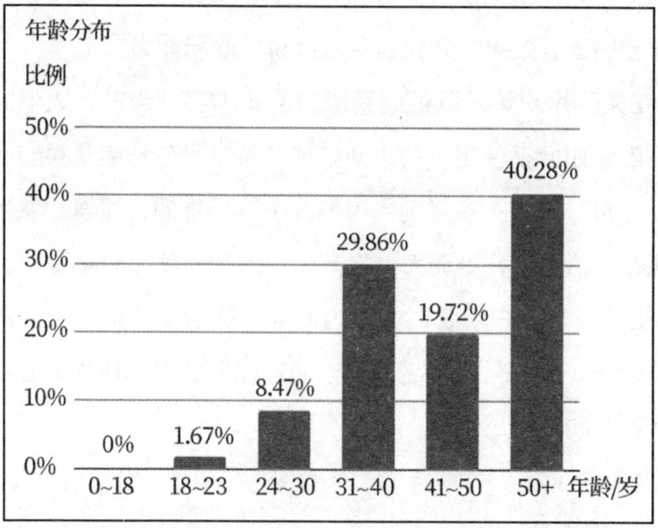

图 9-8　头条号“实用管理学”关注用户的年龄分布

9.4.4　用户的地域分布

在独特的自然环境中生活的人们，久而久之便会形成自身特定的文化习俗，这种文化习俗不仅会影响人们的生活方式和思维习惯，还会在一定程度上影响阅读倾向和阅读习惯。

因此，头条号创作者还需要了解用户的地域分布特征，才能在此基础上融通主流地域文化元素，提升内容的受欢迎程度和影响力。

头条号用户地域分布查看路径同用户年龄相同，在“粉丝画像”页面中首先看到是一副中国地图，将鼠标移动到各省区、直辖市和港澳台地区，便会显示出其辖区内关注头条号的用户占全部关注头条号用户的百分比。

除了采用地图直接显示头条号关注用户的地域分布外，头条号创作者在“地域分布”板块还能看到一个表示关注用户分布百分比的饼图，按照从大到小的顺序排列了占比最高的各个省区，将鼠标移动到色块上面，便会显示出相应辖区内关注用户占总关注用户的百分比，如图9-9所示。

针对用户的地域分布特点，头条号创作者可以从两个方面迎合用户的喜好，提升内容整体受欢迎度。

（1）内容中添加占比靠前地域的文化元素。通过添加高占比地域的文化元素，迎合主体用户的喜好和需求，继而提升用户活性，刺激用户分享和传播。比如头条号“实用管理学”的关注用户中，广东、山东、河南、江苏四省用户占比靠前，因此在今后的内容创作中可适当添加客家菜、广府文化、鲁商、豫剧、苏绸等元素。

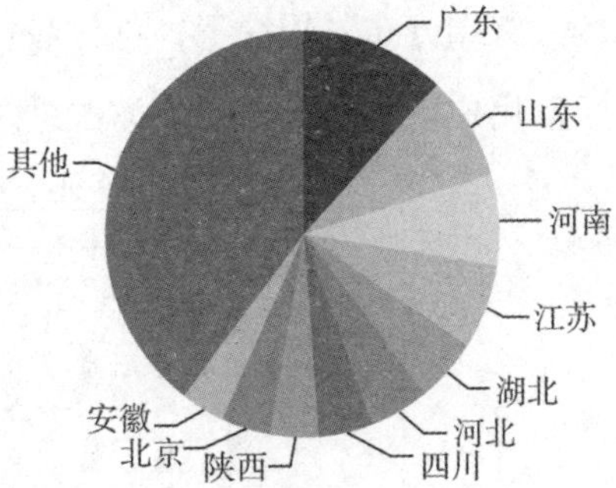

图 9-9 “实用管理学”关注用户的地域分布

（2）故事、案例地域化。在内容创作时，可以将故事、案例等的发生地设定在用户高占比地域，比如写“这个故事发生在广东”“山东有一家企业”等，可显著吸引上述地域的用户关注。

9.4.5 用户使用的终端分布

用户使用的终端分布是指头条号用户使用的智能终端系统类型，是Android系统还是iOS系统。了解了终端分布，头条号创作者便可根据用户使用的主流终端系统推出匹配内容，诸如适合Android系统的排版方法、摄影技巧或适合iOS系统的手机设置方法等。

头条号“终端分布”栏显示在“地域分布”下方，如图9-10所示。

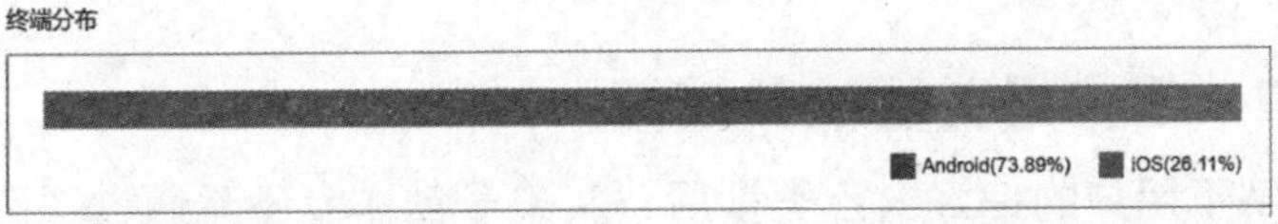

图 9-10 “实用管理学”的关注用户使用的终端分布

9.4.6 用户偏好

掌握用户偏好是头条号保持永久生命力的秘诀，只有持续输出用户喜欢的内容，才能真正将内容做到用户心坎中。在头条号后台“粉丝画像”页面的“终端分布”板块下，创作者可以看到“用户偏好”栏，从中可以直观地了解用户喜欢的各内容分类占总内容的百分比，如图9-11所示。

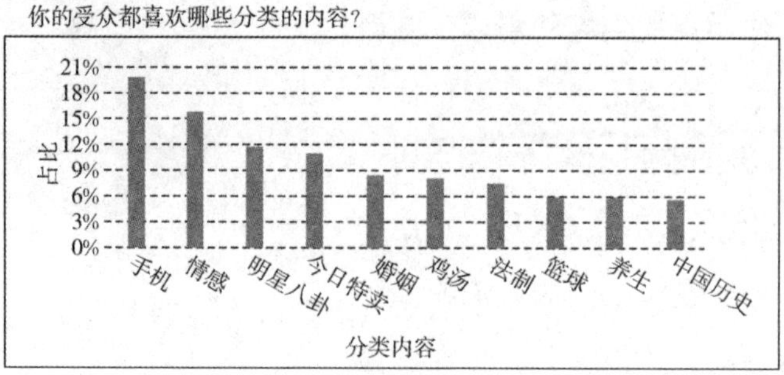

图 9-11 “实用管理学”的关注用户偏好

从图9-11中，头条号创作者可以直观地了解到关注用户的偏好排名和具体占比，有了这些数据，头条号创作者便可以大致把握内容的创作方向，优化内容结构。那么具体要如何做呢?

（1）提升高占比内容的创作强度。内容占比高，意味着受欢迎程度也高，持续提升这类内容的创作强度，可以有效地激活主流用户，提升头条号权重，聚拢更多人气。比如“实用管理学”便可通过提升手机、情感、明星八卦等内容类型的创作强度，达到聚拢人气的运营效果。

（2）提升低占比内容的品质。在提升高占比内容创作强度的同时，选择一个相对擅长的低占比内容类型，坚持少而精的创作原则，持续提升品质，力争打造新的吸粉增长极。

9.4.7 用户最关注的关键词

在了解了用户的偏好内容类型后，头条号创作者还能通过“你内容里的哪些关键词更受关注”板块了解用户最关注的关键词，如图9-12所示。

了解了所发布内容中用户最关注的关键词，头条号创作者可以从两个方面提升运营效果。

（1）提升高比例关键词的使用频率，提升内容的搜索量和曝光度。头条号创作者可以适度提升文章、视频等内容的标题、封面中的高占比关键词

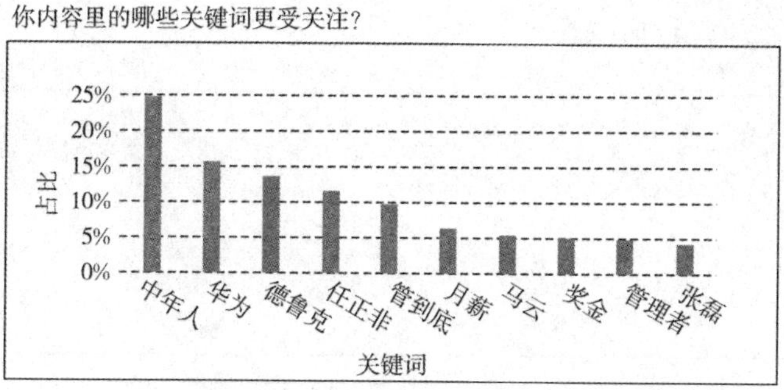

图 9-12 “实用管理学”发布内容里最受关注的关键词

的使用频率，这样可以提升内容被用户搜索到的概率，让内容更快地出现在用户眼前。

（2）围绕关键词打造新的话题。关注度高的关键词，其在用户眼中的热度也高，因此围绕这些关键词创作的内容往往更易于引发用户关注。比如“实用管理学”可以围绕“中年人”这一高占比关键词打造“中年人职场跃升”话题的系列内容。

9.5 内容：从后台数据中了解推送效果

除了通过用户数据优化运营外，头条号创作者还可以通过内容数据掌握推送情况，了解推送效果，了解头条号发展现状，总结特定时间段内的运营经验和不足。头条号的内容数据有以下几种。

9.5.1 概况数据

概况数据直接反映了头条号的运营状况，头条号创作者在后台的“数据分析”页面即可看到概况数据，主要包括文章量、推荐量、阅读量、粉丝阅读量和评论量5项数据。头条号创作者单击“7天”“14天”“30天”按钮或者在时间区间选择框中选择想要了解的时间区间，便可看到该时间段内的

5项数据，如图9–13所示。

图 9–13　“实用管理学”的 30 天概况数据

除了总体的数据外，在该页面，头条号创作者还可以查看数据详情折线图、每天数据列表和人群分析饼图。

（1）通过数据详情折线图，头条号创作者可以非常直观地掌握各项数据的变化趋势。通过匹配折线的“峰点”“谷点”和对应日期的内容选题、推广方法等，头条号创作者可以找到热点选题和不良选题对应的高效推广方法和低效推广方法，继而有针对性地优化运营。

（2）通过每天数据列表，头条号创作者则可详细了解每天的各项数据。在此基础上，头条号创作者可以结合每天发布的内容，总结经验，查找不足。

（3）通过人群分析饼图，头条号创作者可掌握关注用户性别比例和年龄分布比例。

9.5.2　图文分析数据

在后台“数据分析”页面，除了概况数据外，头条号创作者还可以查看图文分析数据，如图9–14所示。

仔细分析图9–14中各文章的推荐量、阅读量、评论量、收藏量、转发量可以得出两个结论。

（1）推荐量越大，其他各项数据越优秀。图文内容对今日头条推荐量的依赖性非常大，只有获得今日头条的流量支持，其才能覆盖更广泛的用户群体，吸引更多用户点击阅读。这样一来，图文的阅读量、评论量、收藏量

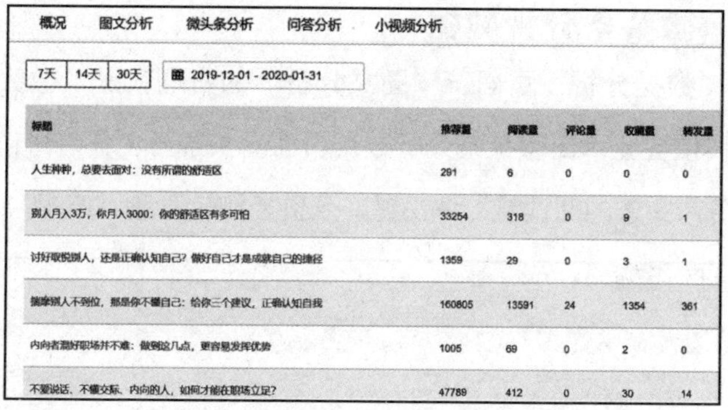

标题	推荐量	阅读量	评论量	收藏量	转发量
人生种种，总要去面对：没有所谓的舒适区	291	6	0	0	0
别人月入3万，你月入3000：你的舒适区有多可怕	33254	318	0	9	1
讨好取悦别人，还是正确认知自己？做好自己才是成就自己的捷径	1359	29	0	3	1
揣摩别人不到位，那是你不懂自己：给你三个建议，正确认知自我	160805	13591	24	1354	361
内向者混好职场并不难：做到这几点，更容易发挥优势	1005	69	0	2	0
不爱说话、不懂交际、内向的人，如何才能在职场立足？	47789	412	0	30	14

图 9–14 “实用管理学”图文分析数据

和转发量也会跟着“水涨船高”。

比如查阅2019年12月1日至2020年1月31日的数据发现，“实用管理学”发布的《揣摩别人不到位，那是你不懂自己：给你的三个建议 ，正确认知自我》，所获推荐量为160805，阅读量、评论量、收藏量和转发量分别为13591、24、1354和361。另一篇文章《人生种种，总要去面对：没有所谓的舒适区》，所获推荐量则为291，阅读量、评论量、收藏量和转发量分别为6、0、0、0。

因此，主打图文的头条号创作者必须最大限度地提升获取推荐量的能力，在遵守平台规则的同时，通过选择热点话题、拟定吸睛标题、嵌入关键词提升搜索量等方法争取平台更大的流量支持。

（2）强化价值和权威属性。有了推荐量，但如果图文价值低，没有权威性，阅读量、评论数、收藏量和转发量也上不去。因此，头条号创作者需要强化内容的价值和权威属性，激发用户的参与感和获得感。

比如《揣摩别人不到位，那是你不懂自己：给你三个建议，正确认知自我》这篇文章便非常有价值：通过一个代入感较强的故事，提炼了三个认识自己的干货方法，有趣，有料，可操作性极强。另外，这篇文章由于现实感很强，讲道理、举例子，因此也颇具权威性，很容易让用户接受，继而产生分享意愿。

9.5.3 微头条分析数据

在后台“数据分析”页面，“图文分析”的右侧就是“微头条分析”按钮，点击之后便会显示出微头条分析数据页面。头条号创作者可以在这一页面查看发布的各微头条的阅读量、评论量、点赞量和转发量，如图9–15所示。

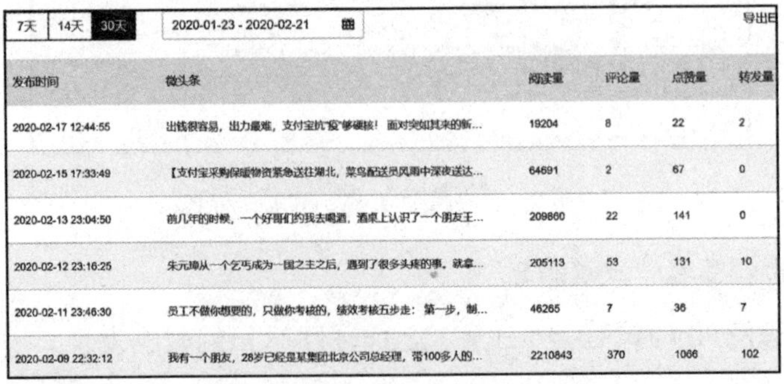

7天 14天 30天 2020-01-23 - 2020-02-21 导出E

发布时间	微头条	阅读量	评论量	点赞量	转发量
2020-02-17 12:44:55	出钱很容易，出力最难，支付宝抗"疫"够硬核！ 面对突如其来的新…	19204	8	22	2
2020-02-15 17:33:49	【支付宝采购保暖物资紧急送往湖北，菜鸟配送员风雨中深夜送达…	64691	2	67	0
2020-02-13 23:04:50	前几年的时候，一个好哥们约我去喝酒，酒桌上认识了一个朋友王…	209860	22	141	0
2020-02-12 23:16:25	朱元璋从一个乞丐成为一国之主之后，遇到了很多头疼的事，就拿…	205113	53	131	10
2020-02-11 23:46:30	员工不做你想要的，只做你考核的，绩效考核五步走：第一步，制…	46265	7	36	7
2020-02-09 22:32:12	我有一个朋友，28岁已经是某集团北京公司总经理，带100多人的…	2210843	370	1066	102

图 9–15 微头条分析数据页面

在微头条分析数据基础上，头条号创作者可以采取两个方法优化微头条创作，提升微头条的曝光度和人气。

（1）归纳四项数据都较高的微头条题材。各项数据都较高的微头条，在题材上有什么特点，有何共性？头条号创作者需要仔细梳理，找共性，总结经验，比如是都属于热点话题，还是干货选题？

（2）总结四项数据较高的微头条写法。要分析各项数据都较高的微头条在写法上有何共同特点。比如是在某些写法上有创新，还是采用了讲故事的形式，或者数据比较翔实？

9.5.4 视频数据

视频作为头条号创作的内容板块，其相关数据需要头条号创作者足够重视。头条号创作者可在后台单击“西瓜视频”按钮，进入“西瓜视频”页面，然后在“视频数据”页面查看。

“视频数据”页面中，包含“数据概览”和“视频详情”两个板块。

（1）数据概览。在“数据概览”板块可以查看“关键数据”和

“数据趋势图”。

“关键数据”呈现的是前一天视频的关键数据，具体包括推荐量、播放量、粉丝播放量和累计播放时长，如图9–16所示。

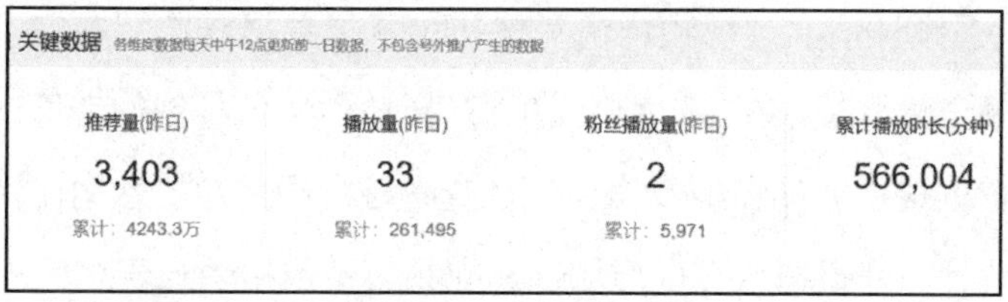

图 9–16 “数据概览”板块中的“关键数据”

“数据趋势图”则是一段时间内视频播放量、粉丝播放量、收藏量、分享量4项数据的折线图。头条号创作者可以通过查看7天、14天、30天或某一设定期间内的4项数据变化折线图，直观地了解视频各项数据的变化趋势，如图9–17所示。

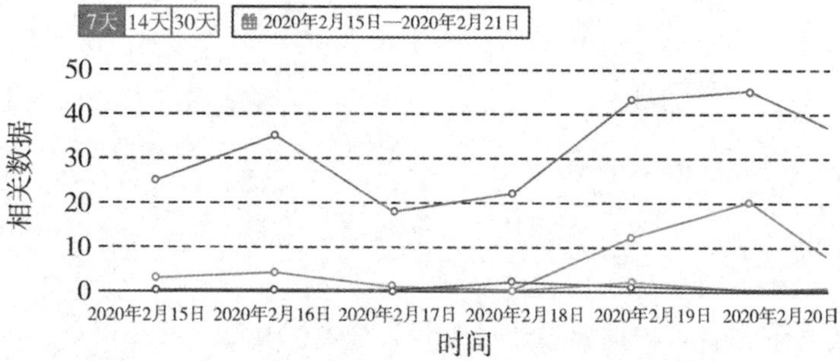

图 9–17 数据趋势图

头条号创作者需要重点分析以下数据，根据其变化优化视频内容创作。

①播放量。播放量包括粉丝播放量和非粉丝播放量，假如播放量较低，则意味着观看人数少，视频内容与题材吸引力不足，品质有待提高，这时头条号创作者需要重新分析用户需求，抓住痛点题材，打磨视频品质。另外，需要注意的是，当粉丝播放量和非粉丝播放量差距较大时，则意味着头条号用户黏性不高，头条号创作者需要提高用户互动频率和强度，激发用户活性。

②各项数据的折线图变化趋势。当各项数据折线图呈现上升趋势时，意味着当前视频题材、品质等符合用户预期，头条号创作者需要再接再厉，保

持下去；假如各项数据折线图呈现下降趋势，则意味着视频选题方向出现了偏差，或内容不符合用户预期，头条号创作者需要根据用户需求重新选择视频题材，或者改变视频内容呈现方式，提升视频内容品质。

（2）视频详情。“视频详情”按钮位于“数据概览”右侧，点击即可进入“视频详情”板块。在“视频详情”板块，头条号创作者可以通过选择视频标题查询该视频的详细数据，包括查看该视频用户的性别比例、年龄分布、播放统计、昨日播放完成度明细和视频关键数据明细表。

这些数据中，尤以“播放统计”对视频创作最具指导意义。该栏每天中午12点更新数据，推荐来源为前一日数据，播放完成度分析为历史累计数据，如图9-18所示。

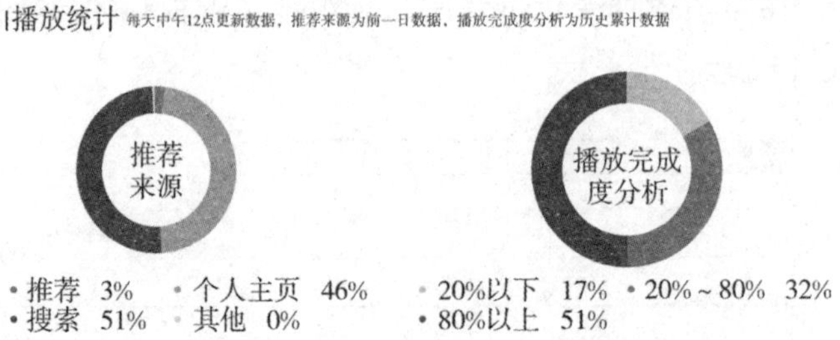

图 9-18 “播放统计”数据

头条号创作者可根据播放统计数据调整视频内容方向。

①通过推荐来源判断强化方向。推荐来源直接反映了用户关注视频的渠道，如图9-18所示，通过搜索观看该视频的用户占到了51%，意味着视频标题比较成功，关键词使用得当。但是通过推荐观看该视频的用户的占比只有3%，意味着在今后的运营中，头条号创作者需要提升用户黏性，比如通过发红包、抽奖等方式激发用户推荐视频的热情。

②通过播放完成度分析调整内容。播放完成度是指用户观看视频的完成比例，播放完成度中高占比用户越多，意味着用户观看视频的时间越长，内容对用户的吸引力越强。假如播放完成度中低占比用户较多，则意味着视频内容缺乏吸引力，头条号创作者需要重新审视视频题材、人物、情节等方

面，提升视频内容品质，打造新的吸睛点。

9.6 方法：从无序数据中找准运营方向

想要从众多数据中找到有用的东西，仅仅凭借单纯的“眼看”是不够的，还需要头条号创作者掌握一定的数据分析方法，这样方能透过数据抓住用户的实际喜好，找准头条号运营方向。下面介绍几种常用的数据分析方法。

9.6.1 分类

数据分类的目标是通过分门别类找到隐藏在其中的某一共性。比如在头条号用户中，哪些用户的播放完成度高于50%，哪些用户的播放完成度低于50%，通过分类，头条号创作者能够快速锁定价值最大的用户群体，继而通过创作这部分用户喜欢的视频快速提升人气，打造良好的品牌形象。

数据分类通常可以分三步进行。

步骤一：明确分类依据，列出类别名称。比如在分析用户地域和内容喜好之间的联系时，可以将用户分为“东北”“华北”“华南”“华中”“华东”五个类别。

步骤二：计算各类别占比。列出类别名称后，头条号创作者可将数字归入相应的类别下，然后计算出该类别的总占比。比如“东北”三省中，黑龙江用户占比为2%，辽宁用户占比为3%，吉林用户占比为4%，那么“东北”这一类别所占比例则为9%。

步骤三：得出结论。根据各类占比得出结论，用来指导头条号运营。

9.6.2 回归

回归数据分析的目标是根据一些属性标量得出一个衡量数据，以判断头条号运营效果或者用户的某些喜好。

比如每个用户在“双十一”期间会在头条小店花费多少钱？头条号创作者可以用当天的销售额除以下单用户的数量，以得出的平均值衡量用户的整体消费水平，继而判断头条小店对用户的吸引力。

9.6.3 对比

数据对比就是将两组或两组以上的数据进行比较，是头条号运营中最常用的数据分析方法。大家都知道，彼此孤立的数据意义并不大，有对比才能快速地看出差异。特别是一些描述事物的变量，通过对比得出比率数据、增速、效益、效率等指标，以及和竞争对手的对比、类别之间的对比、特征和属性对比等，对运营头条号指导意义更大。这些数据对比可并不简单，其中大有门道。

（1）比什么。头条号创作者在做对比时可以比较绝对值，也可以比较比例值。绝对值是本身具备价值的数据，比如推荐量23000次，阅读量100000次，但看数字并不容易看出什么门道。而比例值只有在相对具体的环境中才具备对比价值，比如播放完成度，单看比值的话头条号创作者很容易受到极端值的影响。

（2）怎么比。了解了比什么，头条号创作者还需要了解怎么比。通常而言，头条号创作者可以通过环比和同比进行数据比较。

所谓“同比”，是指本期统计数据和往年同期统计数据比较，比如2020年2月的数据和2019年2月的数据相比较。常见的同比有周同比、年同比，主要用于观察更长期的数据，消除短期数据的波动干扰。

所谓“环比”，是指本期统计数据和上一期统计数据相比较，比如2020年2月的数据和2020年1月的数据相比较。常见的环比有日环比、月环比，主要用于对短期内具备连续性的数据进行分析。

（3）和谁比。做对比的对象是谁呢？通常而言，头条号创作者可以和自己比，也可以和行业比。

①和自己比。头条号创作者可以从不同的时间维度，不同的内容、题材，不同的业务线，和自己做比较。

②和行业对比。通过和行业整体数据做对比，头条号创作者可以观察数据上的变化是由于自身原因还是和整个行业发展相关。

9.6.4 多维度拆解

所谓“多维度拆解”，是指从多个维度拆分指标或业务流程，最终获得更加全面、精准的结论。

具体而言，多维度拆解使用的场景有三种。

（1）分析单一指标的构成。单一的指标构成或者比例，诸如付费视频的播放量、新老用户的比例等，可使用多维度拆解。

比如衡量头条号推广效果最直观的数据是新增用户量，这个时候头条号创作者便可将新增用户作为指标，从多角度分析其构成：

按照城市细分，比如来自一线、二线、三线及以下城市的用户各占多少；

按照性别细分，男性占多少，女性占多少；

按照渠道细分，比如从微信公众号来的占多少，从百家号来的占多少，从小红书来的占多少。

（2）流程分析。针对某一流程进行拆解，诸如用户购买转化率、不同渠道阅读比例、不同省区用户比例等。

头条号做推广的目的是聚集流量，促进头条小店商品销售。那么哪个渠道的用户更愿意在头条小店消费呢？想要解答这个问题，头条号创作者可以从用户购买商品的业务流程来拆解。

用户购买商品的业务流程可以拆解为四步：

第一步：看到产品渠道广告。

第二步：被广告所吸引，进入头条小店。

第三步：在店铺选择需要的商品。

第四步：下定决心，下单付款。

（3）行为还原。当还原行为发生的场景时，可使用多维度拆解，诸如打赏主播的性别、等级、职业，是否在5G或Wi-Fi环境下，等等。

第 10 章

获利：让值钱的头条号直接变现

头条号运营的终极目标是将影响力变现为真金白银，获取源源不断的收入。想要实现这一目标，头条号创作者就需要掌握头条号的各种变现方法，结合自己头条号的定位和价值，灵活运用。

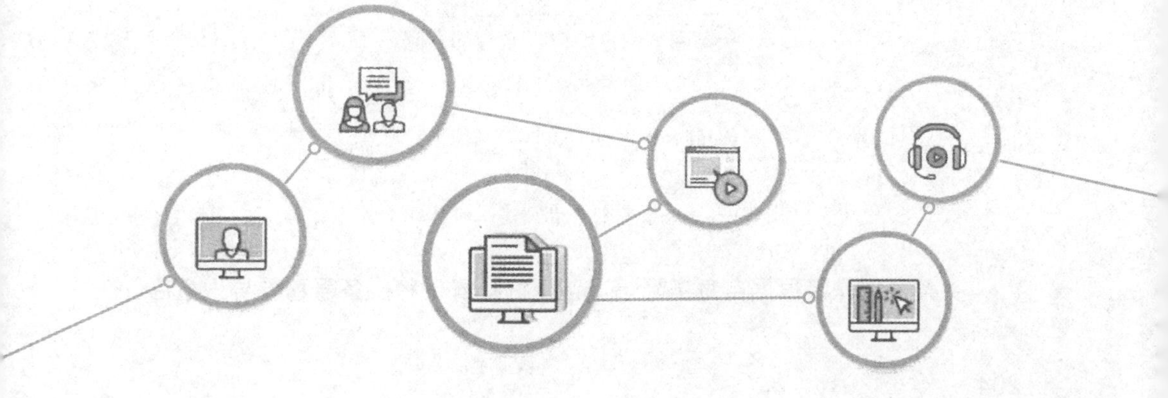

10.1 社群：聚在一起的粉丝是无价之宝

今日头条不但汇聚巨大的信息资源，还是一个巨大的流量黑洞，汇聚了数以千万计的用户。这一庞大的用户群体本身就是无价之宝，假如头条号利用得当，便能快速地完成社群变现，淘得真金。

比如山东济南的职业投资人老赵，在2019年才正式入驻今日头条，有着20多年股海淘金经验的他，每天都会在头条号上发布股市走势分析和技术总结类视频，半年下来便积累了两万多名粉丝。

老赵发布的视频，因为讲的都是实战技巧，例子真实，方法实用，所以用户认可度非常高，大家经常在其视频下面评论、点赞，很多人都感叹在视频中学到了真技巧，自己对股市变化趋势把握得更加准确了。

后来，老赵有了社群变现的想法，他不仅开通了头条圈子，还通过一系列活动将用户导入微信群，因为他知道流量就是金钱，有了忠诚的用户，自然就可以通过社群的运作变现。他通过产品、广告、服务、合作等一系列运作，半个月便有了好几万元的收入，运营半年，社群总收入便突破了50万元。

可见，社群运营得当，头条号创作者便能顺利地将用户资源转化为真金白银。但是在社群变现之前，头条号创作者需要明确自己的社群形态，如图10-1所示。

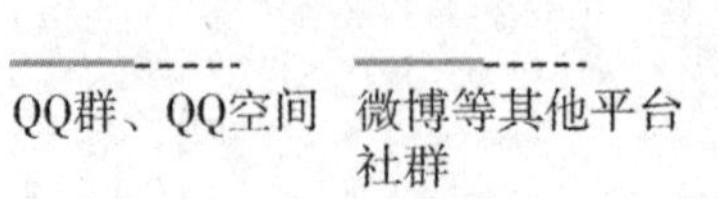

图 10-1 头条号创作者可建立的社群类型

头条号创作者根据自身实际情况创建好社群，将头条号粉丝导入之后，便可进行相关的变现运营。下面介绍头条号变现的几种常见方法。

10.1.1　社群产品变现

所谓“社群产品变现”，是指通过向用户提供需求痛点解决方案，在将痛点变为爽点的过程中实现收益的社群变现方案。另外，社群产品变现除了卖产品解决方案外，还可直接吸引用户参与到产品的设计中，在产品设计、研发、营销等环节完成变现。

比如可以在社群内推出产品构想，吸引用户参与到产品设计、研发、内测、宣传等环节中来，一方面提升社群粉丝的参与感、成就感和归属感，另一方面则可通过在社群内销售产品获利，完成变现。

需要注意的是，在通过产品进行社群变现时，产品不能和社群调性相违背，不能为了利润什么产品都卖。比如头条号创作者组建的是一个学习社群，在群内汇聚的都是渴望提升职场能力的用户，对产品的信任感还没有建立，这个时候假如头条号创作者在社群中发布和职场学习毫无关联的产品，诸如家具、保健品等，转化率自然不高，甚至会因此降低大家对社群的信任感。

10.1.2　社群广告变现

除了在社群中销售产品外，头条号创作者还可将社群作为广告发布的渠道，通过收取广告费完成变现。

具体而言，社群广告变现可以分为两种模式：

（1）为广告主发广告。在这种广告变现模式下，头条号创作者通过在自己的头条圈子、微信群、QQ群内发布广告主的广告，获得相应的广告费。

（2）代理产品。头条号创作者通过在社群内发布代理产品的广告，引导用户购买广告产品，通过产品分成完成变现。

需要注意的是，在社群内发布广告要注意方法和频率，如果方法生硬、发布频率过高，极易引起用户的反感和抵触行为。

社群广告变现的注意事项如图10-2所示。

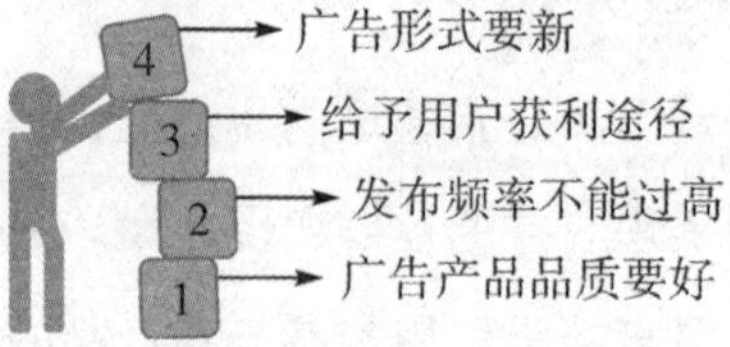

图 10-2　社群广告变现注意事项

10.1.3　社群服务变现

所谓“社群服务变现”，是指头条号创作者通过向社群用户提供专属的高价值服务完成变现的方法。这种服务是收费的，相对于普通服务，其专业性更强，更快捷，更具定制性和个性化。社群服务的费用通常以会员费、门槛费等形式出现。

通常，可向社群用户提供的服务如图10-3所示。

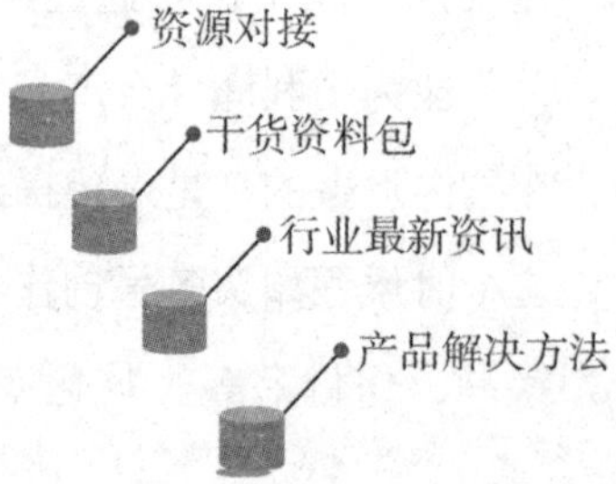

图 10-3　四种有变现价值的社群服务

需要注意的是，一旦头条号创作者收取了用户的会员费，用户对于社群服务的期望会变得更高，对服务价值的期望值会更大，因此必须逐步提升服务的专业性和价值性，让用户觉得物有所值，服务变现才能长久。

10.1.4　社群合作变现

通过社群间的合作，诸如产品合作、资源交换、换粉互推等，头条号创作者也能顺利完成变现。比如头条号创作者将关注自己的用户引入兴趣群、主题圈和地域群中，便可以和各地的实体店进行合作，利用自己巨大的线上流量帮助他们引流拓客，或接收其他社群的广告推广任务，帮助它们推广产品和服务等。

头条号在社群合作变现时，需要秉持两个原则：

（1）合作社群要有资源。头条号创作者想要依靠社群合作快速完成变现，所合作的社群必须有某个方面的资源，且彼此有一定的互补性，这样合作的效果才更明显，可持续性才更强。比如一个健身类社群，最理想的合作社群对象便是职场女性社群，因为女性的爱美之心更强烈，对身材的要求更高。

（2）平等互利。社群之间的合作应当是建立在平等互利的基础上的，只有这样合作才能持久。因此，在合作之前，彼此就要敲定好推广方案，签署分成协议。

10.2 广告：最直接、最有效的盈利方式

广告是头条号变现中最直接、最简单也是最有效的方式，但是站在用户角度而言，广告又是“极度不受欢迎的”，因此头条号在植入广告时不能太过生硬。想要顺利通过广告完成变现，头条号创作者需要掌握一定的技巧，或让广告完美地嵌入内容中，或广告自身就是一个故事，做到“润物细无声”。

拥有几十万名粉丝的“黄喂喂”，以美丽的外貌和上进的奋斗精神为广大用户所喜爱。通过发布手机贴膜的兼职视频和富有生活气息的视频，“黄喂喂”成功构建了自己的私域流量池。有了流量和人气，广告主自然找上门，于是“黄喂喂”专门为其设计了一个购物视频，获得了很大成功，如图10-4所示。

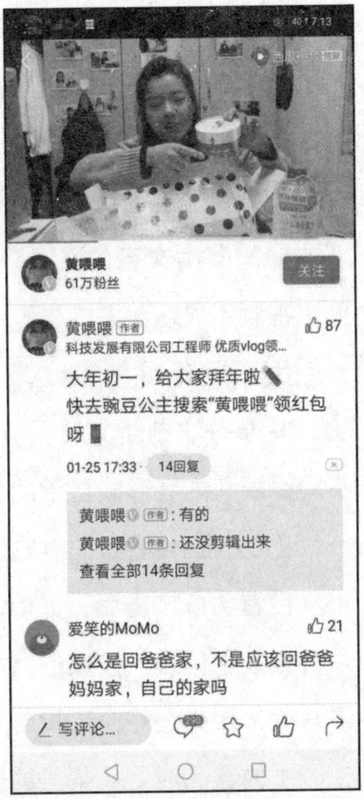

图 10-4 头条号“黄喂喂”的视频广告截图

可见，有了流量和人气，便可以通过广告快速变现。而广告又分为两种：头条广告和自营广告。

10.2.1 头条广告

所谓“头条广告”，是相对于“自营广告”而言的，指由今日头条统一推广的广告。和由头条号自主运营的广告（自营广告）不同，头条广告本质上是头条号运营者将广告推广的选择权委托给了今日头条平台。头条广告对头条号的粉丝数量和权限没有任何限制，只要完成头条号的注册，头条号创作者便可以申请投放头条广告。

（1）头条广告的投放设置和显示。

自动同步的文章投放头条广告，请在“我的收益—收益设置”页面进行设置，此设置只对自动同步内容生效；手动发表的文章投放头条广告，可在发表文章时选择“投放头条广告”，手动发布的内容的广告投放类型以发布时编辑器上的选择为准。

头条广告会显示在今日头条App的文章下方，图集类文章的头条广告显示在图集末尾，视频不显示头条广告。

为了平衡用户体验，不影响用户的体验，并非每次刷新文章都会显示头条广告。不同终端和内容形式显示的头条广告如图10-5所示。

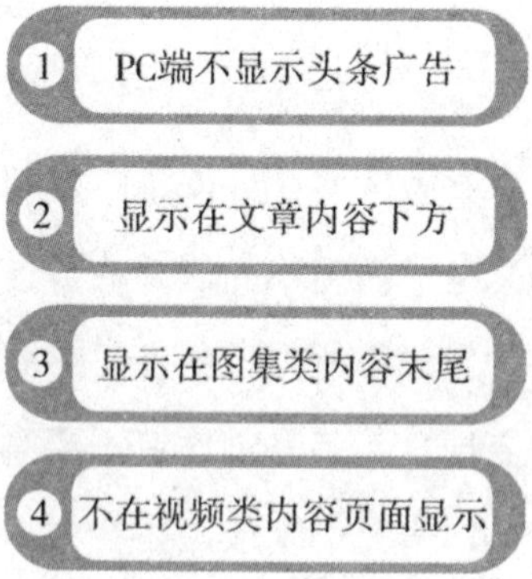

图 10-5　头条广告的显示方式

（2）提升头条广告收益的方法。

设置头条广告后，如何才能获得尽可能多的收益呢？因为头条广告是由今日头条平台统一投放的，所以头条号创作者的头条广告收益和广告主的出价有关，除此之外，还和自身内容品质以及账号分值有很大关系。

①内容品质。头条号的内容品质越高，越有价值点，对用户的吸引力就越大，关注的用户人数就越多，头条广告的投放量自然也越多。这样一来，

头条号所获得的广告费分成比例就高，广告收益也高。比如你的头条号内容很受用户欢迎，几乎每篇文章的阅读量都能达到10万+，那么头条广告收益的起点就相对较高。相反，假如你的头条号内容很平庸，阅读量和推荐量都很低，那么所获头条广告收益便少得可怜。

因此，创作出好内容是提升头条广告收益的根本方法，头条号创作者需要针对目标用户需求，不断在主题、图片、表达方式上做出个性，打造出差异化，强化吸粉、圈粉能力，头条广告收益自然就会“水涨船高”。

②账号分值。每一个头条号账号都有相对应的分值，显示在头条号后台的“账号权限”中，新号分值都为100分。头条号的账号分值并非一成不变，而是受具体运营行为影响，假如头条号创作者违反了今日头条某一规则，便会被扣分。

假如头条号在运营过程中被扣过分，那么之后其头条广告的收益都会受到影响，具体计算方法为

头条号广告收益=原始头条号广告收益×当天信用系数（当天分值÷100）

10.2.2 自营广告

除了头条广告外，头条号创作者还可以利用自营广告完成变现。所谓“自营广告”的“自营”主要表现在四个方面，如图10-6所示。

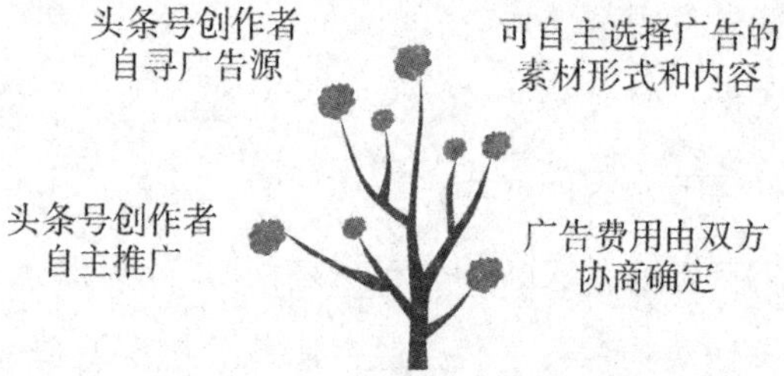

图10-6　自营的四个表现

那么头条号创作者可以通过哪些自营广告淘金呢?

（1）软文广告。

所谓“软文广告”，是指通过自然的文字和图片引导消费者的广告模

式，这种表达方式的目的性并不明显，仿佛在讲故事，或者在分析一种生活理念，因此通常不会引发人们的排斥心理。

头条号创作者利用软文广告变现，写软文广告时需要注意三个方面。

①广告内容和头条号属性契合。比如你的头条号定位于历史领域，那么软文广告可与历史书籍、藏品等相关；假如定位在美食领域，软文广告则可涉及零食、餐饮等。

②有创意，幽默感强。有创意且幽默感强的软文可读性强，对用户很有吸引力，自然也就减少了用户的抵触心理。因此，在写软文广告时，头条号创作者需要不断创新，同时提升文字的幽默感，比如利用段子的诙谐搞笑属性提升软文广告的吸引力。

③多用故事来表现。人人都爱读故事，当广告本身就是一个好的故事时，它便摆脱了广告的“被讨厌属性”，成为用户口口相传的经典。头条号创作者可以将产品嵌入故事中，也可以围绕产品设计故事。

（2）视频广告。

相对于文字广告，视频广告更生动，更直观，更易于吸引用户，因而推广效果更佳，更为广告主所青睐。但需要注意的是，硬性的视频广告往往被用户视为“敌人”，很容易引发用户的厌恶之情。因此，想要做好视频广告，头条号创作者还需要掌握一定的技巧。

那么如何才能做好视频广告呢?

①产品情景视频。这种视频广告是为产品或企业定制的情景剧，以产品或企业为中心演绎情节，因而在用户眼中没有丝毫的广告性，接受程度非常高。比如将产品广告做成一次网购拆箱视频，用户便会对产品更有印象。

②品牌为某一镜头的背景。将产品品牌作为镜头背景，能够有效地刺激用户的好奇心，吸引他们的眼球。比如主要人物活动的场景中出现了某个品牌的logo，往往更易成为用户关注的焦点。

③产品作为视频中的道具出现。广告产品以道具出现，以特写镜头呈现在用户眼前，这种视频广告形式更自然，更具情景感，运用得当往往能够取

得更佳效果。比如三个朋友相聚在一起，举杯畅饮，所喝的啤酒便是广告产品；主角跳舞时所穿的衣服，也可以是广告产品。

④片尾插播广告。这种视频广告方法较为常见，当视频结束后，在片尾插入广告，并不影响用户的观看体验。

（3）直播广告。

除了视频广告外，头条号创作者还可以在直播中插入广告，完成变现。相对于视频广告，直播广告互动性更强，更易于引发用户的二次传播行为。比如在直播中，主播亲自体验广告产品，谈操作，谈感受，往往能够引起用户的“弹幕攻势”，引发用户的热烈讨论。

那么如何在直播中插入广告呢?

①启动封面。直播启动之前的封面可以设置成广告，用户在观看之前都会点击此封面，继而达到预期的广告效果。

②背景图。可以将直播间的背景图设置为产品的宣传图，这样一来，用户在观看直播时便会“顺带”观看产品广告。

③将产品用作工具或道具。将产品用作直播时的工具或道具，可有效刺激用户的好奇心，比如直播用的电脑、主播穿的衣服、桌子上摆放的物品等。

④主播直接试用。主播直接试用该产品，向用户讲述产品的具体功能以及使用体验，可以有效地刺激用户的消费欲望。

10.3 带货：能引起产品热销的头条号最值钱

所谓“带货”，是指一些具备网络或社会影响力的“大V”、“网红”、明星、KOL等通过自己的分享或者推荐，刺激其他用户产生消费行为的过程。头条号创作者经过前期的一系列运营打响知名度并成功构建自己的私域流量池后，便可以通过带货的方式迅速完成变现。

例如，小小在2018年入驻今日头条，因为长得和某著名节目主持人很像，在平台上迅速火了起来，每次发布的视频都会吸引数以万计的用户围观、点赞。因此，一年的时间，小小便吸收了20万名粉丝，成了今日头条平台上的“小咖”。有了流量和名气支持，小小决定利用自己的颜值优势做直播带货，通过帮助其他商户卖货，收取佣金，快速完成变现。

2019年“双十一”，小小迎来了自己的高光时刻，依靠之前积累的人气和打出的品牌知名度，小小当天直播卖出了40多万元的货！之后，有了一定的资金实力后，小小告别单打独斗，逐步建立了自己的直播团队，有了自己的主播助理、招商员、活动提报运营、脚本设计，带货能力从此更上一层楼。

可见，只要头条号影响力足够大，构建的流量池足够深，便能通过帮助商家销售产品迅速完成变现。

那么带货变现有哪些要点呢?

10.3.1 做好选品

带货能不能达到预期目标，选品是关键——选品精准，契合用户需求，带货自然顺利又高效；选品错位，头条号创作者带货再卖力，也不会获得多大的销量。因此，头条号创作者在带货之前，必须选好产品。

什么样的产品适合带货变现呢? 通常情况下，四类产品适合头条号创作者带货，具体如表10–1所示。

表10–1 适合带货变现的四类产品

类型	解释	举例
季节性产品	每个季节都会有应季产品，人们需求量较大，带货成功率自然会更高	冬季的羽绒服、围巾、帽子； 春季的郊游产品、鲜花、春装
行业新品	各行各业的新品类、新型号、新材料产品，迎合用户喜新厌旧心理，更易激发用户的消费欲望，刺激他们快速下单	2020年2月发布的小米10手机； 华为推出的新款电脑

续表

类型	解释	举例
潮流新趋势	潮流性产品永远都是用户关注的焦点，最新流行元素、配色、材质、行业技术等，都极易刺激用户产生消费行为	街头流行的嘻哈风格服装； 名人佩戴的手表； 网红背的双肩包
新奇特产品	市场中出现的个性化产品、趣味化产品、懒人工具、造型夸张前卫的产品，外观和功能创意十足的产品	LED智能补光镜； 便携纸手表； 智能保温杯

10.3.2 强化用户零风险

用户在线上消费时最担心的是什么？由于用户并不能直接体验线上产品，对其外形、功能、使用体验等仅限于“眼睛看”和“耳朵听”，因此他们最担心的是潜在的风险，害怕买到假冒伪劣产品、上当受骗，最终竹篮打水一场空。因此想要带货成功，除了产品本身品质要好之外，头条号创作者还需要强化用户消费的零风险，彻底打消用户的疑虑。

那么如何才能将用户的消费风险降低到零呢？可以从四个方面入手。

（1）在承诺时间内无条件退换货。在带货时，头条号创作者需要反复强调这一点，在承诺时间内，比如7天、15天、30天，用户不满意便可无条件退换货。这样一来，用户便会获得极大的安全感，产生“如果不满意也能退货，反正吃不了亏，上不了当”的心理，在这种心理支配下，用户下单消费的意愿自然会更加强烈。

（2）自己试用。产品好不好，性能如何，体验如何，不能仅仅体现在言语上，很多时候，试用一次，比千言万语效果更好。更重要的是，通过提前试用，头条号创作者能够对产品性能有一个更直观的认知，继而大大降低自身带货的风险，因为假如头条号创作者所带的货品质不佳，会伤害头条号的品牌形象。

（3）用户信任背书。很多时候，头条号创作者说再多，用户看了也会心存疑虑，但是假如是从用户嘴里说出来的，因为视角相同，立场一致，其他用户则更容易相信。因此，在带货的时候，头条号创作者可让用户现身说法，谈一谈产品使用体验。

（4）免费上门服务。售后是用户在消费时考虑的重要因素，售后无忧，用户才更愿意下单。因此，头条号创作者在带货之前，需要协调商家做出免费上门服务的售后承诺，彻底打消用户的疑虑。

10.3.3 自然阐述

直接介绍或叫卖产品，往往会给用户一种做广告的感觉，而大部分人又讨厌广告，因而会大大降低用户阅读或观看的欲望。因此，想要带好货，头条号创作者还需要淡化广告色彩，将所带产品作为自己生活中的一部分，自然而然地阐述出来。如此，刻意叫卖的色彩少了，生活气味多了，有创意、有个性、有趣味，用户自然更愿意关注，消费意愿也会更加强烈。

那么在带货过程中如何自然阐述呢?

（1）激情演绎。人是情感动物，情绪是可以从一个人身上传递到另一个人身上的，当头条号创作者在文章、视频或者直播中保持足够亢奋的情绪时，用户也非常容易受到感染，产生情感共鸣，继而快速融入场景中，对产品产生越来越大的兴趣，继而下单消费。

（2）带货产品道具化。为了最大限度地淡化带货的广告色彩，头条号创作者可在视频或者直播中，将产品设计成道具，通过特写镜头、人物表演等方式自然地将产品展现在用户眼前。比如为某一服装品牌带货时，头条号创作者可以身穿该品牌服装热舞，吸引用户询问服装购买方式。

（3）围绕带货产品设计故事情景。头条号创作者可以围绕带货产品设计一个故事情景，将带货产品巧妙地融入剧情中。比如一个超市购物视频，头条号创作者要采购奶粉，挑挑拣拣，最终选中的就是带货产品。

10.4 电商：开个小店，赚个大钱

电商是头条号创作者变现的重要途径之一，特别是当头条号创作者在持续的优质内容输出背景下成功打造出私域流量池的时候，电商形式将给予头条号创作者更强的变现能力。

比如头条号“脑洞历史观”在2015年入驻今日头条，擅长用轻松幽默的方式解读历史，将满是干货的历史内容展现在用户眼前。“脑洞历史观”对历史认知深刻，写作能力强大，出版有《读懂春秋，就懂了当下》《诸王的游戏》《隋唐不演义》《唐末刀锋汇》等作品，截至2020年2月18日，吸引了284万名用户关注，获得了463万个赞。

“脑洞历史观”不仅能够在头条号上保持持续、高质量的内容输出，而且还勇于“吃螃蟹”，尝试各种变现方法。“脑洞历史观”对今日头条推出的各种变现工具都充满了兴趣，对头条小店尤为上心，开设了自己的头条小店，如图10-7所示。

图 10-7 “脑洞历史观”的头条小店

靠着积极的探索精神和优质的作品质量，“脑洞历史观”头条小店开业一个月便卖出了全网爆款——凭借一己之力，将一本单价300元左右的书卖到全国断货，月流水约200万元！

可见，只有做好积累，敢于尝试，方法得当，头条号创作者才可通过电商形式快速完成变现。那么，头条号创作者可利用的主要电商变现工具有哪些呢?

10.4.1 头条小店

头条小店是今日头条为头条号创作者提供的电商变现工具，它的出现大大拓宽了头条号创作者的变现渠道，大大提升了流量的价值。开通头条小店后，头条号创作者可以在头条号、抖音、火山小视频个人主页展示出专属自己的店铺页面，店中的商品可以通过文章、视频、微头条等多种方式进行展示，提升曝光度。

具体而言，头条小店主要有四个方面的优势。

（1）一个店铺绑定多个账号。头条号创作者开店申请一旦通过，头条号便可和店铺绑定，并且头条小店还能实现多个头条号绑定一家店铺，如此一来，头条号创作者便可以通过多个账号为头条小店导流，实现高效产品推广。

（2）多平台主页展示。头条小店绑定多个头条号后，便可在其他头条号主页展示出店铺页面。另外，头条小店除了可以在头条号个人主页展示外，还可在抖音、火山小视频等平台展示店铺的专属页面。

（3）多形式展示曝光。头条小店中的商品不仅能够在店铺中展示，也可以通过文章、视频、微头条等多种方式展示。今日头条提供的多种商品展示方式，大大提高了头条小店商品的曝光度。

（4）粉丝转流量，形成闭环。头条小店可以通过头条号从多个平台吸粉，诸如今日头条、西瓜视频、火山小视频、抖音等，通过一系列活动将粉丝转化为头条小店用户，继而形成流量闭环。

头条小店同时支持企业和个体工商户入驻，企业入驻需要提供营业执照等资料，个体工商户入驻需要提供个体工商户营业执照。具体入驻流程如图10-8所示。

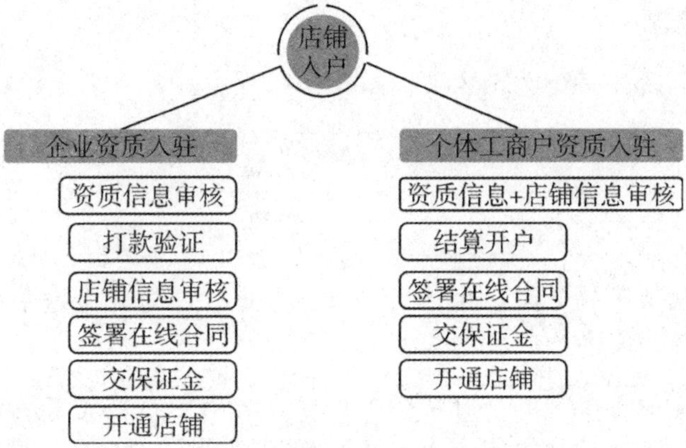

图 10-8 头条小店入驻流程

开通头条小店仅仅是第一步，想要做好小店，需要做好三个方面。

（1）装修风格吸引人。头条小店开通后，头条号创作者需要对其进行装修，设计店铺名称、logo、风格等，力求页面美观、养眼。

（2）产品具备爆款属性。头条小店货架上的商品，必须是爆款或者具有成为爆款潜质的产品，如流行产品、网红产品、季节性产品和新奇特产品等。

（3）不断深耕价值内容引流。头条小店的成功与否直接取决于头条号的流量吸附能力——头条号人气高涨，能够快速汇聚粉丝，便意味着潜在用户数量众多，头条小店内的产品就自然不会缺少消费者；反之，假如头条号吸粉能力不强，人气惨淡，头条小店的消费者则会少之又少。因此，头条小店的火爆有赖于头条号创作者持续的价值内容输出，在内容方面不断挖潜、创新，才能源源不断地为头条小店输送潜在消费者。

10.4.2 值点

值点是字节跳动百分之百控股的子公司——北京空间变换科技有限公司旗下的产品，于2018年9月正式上线。其定位为：以用户为友，提供更好的商品，实现更低价格和闭环服务，在家居生活、服饰鞋包、厨具水具、食品酒饮、汽车用品等品类为用户甄选品质产品，让用户的生活更“值一点”。

之后，今日头条在平台应用中接入了值点，使得用户在今日头条平台上就可以下单购物。

值点的产品主要分为两大类，如表10-2所示。

表10-2　值点产品分类表

板块	介绍
值得买	包括服饰穿搭、生活百货、户外出行、健康养生等共计11个品类，定价多在几十元到两三百元
值得看	类似于小型的今日头条，以信息流的方式呈现新闻资讯，最大限度地砍掉中间商，为用户提供高性价比家居、运动、养生、数码、园艺、钓鱼、美食等十多类内容

值点和头条小店的区别如表10-3所示。

表10-3　值点和头条小店区别表

名称	主打方向	入驻流程
值点	值点兼容电商和资讯，通过用户黏性延长用户在线时间，打通资讯和数据购买的连通渠道，最终做到“千人千面”，推送用户最想要的商品。值点主打实惠和高性价比，其中商品偏中低端层次	值点当前实行邀约制，获得系统邀请后才可入驻
头条小店	头条小店设立的初衷是为头条号创作者提供电商变现工具，帮助他们获得更多的内容变现渠道，最大限度地提升流量价值。头条小店可以选择企业身份入驻，也可以选择个人身份入驻，开通后店铺首页会出现在今日头条、西瓜视频、抖音、火山小视频个人主页	个人或企业身份入驻都需要提供资质材料、缴纳保证金，通过审核后方可入驻

10.4.3　鲁班

鲁班系统是今日头条为电商广告主量身定做的用于创建商品页的管理工具，电商广告主通过鲁班系统能够进行店铺管理、订单管理、数据信息查询等。其主要优点如下。

（1）头条全系推广。用鲁班做的商品落地页可以根据商家的具体需求在今日头条旗下的所有平台投放。

（2）无须跳转，直接购买。用户通过广告落地页便可以直接下单购买商品，并不需要跳转。

（3）广告持续优化。鲁班系统会统计所有用户的购买记录，自动构建模型，对广告进行有针对性的持续优化。

具体而言，鲁班电商管理工具的主要功能如表10–4所示。

表10–4　鲁班的主要功能

落地页制作	通过鲁班，简单几个步骤便可完成单品页的创建，快速完成商品推广
店铺管理	通过鲁班，可实现店铺主页装修、发布公告、策划活动
订单管理	随时查看订单和商品信息，自动更新订单状态，向用户发送订单状态短信
数据信息	通过“数据参谋工具”，可查看店铺DSR（卖家服务评级系统）指标变化、商品转化、用户评价等数据信息，了解运营状态，优化运营策略

鲁班的具体运用流程为：

（1）电脑端打开“巨量引擎”网页（https://ad.oceanengine.com），注册鲁班广告账户，根据提示填写基本信息。

（2）选择主营类目并交纳保证金。

（3）登录鲁班后台（luban.jinritemai.com），创建商品，生成商品推广链接。

（4）登录Ad后台（ad.toutiao.com），使用商品推广链接创建广告计划，投放商品。

10.5　知识：把你的才华变成钱财

正所谓“知识就是财富”，头条号创作者具备某种知识特长，方法得当，便能在头条号上顺利完成变现。目前的知识变现方式主要有两种：开设付费专栏和课程。

10.5.1 开设付费专栏

所谓“付费专栏”，是指用户支付一定费用才能阅读或观看的头条号产品。头条号只要有足够的知识原创资源，不管是新闻资讯、小说漫画，还是心理资讯、恋爱情感感悟，都可以通过付费专栏的形式变现为真金白银。

具体而言，今日头条的付费专栏有三大特点，如图10-9所示。

01 门槛低，原创头条号都可申请开通

02 头条号创作者自己决定专栏产品价格

03 内容多元，推荐精准

图 10-9　今日头条付费专栏的特点

举个例子。头条号“牛哄哄一家人”专注于职场领域内容创作，其发布的专栏内容非常受用户喜欢，如图10-10所示。

“牛哄哄一家人”的专栏文章之所以备受用户喜爱，主要是因为具备以下四个方面的特征。

（1）形式生动。头条号“牛哄哄一家人”的专栏内容主要以系列卡通人物为主要形式，深入浅出地向用户阐述知识理论，寓教于乐，大大提升了用户学习知识的趣味性和积极性。

（2）内容涵盖面广。头条号“牛哄哄一家人”的专栏内容涉及职场、创业、励志、口才、情商、营销、管理等领域，极大地满足了用户的多元化需求。

（3）实用性强。头条号“牛哄哄一家人”的专栏内容干货多，实用性强，有指导用户识人的技巧，有提升表达能力的干货，有增加职场人脉的方法，这些对用户都具有现实意义。

（4）充满正能量。“牛哄哄一家人”的专栏文章正能量满满，传递社会主流价值观，提高用户生活和工作的积极性。这些正能量满满的原创内容，对用户而言是不可多得的精神食粮。

图 10-10　头条号“牛哄哄一家人”的专栏文章

那么在具体运营中，头条号创作者如何才能做好付费专栏，快速完成变现呢？

一是按照用户口味生产内容。

付费专栏是给用户看的，因此内容必须符合用户的口味——用户喜欢什么样的内容，需要何种技巧，头条号创作者就应该生产什么内容，讲述什么技巧。很多头条号创作者的付费专栏之所以变现困难，主要的一个原因是没有根据用户的口味生产内容，没有抓住他们的实际需求。

那么如何才能抓住目标用户需求，做出他们真正需要的内容呢？想要解答这个问题，头条号创作者可以从三个方面入手，如图10-11所示。

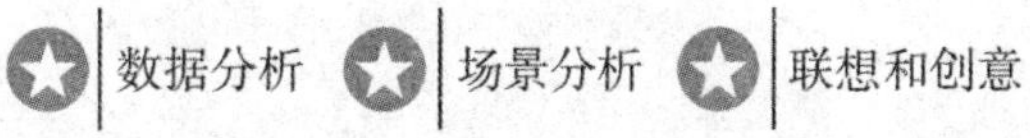

图 10-11　抓住用户需求的方法

（1）数据分析。在移动互联时代，任何浏览行为都会留痕，数据便是用户在今日头条上留下的足迹。因此通过分析目标用户在今日头条上的数据痕迹，如爆款内容点击量、阅读量、转发量等，头条号创作者可以总结出用户喜爱的内容类型，继而找出他们的真正需求。

（2）场景分析。针对用户有很多分类方法，如按年龄分类、按地域分类、按行为分类、按性别分类、按收入分类等，通过场景分析能够准确地把握用户的需求，继而让自己的专栏内容更具吸引力。

头条号创作者可以用“表格法”具体分析用户的各个场景——纵列为用户在社会中所扮演的角色，如老板、白领、学生、退休老人等，横列为一天的时间。目标用户在一天（24小时）中遇到的事情就是场景，通过表格寻找共同点，便能找到人们普遍的需求。比如“十点读书”便通过分析上班族一天的各种场景，最终抓住了他们喜欢在晚上十点读书的这个场景，有针对性地丰富专栏内容，从而获得了极大的成功。

（3）联想和创意。当头条号创作者想破头也找不到用户的实际需求时，可以将自己代入目标用户的视角进行联想，发挥想象和创意。比如想要找到上班族的实际需求，头条号创作者可以进行如下联想：上班族起早贪黑，起得早就吃不上早餐，回得晚，晚餐就没着落。由此可以得出结论：早餐和晚餐是上班族的需求痛点。

二是提升颜值。

专栏内容除了要对用户的口味外，还需要提升颜值，做好包装。要知道付费专栏和超市中的商品本质上是一样的，如果没有精美的包装，便难以在短时间内吸引用户的关注，更不用说激发他们的消费欲望了。因此，付费专栏建立后，并非仅定期上传付费内容就万事大吉了，还需做好包装。

付费专栏的包装方法如图10-12所示。

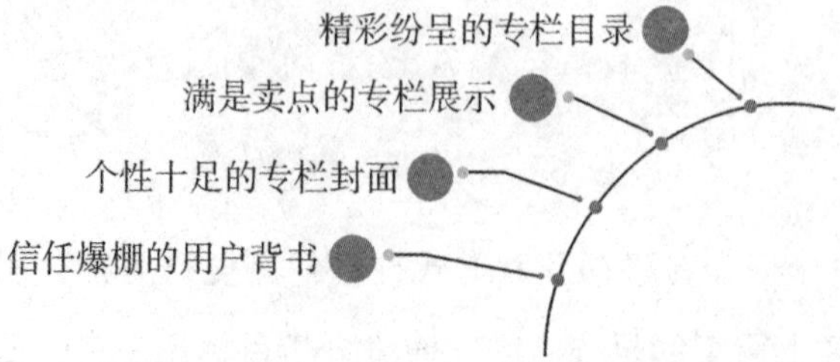

图 10-12　付费专栏包装方法

10.5.2 开设课程

除了开设付费专栏外，头条号创作者还可以通过开设课程来完成变现。正所谓“学海无涯”，特别是在当前社会竞争异常激烈的大背景下，竞争无所不在，要想在竞争中立于不败之地，成为终身学习者是不二之选，也是毫无悬念的发展趋势。

头条号“诗词世界”就依靠开设课程迅速完成了变现目标，取得了良好的经济效益，如图10-13所示。

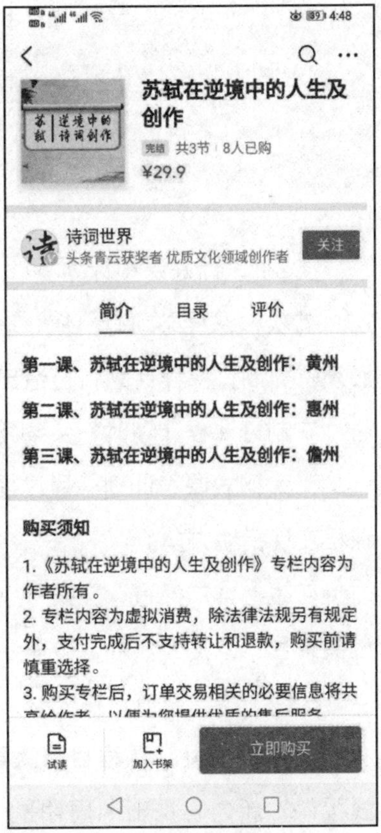

图 10-13　头条号“诗词世界”的课程列表

“诗词世界”的课程之所以如此受欢迎，原因有三。

（1）定位精准。“诗词世界”的课程定位于“诗词赏析”，致力于向用户讲述历朝历代诗词大家的人生故事，剖析诗句中的情、景、人。这种课程定位，对学生以及诗词爱好者产生了巨大的吸引力。

（2）包装得当。“诗词世界”的课程包装很得当，简单而不失吸引力，其课程有完整的目录、简介、购买须知等，且课程封面非常精美，富有书卷气息，因此对用户极具吸引力。

（3）推广有效。通过自推和外推，“诗词世界”进入了越来越多用户的视野，为越来越多的用户所熟知，继而吸引了更多用户付费购买课程。

由此可见，要想通过开设课程成功变现需要做好以下三个方面的工作。

（1）精准定位。

要想通过课程变现，首先要定位好课程，因为只有课程定位精准，有价值，有市场，用户才更乐于掏腰包。

课程的定位方法如图10-14所示。

▶ 找到自己的专长
▶ 垂直细分，做出专业性
▶ 找到空白市场
▶ 服务小众人群

图 10-14 课程的定位方法

（2）设计好课程计划。

其次，课程必须有价值，有值得用户付费的理由。因此，头条号创作者必须首先制订课程计划，打造出价值点满满的课程。

在制订课程计划时，头条号创作者可灵活选择两种方法。

①大纲式课程计划。通过提炼课程的宣传、推广、细分、盈利纲领，为课程变现指明方向。

A.线上推广渠道。头条号创作者的课程在线上通过何种渠道推广？是通过头条号、微信公众号、微博还是用H5广告页？

B.线下推广渠道。在公交、地铁上打广告还是在商业中心做活动？

C.课程设置。课程目标人群有哪些人？分几个部分？具体采用何种方式授课？新内容推出的周期是一周还是两周？这些头条号创作者需要在大纲中明确。

D.目标预设。一个月内课程的粉丝数量以及销售数额目标。

②方案式课程计划。方案式课程计划明确了头条号创作者实现目标的具体方法。

A.明确目标。头条号创作者的课程目标是什么？比如“教用户掌握年终汇报PPT技巧”，确保头条号创作者的课程计划有的放矢。

B.将目标分解为各阶段行动。将总目标分解成各阶段的行动，如周一讲“PPT速成”，周二讲“领导眼中最优秀的PPT”，周三讲“最佳年终PPT养成”……

C.收集反馈，持续改进。方案式课程计划并非一成不变，而是要根据用户的具体反馈持续改进。因此，头条号创作者需要持续收集用户反馈，针对用户在学习中遇到的问题，不断改进、完善课程。

（3）做好推广。

课程再好，如果用户丝毫不知，变现起来也会千难万难。因此，想要顺利完成课程变现，头条号创作者必须做好推广，具体有以下几种方式。

①分销。头条号创作者可以学习市场上常用的分销推广法，给予分销用户一定比例的佣金，如10%、15%等，以金钱刺激用户分享课程信息，将他们变成自己的课程推广员。

②社群答疑＋抽奖。头条号创作者需要创建报名群、学习群，方便用户报名和学习。另外，通过这些社群，头条号创作者可以在第一时间解答用户关于课程的各种疑问，继而坚定部分想买但内心又犹豫的用户的下单决心，促进课程的销售。同时，为了提升社群活性，头条号创作者还需要定期举办抽奖活动，增强用户的参与感，提高用户的分享、转发积极性。

③拼团。头条号创作者可以采用拼团方法，提高用户付费的积极性。比如将课程设置成2人团，只要用户在两天内拉另一个小伙伴参团，即可享受课程优惠价。

④一对一私聊。现实生活中，很多人工作非常忙碌，没有多少时间查看群消息、朋友圈消息。因此，头条号创作者可以采用一对一私聊的方式向他们推送课程信息。

10.6 内部：别错过头条的内部变现机制

为了提高头条号创作者的收入，刺激头条号创作者生产更多优质原创内容，今日头条内部设置了很多针对优质创作者的变现渠道。只要创作者在坚持优质内容产出的同时，目标明确，方法得当，便能利用今日头条内部的一系列变现机制成功完成变现。

10.6.1 签约

和非签约作者不同，今日头条的签约作者每个月都能从平台获得稳定的收益。因此，成为今日头条签约作者便成了头条号创作者变现的一种重要形式。

那么如何才能成为今日头条的签约作者呢？具体而言，成为今日头条签约作者的途径是被动的，系统会主动向优质头条号创作者发出邀请，吸引他们成为平台签约作者。想要成为今日头条签约作者，头条号创作者就需要持续创作优质的价值内容，力争成为某一行业内的专家。有了人气和名气，打响了头条号的品牌，头条号创作者获得今日头条邀请的概率就会提高。

10.6.2 赞赏

内容有价值，文句写到用户的心坎上，视频拍得赏心悦目，用户便会有打赏的冲动。针对用户的这种心理，今日头条开发了“赞赏”功能，为优质原创内容提供了又一变现渠道，如图10-15所示。

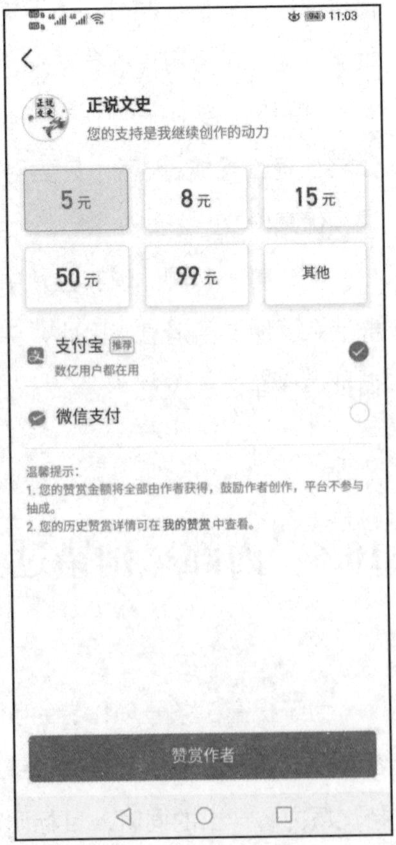

图 10-15 “赞赏作者”页面

那么头条号如何开通“赞赏”功能呢？头条号创作者在通过原创认证后，即可同时获得“赞赏”功能权限，这个时候只需要在头条号后台的“收益设置”栏中开启“赞赏”功能即可。

头条号创作者想要获得尽可能多的“赞赏”，需要做好以下三点。

（1）刷新用户认知。头条号创作者的文章、视频、问答等内容刷新了用户之前对某个问题的认知，用户便会产生情绪，有一种大长见识的感慨，便会产生打赏的冲动。比如头条号“槽边往事”，其发布的内容都非常有趣、有个性、有自己独特的看法，针对某件事情往往能说出不一样的看法，甚至颠覆用户的认知，因此打赏率非常高。

（2）引发用户情感上的共鸣。头条号创作者发布的内容想要获得更多用户的“赞赏”，还需要拨动用户情绪的弦，引发用户情感上的共鸣。

那么如何才能引发用户的情感共鸣呢？方法如表10-5所示。

表10-5 引发用户情感共鸣的方法

方法	举例
站在用户立场说话	就算老公一毛股份都没有，在我心里，他依然是最牛的创业者
强化挫折中的挣扎	挫折中的挣扎总会令人心生同情和敬佩之情，如“我虽然没了腿，但我依然坚持‘走’遍中国每一个城市”
满满的干货	干货越多，内容在用户眼中就越有价值，情感上往往会产生“值了”“帮大忙”的感受，比如“头条号圈粉的三个使用技能”“年终总结PPT的三个制作方法”等
趣味	用户看了觉得有趣，能够获得愉悦，会有更多赞赏动力，比如充满异域奇趣的图文、魔性十足的舞蹈视频等

（3）实现用户的梦想。你实现了用户的梦想，用户便更愿意“赞赏”你。比如头条号“鞋底骑车环球旅行”，一个人骑着一辆自行车，从中国出发，穿越亚欧大陆，穿越戈壁、沙漠、雪山，用精彩的视频和图文为用户展示了沿途的壮美风景和人文风情。自由前行，勇敢看世界，是很多用户的梦想，“鞋底骑车环球旅行”替用户实现了，再加上他积极回复粉丝互动，和每位粉丝都谈得来，因此每天打赏的用户非常多。

10.6.3 分成

头条号创作者除了可以利用签约、赞赏实现内部变现外，还可以通过分成完成变现。具体而言，头条号创作者可以通过参与悟空问答分成获得收益——悟空问答中的结算是以单篇来计算的，且没有上限，符合要求且人气高涨的内容便能获得一定的分成。

悟空问答的分成主要受质量权重、作者权重、互动权重制约，如表10-6所示。

表10-6 悟空问答的分成权重

质量权重	单篇回答的内容规范性越强，质量越高，结算分成越多
作者权重	回答者创作时间越久，积累的信任值越高，单篇回答内容结算分成越高
互动权重	每篇回答下粉丝阅读量、点赞量及评论量越多，结算分成越多

基于此，头条号创作者需要做好三点，才能提升分成收益，如表10-7所示。

表10-7 悟空问答提升分成收益的方法

方法	内容
加强自身知识储备	头条号创作者需要不断积累行业知识储备，看待问题要有自己的视角，能看到别人看不到的问题本质，才能回答到点子上，获得用户的认可
垂直细分	头条号创作者应选择一个适合自己的领域，重点回答该领域内的问题，而非见什么就回答什么，因为在擅长的领域，才能给出更专业、更有深度的答案，更有机会获得“领域达人”称号，提升分成收益
有图有真相	头条号创作者的答案必须有图有真相，一方面确保答案字数在500字以上，至少有3张清晰的配图；另一方面，确保例证真实、有说服力

续表

方法	内容
持续创作优质内容	有名气、能够被粉丝所信任的答主才能获得更高的结算分成，而想要有名气、为粉丝所信任，就必须持续创作优质问答内容，今日头条会根据头条号创作者曾经的回答的内容质量来衡量其能力，并据此邀请头条号创作者回答问题
邀请好友回答问题	可以邀请还未回答过悟空问答问题的好友回答问题，好友回答成功后，头条号创作者会获得其收益的90%，之后好友继续回答问题的话，头条号创作者还会获得好友回答收益的30%，邀请的好友越多，所获收益就越多

10.7 政策：抓住每一年的头条扶持计划

为了激发头条号创作者的原创激情，今日头条推出了一系列扶持计划提升头条号创作者的收入——只要满足相应条件，头条号创作者就可每月获得固定可观的扶持资金。因此，头条号创作者可以有针对性地提升自己，抓住每一年的头条扶持计划快速完成变现。

10.7.1 “创作者收益计划”

2019年11月15日，今日头条生机大会在北京召开，今日头条内容生态总经理洪绯在演讲中宣布，未来一年，今日头条将提出“创作者收益计划”，帮助10000名创作者月薪过万。

具体来说，在创作扶持方面，今日头条平台将上线“加油包”和“粉丝必达”两个流量工具，全年投入超过百亿流量扶持优质内容，为优质创作者提供主动调配流量的权益，获得更强流量及更优转化。持续迭代移动端创作者中心，推出官方体系化课程培训，让创作者从0到1轻松进阶。此外，创作者IP-UP计划也将倾斜20亿流量、投入1000万元资金，联合多位创作者定制独家视频节目，多场景服务打造创作者IP。

在营收方面，流量分成覆盖更多内容体裁，微头条流量分成即将上线。投入1亿流量及1000万元现金，激励更多新作者和优质作者创建付费专栏。头条内容电商工具也将持续接入更多商品库，丰富货源选择。

10.7.2 “千人万元计划”

所谓“千人万元计划”，是指今日头条在2015年推出的旨在提高创作者收入的补贴计划，具体内容为扶持1000个头条号创作者，让他们每月至少获得10000元的补贴。

头条号创作者在头条号后台主页的“账号权限”页面，选择“功能权限”选项，从上往下第5个就是“千人万元”功能。开通原创标签的创作者可以点击“千人万元”后面的红色“申请”按钮请求加入这一计划。需要注意的是，假如创作者没有开通原创标签，那么“千人万元”后面的“申请”按钮则为灰色，表示不具备申请资格。

当“申请”按钮为灰色时，创作者可以将鼠标指针移至“申请”按钮上，则会显示申请这一计划所需要的条件，其中以红色字体突出显示的内容就是创作者还没有达到的。创作者可以有针对性地进行完善，通过不懈努力满足相应条件。

创作者申请成为“千人万元计划”的签约作者后，并不意味着从此以后不用付出任何努力便可每月至少获得10000元补贴。申请成功后的创作者还需要满足三个方面的要求，才能享受到相应的补贴，如表10-8所示。

表10-8 “千人万元计划”对签约作者的要求

要求	具体解释
达到约定原创作品数	创作者每个月在今日头条上发布的作品不能少于双方约定的数量，这个数量通常不能少于10篇（条）

续表

要求	具体解释
原创文章全网首发3小时	创作者如果想要在今日头条之外的平台上发布已经在今日头条上发布的文章或视频，必须在文章审核通过3小时后才可在其他平台上发布
在其他平台发布文章需添加头条号标签	创作者如果想要在今日头条之外的平台上发布已经在今日头条上发布的文章或视频，必须在发布时注明其与今日头条的关系，添加头条号标签

10.7.3 “月薪万元——新作者扶植计划”

为了发现和扶植平台有潜力的新人，助力新人创作者在平台上快速成长，今日头条于2019年正式推出了“月薪万元——新作者扶植计划”。“月薪万元——新作者扶植计划”通过征文的方式，评选出50位优秀新人作者，为他们提供签约机会。

一旦新人作者成功签约“月薪万元——新作者扶植计划”，每月将会获得最高10000元收入，优秀作品将会在今日头条客户端精选频道展示。由此可见，参与“月薪万元——新作者扶植计划”的签约作者，不仅可以获得足够可观的酬劳，还可借助平台流量上的支持，迅速打造个人品牌，短时间内成为全网具有影响力的作者。

那么参加“月薪万元——新作者扶植计划”有何条件呢？此计划面向尚未在头条号发表过作品的创作者，以及首次发文时间在2019年7月15日之后的新人创作者，今日头条创作者可以通过电脑端登录官网（https://xzzfz.toutiao.com/）参与。

参与该计划需要注意三点：

（1）如果作者只是转发或评论过文章、微头条、问答、小视频等内容，没有发表过这四种作品的原创内容，也可以参加此次活动。

（2）平台对创作者参与文章的完成时间不做要求，但要求此前未曾在公开渠道发表。换句话说，参加活动的文章不一定是新完成的文章，也可以是未经公开发表的老作品。

（3）已经与平台签约的老作者无法参与此次活动，但官方表示，老作者可以参加其他多项征文活动，例如头条号后台的各类征文活动等。

敢想敢干的澳门创业者，在大浪淘沙的大湾区市场上崭露头角，他们各自精彩的创业故事，值得为社会所知。

本书并非创业秘籍或必备手册，而是有感于在新时代创新创业的热潮下，澳门的年轻一代将面临什么挑战，更甚是年轻创业者应当培养出怎样的能力，才能洞悉时势，觅得先机，或须从这一代人的故事中去寻找答案。

本书得以面世，凝聚着各位创业者的心血和智慧，离不开澳门特区政府历年来对澳门青创事业的支持，这一株株创业青苗才能初绽蓓蕾。感谢广东经济出版社、澳门文化公所通力协作，玉成本书。在此，谨向所有的参与者致以谢忱。

期待社会各界继续支持澳门青年人为梦想起航，不负韶华。

澳中致远投资发展有限公司行政总裁
澳门青年创业孵化中心董事长
崔世平

目录

CHAPTER 1

无本创业的 90 后

——专访 Barra Studio 创办人蒋家文

“我们一毕业就创业，无经验、无资源、无资金、无人脉，可以说是无本创业。”

“在澳门创业成本很高，无论是租金、装修费、家具费，还是电费、网费等，这些都是钱。目前为初创者提供的免息贷款和免费共享空间，起码解了燃眉之急。”

“客制化，即为客户量身定做营销方案，是 Barra Studio 较大的一个业务优势。透过我们的创意和技术，能够提升他们的业务价值，从而让客户跟我们的品牌建立一个更紧密的关系。”

“起初，我们觉得区域融合、优势互补，可以赋能澳门创业者进入粤港澳大湾区市场。然而后来发现，对方也可以同样的优势进入澳门市场。这就有了竞争，而且势必日益激烈。”

“融资体系的完善需要很长的时间，但对于整个创业环境来说，起着十分关键的作用。”

——蒋家文

澳門青年創業孵化中心
Centro de Incubação de Negócios para os Jovens de Macau
ARMY

蒋家文（中） 2

Barra Studio

Barra Studio 成立于 2017 年，是一家澳门 AR（增强现实）内容创作公司。Barra，是澳门地标“妈阁庙”的葡文，突出品牌扎根于本土文化的定位。公司专注于 3D 立体建模及 AR 互动设计，致力于为各地区、各行业打造具有提高生产力、营销娱乐功能的 AR 解决方案，先后做过“Barra AR 互动营销平台”、AR 菜单“Barra Menu”等产品。Barra Studio 分别进驻澳门青年创业孵化中心、澳门大学创新创业中心，在 2019 年，通过前者举办的“创孵 ProQ 盟”路演及商业配对活动，联手本地大企业美高梅中国控股有限公司，为其表演活动设置“冲破石墙”的 AR 体验游戏。其后，品牌策划成为 Barra Studio 的核心业务。目前，Barra Studio 的创业版图已扩展至粤港澳大湾区的其他城市。

蒋家文

蒋家文 | 创业者

蒋家文（Kammy）是土生土长的澳门90后，在澳门大学修读心理学。本科毕业后即“下海”从商，凭着兴趣和一股敢闯敢干的劲头，无惧经验、资源、资金、专业知识的不足，组队参加本地创业比赛。后以微薄奖金，与同学梁嘉俊（Alex）、汤颖豪（Felix）合伙创立Barra Studio。刚大学毕业便创业的他们如初生之犊，干劲与魄力十足，积极参加创孵中心举办的各项创业比赛、交流活动、训练营、工作坊及配对活动等，在创孵中心的悉心培养下，团队在澳门初创界已薄有名气。

Barra Studio 参加创业比赛的经验十分丰富

兴趣先行：无本创业亦可行 ▷▷▶

“有创业的资本吗？没有啊。我们一毕业就创业，无经验、无资源、无资金、无人脉，可以说是无本创业。”

2017 年，从澳门大学毕业的蒋家文，打破升学与就业的常规，亦先搁下本科的心理学专业，连同两位同学，以一个 AR 技术项目，参加由澳门特区政府经济及科技发展局主办的全澳青年创业创新大赛。

“当时很感兴趣，于是找来朋友，问他：‘我想参加比赛，我写计划书，你帮我做设计好不好？’他说：‘如果你要找设计师，不如找个专业一点的。’所以就找了梁嘉俊过来，然后我们 3 人就组队参加比赛了。”

令人感到欣喜的是，项目顺利夺得季军。拿着获得的第一笔奖金，并在澳门大学创新创业中心的支持下，蒋家文与梁嘉俊，以及新加入的汤颖豪，合伙创办 Barra Studio，正式创业。

“黄金三角”：解放想象无极限

2017 年底，Barra Studio 正式成立。总经理蒋家文，负责市场营销、创意和其他商业上的事务；梁嘉俊，负责平面、立体等的设计；汤颖豪，负责技术开发的部分。蒋家文认为他们这个“黄金三角”组合，刚好满足做 AR 的三个很重要的元素：创意、内容和技术。

“这个项目，象征着一次想象力的解放。”这是 Barra Studio 的要旨。蒋家文进一步解释：“AR 的可视化程度比大家想象的高，能让脑影像成为可触摸的画面，让人真实地感受自己的想象。譬如，我们肉眼只看得到大三巴牌坊（澳门圣保禄教堂前壁），但是透过 AR 技术，就可以在观赏者眼前立体呈现牌坊所承载的历史事件。”

创业之初，Barra Studio 首先从饮食业入手，把 AR 技术应用在传统菜单上，成功研发出 AR 菜单“Barra Menu”。

“顾客用平板电脑扫描菜单后，屏幕上就能呈现 3D 食物模型，非常逼真。”

听起来创意十足，也具有技术含量。这个项目入围了由澳中致远投资发展有限公司、澳门青年创业孵化中心、澳门科学技术协进会联合主办的首届“澳中致远”创新创业大赛，Barra Studio 也得到澳门青年创业孵化中心的垂青，进驻孵化中心成为首批会员。

Barra Studio 的标志

可惜的是，AR 菜单的市场反应却不及预期。

初生之犊的逆袭：完成第一个大企业订单

事业发展不顺，但蒋家文他们并没有灰心丧气。在创孵中心的支持鼓励下，Barra Studio 重整经营策略。在这期间，创孵中心为 Barra Studio 争取到大量参展交流及在媒体上宣传展示的机会，积极地为其提高品牌知名度。而真正让 Barra Studio 打出名气的，是 2019 年 3 月举行的首场“创孵 ProQ 盟”路演及商业配对活动。

就在这场创孵中心的重头品牌活动中，Barra Studio 和参与采购的本地龙头企业美高梅中国控股有限公司（简称“美高梅”）一拍即合。双方随后展开磋商，讨论 AR 技术如何在美高梅引进的表演节目“FUERZA BRUTA WAYRA”（阿根廷极限表演）中发挥更大的宣传作用。最后，美高梅决定由Barra Studio策划表演开场前的热身活动。

接下首个大企业订单，蒋家文团队既兴奋又紧张。

“那时距离表演开幕，只剩下两三个星期。”时间紧迫，又有大企业对产品的高要求，对于这三位初生之犊来说，这是一场高难度的试炼。幸而他们在有限的时间内，构思了在现场游戏区设“冲破石墙”的AR体验游戏，参加者要做出特定动作才可顺利过关，这些特定动作各不相同、搞怪有趣，既可以提高参加者的参与度，又可以让他们趁机热身。

这一方案让美高梅十分满意。“FUERZA BRUTA WAYRA”的推出，好评如潮，掀起全城热潮；Barra Studio也一炮而红，不仅在同领域一众初创企业中突围而出，更闯出一条新路子。此后，Barra Studio转变经营策略，主攻品牌营销策划。

Barra Studio成员在为美高梅“FUERZA BRUTA WAYRA”策划的热身活动现场的合影

摸索门径：进军粤港澳大湾区市场 ▷▷▶

自“冲破石墙”取得大捷，又重新调整商业模式后，Barra Studio 迅速发展，团队有意扩张业务版图。2019 年，创孵中心组织会员参观香港数码港，同行的 Barra Studio 被数码港看中，成为其培育的公司之一，并在当地设立了落脚点。

粤港澳大湾区内的 9 个珠三角城市，固然是现今的“风口”，但创业新手蒋家文不敢贸然跟风，事前做足了功课，仔细对比两地的创业生态，规划好发展策略。

“起初，我们觉得区域融合、优势互补，可以赋能澳门创业者进入粤港澳大湾区市场。然而后来发现，对方也可以同样的优势进入澳门市场。这就有了竞争，而且势必日益激烈。”

“客制化，即为客户量身定做营销方案，这是 Barra Studio 较大的一个业务优势。透过我们的创意和技术，能够提升他们的业务价值，从而让客户跟我们的品牌建立一个更紧密的关系。”

持续白热化的，还有粤港澳大湾区人才的争夺战。因此，利用粤港澳大湾区资源做好人才培养，是 Barra Studio 下一步的发展策略。最终，Barra Studio 选址广州天河区港澳青年之家，在那里设立了办事处，正式进军内地市场。

蒋家文在“我和我的祖国”主题会上分享创业心得

非一般的兄弟班与会员之情 ▷▷▶

Barra Studio 踏入第 3 个年头，回首来时路，蒋家文深有感触：首先要感谢的是“兄弟班”——两位合伙人。“庆幸创业至今，我们团队都非常合拍。除了专业上互相弥补，恰好覆盖‘三大要素’外，我们性情相近，而且都是晚上才工作的夜行者。”团队是初创企业成败最重要的一环，而且可遇不可求。一击即中的 Barra Studio，确实幸运。

Barra Studio 的团队三人都是“夜猫子”，常埋首创孵中心工作

除团队以外，蒋家文对创孵中心的感恩之情，亦溢于言表。

“我们与创孵中心，是会员与孵化机构的关系。但相互建立的感情，肯定远超于此。进驻以来，创孵中心一路看着、陪伴着我们成长，那份事事上心、责无旁贷的关怀，更像是师生或者父子的关系。”

作为“无本创业”的青年创业者，蒋家文也十分感谢“努力在做好”的澳门创业生态。“在澳门创业成本很高，无论是租金、装修费、家具费，还是电费、网费等，这些都是钱。目前为初创者提供的免息贷款和共享空间，起码解了燃眉之急。”当然，澳门的创业环境还有相当大的进步空间，譬如说，初创者最关心的融资问题。

“澳门比较薄弱的地方就是金融系统，如果要融资，对于澳门青年创业者来说就是一件很尴尬的事情，或者说是一个比较困难的地方。融资体系的完善需要很长的时间，但对于整个创业环境来说，起着十分关键的作用。”

蒋家文与两位好搭档在创孵中心共同成长

结语

谈到未来的发展大计，蒋家文认为，团队仍然年轻，需要继续多方吸收创业经验，逐步清晰业务，扎实商业模式。短期内，他计划在广州招揽人才，逐步扩充团队和业务规模。长远来看，他希望利用澳门建设世界旅游休闲中心的契机，以及中葡商贸合作服务平台的独特优势，借旅游、休闲、会展及文创等产业，将更多本土的文化创意带到国际市场。

—— CHAPTER ——

2

在“远日点”传播澳门“闪光点”

——专访远日传媒创办人罗杰

“我经常说我们不是设计公司。我们不是只做好看的东西，那叫艺术，我们是用思考和策略分析去做设计。”

“我们创业最初的三个月就是全部靠直觉，后来发现所做的事情都是错的。其实很多创业的人还是用直觉去创业。”

“我们在做的过程中感觉到，澳门有很多老店铺没有跟上时代的发展，所以出现了断层。我们希望尽力帮助一些老店铺摆脱经营困境。”

“生意不好是因为年轻一代不认识你的东西，所以就不去你那里消费。我们要做的就是把‘老字号’重新包装，变成贴合新一代消费者喜欢的东西。”

“你看得近，自然会觉得吃亏；看远一点，你的‘吃亏’只是‘投资’，会有回报的。”

——罗杰

罗杰（第二排右四）

远日传媒

远日传媒的业务范围包括品牌设计、室内设计、广告营销、品牌管理、社团活动策划和影像制作等。创办人罗杰（James）说，公司提供的是“一站式”“一条龙”品牌服务，“澳门以前分得很散，做商标的做商标，做包装的做包装，做装修又要再找别人，这样的沟通成本很高，而且每家公司看的角度不同，最后做出来的效果就会有点‘四不像’，商业价值就会降低。”

“远日”的英文是“aphelion”，意思是“远日点”，是指在太空中地球运行到最远处，仍能看到太阳的地方。“我们希望可以从最远的地方回望过来，审视和结合一些东西，做出一些新成绩。”

罗杰在 HUB 共享空间

罗杰 | **创业者**

罗杰（James）在台湾读书时修读了两个专业，一个是广告学，即市场营销；另一个是建筑学。毕业后，罗杰留在台湾工作。在台湾 7 年，让回澳后的罗杰得以从另外的视角，审视澳门的市场需求和发展前景，促使他从一个“打工仔”，摇身一变成为“青创人士”，走上创业之路。

至 2019 年，罗杰创业仅短短一年，过程中既有困难，也有感悟。公司从最初 3 个月毫无收入，通过沙龙平台推广本土艺术家，到后来接触本地老店做品牌升级，直到近期开设 HUB 共享办公空间，他认为远日传媒发展到今天已经达到创业时的目标。

“我们喜欢做一些有意义的事情。如果你去问我们的设计师就会知道，我们现在做的都是自己喜欢的事，很有意义，他们也觉得这样是很难得的。”罗杰说。

远日传媒团队规模迅速扩张

初尝创业：从台湾回望澳门

远日传媒之所以能提供“一站式”“一条龙”服务，与罗杰丰富的工作经历不无关系。他曾加盟过台湾的智能建筑公司，也有当地的地产经纪牌照。因为考虑到当地的政治经济环境变化，才选择回到澳门发展。

“刚回来澳门时才 24 岁，所以就想找一份工作。我做过婚礼公司，又做过媒体公司，带领着一个团队。其间还试过拍片上镜，给人推荐有什么好玩的地方。”

回来工作一段时间之后，罗杰感到澳门的与众不同，这是他与一群同样曾在海外留学和工作过的朋友的共同看法。澳门的经济虽然高速发展，但软文化的发展水平、消费能力、市场规模与经济增速有着明显的落差。

“不如自己出来创业吧！”罗杰开始萌生创业念头。

寻找方向：创业 3 个月零收入 ▷▷▶

创业之初，罗杰的方向是媒体公司，又因其对室内设计很有兴趣，所以就注册了“远日传媒”和“远日空间”两家公司，另外，还注册了“远日集团”作控股之用。

“最初，我们以远日传媒公司为核心去做，公司只有 3 个人。我一人独资，投入了 30 万元。虽然政府有 30 万元的免息贷款，我也觉得很有吸引力，但我当时觉得抓住时机很重要，等到政府批核的时候，可能已经失去了先机，所以就没有申请免息贷款，直接自己掏荷包租了一间店铺。”

罗杰称，当时虽以较便宜的租金承租，但连同添置相机等器材，30 万元的起步资金已所剩无几，连办公电脑都是用私人的。

刚开始时一穷二白，也没有人脉，罗杰的团队骑着摩托车到处跑生意。“比如我们在路上看到有人做的东西跟我们的业务范围有关系，我们就会主动走过去搭话：‘先生您是不是需要……我们在做……’这样会多一个机会。那些人看我们是一群年轻人，大多也会聊一聊。”

不过，努力未能即时换来回报，在最初的 3 个月里，公司完全没有收入，营业额为零。“我真的心急如焚。虽然也听很多人说创业要‘坚持、再坚持’，但看着账本上的钱越来越少，我当时又是独资，还要养着搭档，心里真的很乱。但不能让氛围低落下去，所以我和搭档认真讨论问题何在。”

经过倾谈后，他们对公司的策略和对客户的方案等做出调整。回想“远日”的定位，是为客人提供囊括设计服务及社交媒体营运等全方位的解决方案，以设计为手段，从根本上解决问题。无奈的是，顾客很多时候无法理解这个定位。此时，他们开始免费为顾客提供建议，即使是一位仅需要海报设计的顾客，他们也会为其免费提供产品市场定位的建议和想法。凭着这股热诚和用心的态度，“很快地，我们接到第一单生意，并开始有回头客。几个月后，我们的总盈利有 40 多万元”。

“回想起来，我们创业最初的 3 个月就是全部靠直觉，后来发现所做的事情都是错的。幸好当初经历过这个阶段，现在我们无论遇到什么困难，都会停一停，审视一下这一步走得对不对。及时修正方向，对我们帮助很大。”

推广澳门：从沙龙到老字号 ▷▷▶

“当初没生意的那段时间，我们觉得不能坐以待毙，所以就创立了一个叫

‘沙龙’的平台。”

罗杰说，当时结识到一些音乐界、艺术界的人士，他们中的一些人已在自己的领域里赫赫有名。但让他感到可惜的是，还有很多澳门人并不认识他们。

“譬如沙龙平台的第一个受访者，叫霍凯盛。他在欧洲拿了一个被称为‘插画界奥斯卡’的奖，虽然他的画在外面是能卖到几十万元的，但在澳门却很少人认识他。”

“一直做到我们的生意开始上轨道、人手有点不够才暂时停运沙龙。我们做这个平台完全没打算赚钱，纯粹是想把澳门一些很出色的人、事、物推广出去，每期用 1 个 1 分多钟的短片向受众讲故事。”

罗杰认为，“沙龙”的效益在金钱之外，例如成功吸引到应聘者“敲门”，“我们从来没有发布过招聘广告，员工是自己递简历过来的”；而且，“远日”也透过这个平台发现：除了人，澳门还有很多值得推广的东西。

罗杰说的“值得推广的东西”是指澳门的传统特色老店。有着深厚历史文化沉淀的澳门，街头巷尾总有“老字号”。但随着时代更迭，这些老店除了面临设备陈旧、资金短缺等问题，还面临着包装宣传、经营手法等如何赶上潮流的问题。远日加入澳门特区政府经济及科技发展局推出的“扶助中小微型饮食特色老店计划”，协助老店推行创新经营管理模式、加强宣传推广。“我们

远日把老字号的商品重新包装，更迎合新一代消费者的喜好

最初是做设计方面的工作，将他们的商标、铺面、菜单做形象翻新。现在，我们也开始做一些实质性的翻新。”

罗杰认为，很多“澳门出品”一点也不比外面差。这些店铺以前很有名，扎实的厨艺、工艺犹在，但随着原来的一批顾客老去，又未能把握一般年轻人的消费心理，生意开始萎缩。远日把它们重新包装，对上新一代消费者的“胃口”。

除了澳门市场，罗杰说做好品牌升级还可以帮助老店“走出去”。他举例一家全球著名的连锁快餐店，该品牌的广告设计千变万化，但整体形象都能让你一眼识别。“我们也希望能做到这种效果，把澳门的一些店铺连锁化，让他们的产品可销往外地，或许有一天，在上海就能看到澳门品牌的凉果店或蜂蜜店，这些都是‘澳门人’用‘澳门技术’制造出来的‘澳门产品’。”

HUB 共享办公空间

HUB 共享办公空间内部

HUB 空间：共享办公新尝试

当罗杰从台湾回到澳门，就有了远日；当他从葡萄牙、巴西考察回来后，远日就多了一个新业务版块——“HUB”。

“自从跟着澳门特区政府经济及科技发展局联同澳门青年创业孵化中心组织的交流团去葡萄牙，看到很多Co-working Space（共享办公空间）后，我就觉得这个概念很好，可以认识到很多人，能扩大交友圈。一些大型企业也会派团队进驻，原来他们就是喜欢这种氛围，希望可以有更多新鲜的血液。之后在巴西的创业交流让我更加震撼，因为他们做得比葡萄牙更好。”罗杰说。

2019 年 3 月，身在巴西的罗杰给团队打了一通越洋电话，让团队先找

远日的空间室内设计作品获艾特奖

空间，回澳门后隔天就签了合同。团队用了一个月的时间，就做好了这个名为“HUB”的共享办公空间。刚开始以“一日通”（Day Pass）招徕会员体验，渐渐地，通过相互介绍，越来越多的人知道了HUB，现在场地预约经常爆满。如他所料，不但会员彼此互动可擦出新火花，作为空间的经营者，罗杰也可从中找到合作商机。

罗杰有将生意拓展到广州或深圳的打算，但“人生地不熟”，他慨叹。他开始通过澳门特区政府经济及科技发展局、创孵中心去了解粤港澳大湾区的政策信息。“创孵中心有资源、有人脉，他们会帮忙找广州的相关人士来跟我交流，介绍政策和各方面的支援，讨论要注意的地方。”罗杰希望明年在广州成立一家分公司。

真诚待客：“吃亏”是一种长远“投资”

李嘉诚先生说过：“如果10%的利润是合理的，11%的利润是可以的，那我只拿9%。”让罗杰总结创业以来的“内功心法”，他说是“不要怕吃亏”。

“例如有人找我们做一张海报，我们会给他许多海报之外的建议。这张海报的对象是谁？活动要达到怎样的效果？公司的策略是什么？我们会给很多意见。对很多顾问公司来说，这部分是要收钱的，因为这是咨询服务。但对很多中小企业来说，资金比较短缺，我觉得彼此应该照顾一点，大家都是在同一个环境里生存，你好的话，我也好。”

共赢、心中有客户，在罗杰看来这是企业成功的先决条件。“很多客户会认同，觉得我们很有诚意。别人问及时，便会介绍我们。我们真的吃亏了吗？其实没有。所以要看远一点，看得近自然会觉得吃亏，看远一点，你的‘吃亏’只是‘投资’，会有回报的。”

罗杰说，很多客户都不知道要怎么定义“远日”。如果说它是设计公司，远日又有专门做采购的员工，能帮客户节约材料成本；如果说它是传媒推广公司，似乎又不能涵盖它的服务内容。不拘泥于一般的商业分类，远日的核心就是帮客户解决问题。

“下一步公司会向数据方面发展，搜集企业数据、分析数据。做到现在，我们需要更多技术分析来协助每一项设计，这样做出来的东西才会更切合实际，更有用。”罗杰说。

在澳门创业，有人看到裂缝，有人从裂缝中看到了光，罗杰就沿着光的方向创办了远日

远日传媒设计的个性化名片

结语

在澳门创业，有人看到裂缝，有人从裂缝中看到了光，罗杰就沿着光的方向创办了远日。

罗杰无疑有一双发现闪光点的眼睛。在他眼中，澳门虽小，却有很多值得被推广的人、事、物，倾注了感情后，在创业过程中就不会计较额外的付出，一切都是为了让澳门的品牌和故事能更为人所熟知。或许有一天，哪怕远至“远日点”，人们都能看到澳门这些“闪亮”之处。

— CHAPTER —
3

打开沟通世界的窗口

——专访约克郡线上学院创办人黄敏莉、黄敏婷、关如心

"因为我们是会计行业出身的，在创业期间了解到若与国内企业打资本战，根本没有竞争力，但在澳门创业相对而言成本投入不需要太多，我们觉得是可行的。"

"问题、困难天天都多，但对于我们来说，有问题就要及时解决它，而不是等它发酵得更大。"

"目前我们是以口碑取胜，做得好，自然有人主动帮你宣传。"

"创业者的工作时间比上班族稍长是正常的，我们每天工作10小时左右。"

——黄敏莉、黄敏婷、关如心

黄敏莉（右）、黄敏婷（左）、关如心（中）

约克郡线上学院

约克郡线上学院（简称“约克郡”）于 2016 年在英国注册，它的使命是：以科技推动教育，成就中国学子的未来。约克郡专注于改变世界对教育市场的需求，其策略是整合全球顶尖的教育资源，通过科学技术提供更有效的教学和大规模的个性化学习。2018 年 9 月，约克郡在澳门注册成立，从打造澳门首个线上英语学习平台起家，现已成为澳门领先的线上教育科技公司。

约克郡的三位创办人均为英国知名大学毕业的实力“海归”。留英期间，她们认识到传统教育观念过于注重“语文”而非“语言”，这是导致澳门学生英语沟通能力水平较低的原因。于是，约克郡构建了个性化的网络学习模式，让用户畅通无阻地与外籍导师对话。它提供的语言学习，不仅有英语，还有葡萄牙语、普通话等。

约克郡的三位创办人

黄敏莉（Lily） | **创办人 & 执行总裁**

毕业于英国伦敦大学学院，英国伦敦澳门留学生协会创办人之一，曾获英国国家数学挑战赛地区第三名和 Sally Jeater 商业研究杯奖。

黄敏婷（Nicky） | **创办人 & 行政总裁**

毕业于英国曼彻斯特大学（一等荣誉学士学位），曾任职澳门四大审计公司，2017 年在国内创办桥津海外升学。

黄敏莉和黄敏婷是双胞胎，是土生土长的澳门人，大学期间到英国深造，互相扶持，并认识了后来的生意合作伙伴关如心。

关如心（Bobo） | **创办人 & 运营总监**

英国剑桥大学研究生毕业，曾任英国澳门青年联盟理事长，2016 年在英国创办 Smart Home Education Ltd。

约克郡团队在 2018 第五届粤港澳台大学生创新创业大赛上获得企业组二等奖

异地相识　回澳创业

美丽而又历史悠久的英国约克郡，是黄敏莉、黄敏婷两姐妹与关如心的求学地。三人虽身在同一城市，却就读于不同学校，两姐妹与关如心是在一次偶然的公开活动中认识的。交流之中发现大家对学语言的看法异常一致，开发线上学习平台的创业梦便由此诞生了。

“学习英文的意义是什么？”黄敏婷说，这是三人开始创业时谈得最多的问题。因为观察到身边大部分华人同学，与外国人交谈时常常支支吾吾，羞于启齿。“有没有更好的学习方法让澳门人可以真正学好英文、大胆讲英文，能自信地表达自己的所思所想？”随着国内各类在线教育开始流行，她们立志要抓住先机，创立澳门首个在线英语学习平台，以真人在线教学的模式，帮助澳门人学好英文，打开沟通世界的窗口。

2016 年，三名女生在英国注册线上教育平台，并以她们相识的城市“约克郡”命名。她们运用各自的资源网，聘请大学同学作为导师，集合了资源后，平台便开始运营了。初期，团队仅用简单的页面作为宣传媒介，老师和学生通过现成的软件 Skype 及微信上课，学员人数较少。

真正在澳门开公司，是 2018 年的事。三人毕业回澳工作一年后，约克郡团队在 2018“招商杯”前海粤港澳青年创新创业大赛中荣获公开组季军，获得了 5 万澳门元的创业启动资金。这次经历，让三人顿觉线上语言学习平台在澳门的发展前景广阔，她们随即辞职，将全部心思投入创业。“约克郡线上学院”在澳门正式注册，成为澳门首间线上语言学习机构。

初露锋芒　不断优化

“问题、困难天天都多！”外人看来，澳门人收入不错、生育率不低，因此推断做教育平台是不俗的生意，但只有身在其中才知道——澳门的家长对于

约克郡团队于 2018“招商杯”前海粤港澳青年创新创业大赛中获得公开组季军

约克郡外籍导师在广西某小学教授夏令营课程

线上教育平台的态度相对保守。平台刚推出市场时遇到的困难不少，“对于我们来说，有问题就要及时解决它，而不是等它发酵得更大”。这个创业组合的意志很坚定。

2018 年至今两年间，约克郡团队有针对性地优化完善业务。第一步，是构建一个稳定的、易于操作的平台，但当时本地平台技术尚未成熟，于是她们把目光投向内地，约克郡在寻找内地合作伙伴的同时，又通过合作伙伴的推荐找到了曾协助内地多个大型在线教育机构打造平台的公司，并且将平台沿用至今。平台的开发，大大提升了约克郡的服务体验，例如线下互动、小游戏、记录功能等，协助约克郡步入专业化轨道。

第二步，是优化导师团队。黄敏莉、黄敏婷、关如心善用在英国读书期间累积的外籍导师资源，由原本聘用大学生作为导师，发展到聘请专业人员作为导师。目前约克郡的导师，须为硕士研究生或以上学历，且具有教学经验及外语资格证书。导师及教材研发人员团队由最初的 4 人发展成 20 人，师资团队屡获客户青睐，这成为平台的一大优势。

子曰：“三人行，必有我师焉。”

约克郡组织北京某中学的学生参加牛津大学“试做两星期牛津大学学生”体验营

约克郡三位创始人各怀本领，渐渐明确分工。颇有商业头脑的黄敏莉是执行总裁，主要负责客户服务、平台更新、会计工作等；心思缜密的黄敏婷是行政总裁，主要负责日常对外的市场策划、洽谈工作等；斯文亲和的关如心是运营总监，平时负责导师与学员间的协调，定期为导师提供课程培训，跟进学生进度。她们三人各司其职、各尽其责，为了“专业的约克郡”而努力。

在团队和平台快速发展的带动下，发展不足两年的约克郡已经成功实现收支平衡了，注册用户由原本的 10 多名增至 400 多名。

服务多元　优势显现

作为澳门首个线上英语学习平台，约克郡有着线上教育的既定优势：突破时间、空间的局限，消除家长的顾虑。平台上，学员的学习资讯、进度报告、精彩瞬间（图片）等一目了然，家长甚至可以在手机或平板电脑上即时观看孩子的学习情况；约克郡线上学院会向每名新客户提供免费体验（试听课程）服

约克郡团队与创孵中心沟通创业想法

约克郡在澳门国际贸易投资展览会（MIF）设展

务，让客户体验后再考虑是否报读课程；视频教学的方式，既可节省家长接送孩子上下课的时间，又可视个人情况与导师协调上课时间，具有很大的时间和空间弹性。

约克郡还有其他优胜之处。它的语言课程多样，可面向不同对象，3—30岁人群皆是它的目标学员。6—13岁的学生主要学习语言基础，年纪稍大一些的，则有雅思、A-level证书课程及成人课程。游学团、出国升学服务咨询等业务亦应运而生，获得了家长的捧场支持。“我们是靠口碑取胜，做得好，自然有人主动帮你宣传。”三位创办人笑着说。

胜出比赛　获邀进驻

2018年，约克郡线上学院在“招商杯”前海粤港澳青年创新创业大赛获公开组季军，随即获邀进驻澳门青年创业孵化中心。创孵中心的支持，让刚落地澳门的约克郡获得了加速发展的机会。

“澳门地方小、租金贵，共享空间

中国国际电视台新闻频道节目《薇观世界》报道约克郡的创业故事

MACAU CABLE TV

约克郡团队向澳门特别行政区行政长官贺一诚先生介绍约克郡线上学院

的概念能减轻每位创业者在前行道路上的压力。”黄敏婷庆幸地说，“创孵中心为约克郡提供办公场地，开会、办公、洽商，都在共享空间里进行。”

创孵中心经常组织各类商贸活动，举办专家讲座，为约克郡带来了很多商业洽谈的机会，创孵中心更是定期组织企业参展，提高会员的知名度及曝光率。令约克郡团队受惠最多的是接受澳门电视台《创孵世代》节目访问，片段播出后引起社会关注，她们说：“如果我们当时没入驻澳门青年创业孵化中心，就会少了很多机会。”

开拓蓝图　寻找融资

关于未来的规划，约克郡打算将业务拓展到内地二线、三线城市，如佛山、贵阳等，打造专属约克郡线上学院的品牌学院。应不同城市的学员需求，团队亲赴当地与教育机构负责人协调，了解地区的差异，尝试开发适应当地的课程，提供相应的教材。

在语言种类方面，约克郡以英语平台打响知名度，继而扩大课程范围，开发了欧洲人热衷于学习的普通话课程，以及澳门人需求甚殷的葡萄牙语课程。黄敏莉、黄敏婷、关如心正运用三人于英国学习时累积的人脉开展普通话教学的宣传。葡萄牙语方面，她们利用澳门的“中葡平台”优势，邀请懂中葡双语的教师加盟，并计划与葡萄牙教育机构合作，如以里斯本大学为平台，结合听、说、读、写的课程内容，让学员完成课程后可获官方认证的证书。

创业的成功往往离不开投资人的支持。现阶段，约克郡正在寻求各路融资人，冀望借助平台尽快完成第一轮的融资，向吸纳“1000 个会员”的目标进发。

约克郡团队在澳门青年创业孵化中心工作

结语

教育向来是刚需市场，少儿教育市场的这块“大蛋糕”，觊觎者众多。作为创立澳门线上英语教育平台的先行者，约克郡无疑正在高速发展，它能否在澳门市场扬帆起步，下一步又是否会驶向一片更新、更广阔的“蓝海”？我们对这三位年轻的创办人寄予美好的期待。

CHAPTER 4

Z世代创业革新 澳门“老”问题

——专访创忆健康科技创办人黄茵

“我想更疯狂一些，跳出固有的框架，为社会创造一些不同的价值。”

“我们要用数字来说服客人，而不能单凭一张嘴。”

“澳门的创业生态其实做得不错。政府鼓励青年创业，孵化器、加速器亦已逐步建立，虽然还未完全成熟，但毕竟起步较晚，一步到位是不可能的。”

——黄茵

黄茵

创忆健康科技有限公司

成立于2017年的创忆健康科技有限公司（简称“创忆”），从内地起步，继而踏足港澳市场。公司结合大数据、互联网和物联网技术，致力于为客户提供专业的健康产品服务，战略合作伙伴包括广药集团等知名企业。其主打的“珍禧健康管理平台”创业方案，获全澳青年创业创新大赛亚军，继而获香港青年创业教育基金的天使投资。该公司还在广州大学城健康产业产学研孵化基地设立医药研究中心，在横琴设立技术及市场中心，在澳门成立健康科技公司，进驻澳门青年创业孵化中心，以产学研结合的方式推动公司项目取得进展。

黄茵在活动中发言

黄茵 | 创业者

黄茵是一名年轻的澳门女生，90 后的她曾求学于内地。她从小接触保健品和药品制造，毕业后认为澳门职业工种选择少，于是首份工作选择在广州的广药集团从事采购。未几，她下海创业，先在内地注册成立公司，后将阵地延伸至澳门。她的目标是连接粤澳，把澳门作为中国与葡语系国家的商贸平台，将传统中医药产品带往国外。

黄茵在创孵中心与科学技术部王志刚部长对话

跨科跨界创业 ▷▷▸

熟悉科技，自信、热情，向往与众不同的生涯规划，是Z世代的特征，黄茵正是其中的代表。她本科修读心理学，毕业后却未从事相关专业工作；家里从事保健食品与药品制造，她没有直接继承这个“衣钵”。她运用物联网思维、资讯科技技术，结合自己的医药背景，创立了一门属于自己的生意。

“我想更疯狂一些，跳出固有的框架，为社会创造一些不同的价值。”她如是说。

创业需要积累，在“起跑”之前，黄茵储存了不少能量。毕业后的第一份工作，是在广药集团从事药品采购工作。这段时间，为她更好地认识各类型药品、保健食品和健康产品打下了基础，也让她对中国五百强企业的采购要求有了全面的认识。

黄茵把萌发创业念头的原因归于澳门基金会的人才实习计划。离开广药集团后，她参与上述计划，在上海的政府机构实习了三个月，实习期间被分派到上海市商务委员会协助策划会展，累积了不少推销产品的经验。实习结束后，她于 2017 年与老同学合作，在广州注册成立了创忆。

从简单推销到新的抉择

黄茵是执行董事，是公司全盘发展大计的“掌舵手”。但初次创业，她坦言初期未能跳出传统框架，销售成了公司的主营业务。得益于与旧东家广药集团的关系，她找了一批养生保健品作为货源，但没过多久，问题随之而来。

“你总不能自己将各种药品都去试一遍，没试过的，推销时就说不出有什么效果。”推销的人不能清晰地认知药效，正是问题所在。黄茵开始意识到，“我们要用数字来说服客人，而不能单凭一张嘴。”

这个发现，让黄茵开始真正跨出“舒适区”，踏进她从未涉足的大数据、云

黄茵与广州大学城科研团队签约

计算、物联网等领域。

为了开拓大数据业务，创忆与广州大学城健康产业产学研孵化基地开展一连串合作，对保健品的成分进行检测，并收集、分析和管理数据。合作的第一步，是建立起能够收集用户数据的算法程式。得力于专家的帮忙，黄茵很快体验到数据化对评估产品成效的好处，便决定再下一城，以基地为研究中心研发自家新产品，以及搭建物联网（IoT）平台。以线下的产品作为实物媒介，采集数据传输到线上。创忆从血糖、血压的检测数据起步，抓住了“银发市场”的商机。

布局“银发市场”▷▷▶

2018年，澳门人均寿命高达83.85岁，全球排名第二；老年人口抚养比率为19.2%，即约5名成年人抚养1名老年人。全球的老龄化趋势亦然，预计20年内，全世界的银发族将达11亿人，且银发族独居的比率不断攀升。银发族的照护，是痛点，也是商机。

黄茵于中国创新创业成果交易会上签约

在此现状下有望大展拳脚的，是遥距照护。以资讯科技、物联网为手段，以智能穿戴装置为连接，配合专属在线服务平台，以实现对老年人的健康照护及预警。听起来似乎很简单，但是给长者使用的电子产品最忌复杂。黄茵为此投入了不少心血。

她先是走访社区找人试用，手把手地将如何使用仪器、如何解读检测报告和接受推送的步骤教给长者们，一遍一遍地陪他们练习，直到他们弄懂为止。

“这是最花工夫的，但又不能偷懒。”黄茵不由苦笑。

之后，她尝试与医疗机构的护理人员进行联动，向他们推广创忆的照护产品，让他们学会使用，继而带教长者，争取合力打造一个友善的“遥距照护”社区环境。

第一笔创投资金的到来▷▷▶

随着创忆逐步转型为科创企业，黄茵对先进医疗有了另一番见解。为什么要做大数据、物联网？“第一，当然是提升产品质量，让用户对症下药。第二，是节省用户人手记录数据的时间，提高生活质量。”她看重的，是用户的需求、用户的体验。

不只是企业决策能力的提升，黄茵亦显露出创业家的品格思维，希望造福社群。她向着两个方向努力：一是继续扩大业务范围，把健康检测的内容从生理层面延伸到心理管理层面；二是回到澳门挖掘

黄茵参加 2018 全澳青年创业创新大赛获得亚军

黄茵在创孵中心的带领下，在葡萄牙里斯本举行的 2019 全球网络峰会（Web Summit）上设展

黄茵接受澳门电视台采访

潜在商机，反哺自己的成长地。

澳门，之前并不在黄茵的创业版图内，她不熟悉澳门的医疗市场，亦较缺乏人脉。因此，市场调研是她的第一步。创业比赛是一块很好的试金石，2018年，她携项目“珍禧健康管理平台”参加全澳青年创业创新大赛，夺得亚军。之后又作为澳门代表赴深圳前海参赛，被赛事协办单位之一的香港青年创业教育基金相中，该基金成为创忆的首个天使投资人，创忆也成为为数不多的能争取到天使投资的澳门青创企业之一。

2019年初，创忆在广州的根基已稳固，在横琴、香港也有办公点，黄茵遂决定将业务重心转移至澳门。因其在创业比赛中的亮眼表现，创忆获澳门青年创业孵化中心邀请成为会员，盼其得到更好的孵育。黄茵也因此获得不少资源，尤其在宣传上。

“对于一个刚起步的初创企业，足够的宣传是必须的。”黄茵直言，创孵中心在这方面帮了不少忙，如安排电视台采访、报章报道，主办“创孵ProQ盟”路演及商业配对活动，以及牵线一些品牌展览会，尽力提升创忆在市场的曝光度。

湾区创业先行者的感悟 ▷▷▶

作为大湾区创业的先行者，黄茵觉得，“澳门的创业生态其实做得不错。政府鼓励青年创业，孵化器、加速器亦已逐步建立，虽然还未完全成熟，但毕竟起步较晚，一步到位是不可能的。”

创忆的投资方——香港青年创业教育基金行政总裁吴承禧（简称“吴”）对澳门的青创发展环境也有其独特看法，与笔者（简称“笔”）分享如下。

笔：比较港澳两地的青年创业支援和氛围，你认为有何差异？

吴：澳门博彩旅游事业蓬勃发展，带来了庞大的财税收益，使澳门和香港一样，都成为高收入的福利社会。不同之处是，澳门产业单一，这不利于社会长远的发展，所以比起产业相对丰富的香港来说，澳门更需以博彩旅游业为轴

创忆在新冠肺炎疫情期间向澳门特别行政区政府捐赠防疫物资

心，借推动青年创业，协同带动其他产业发展，以促进经济适度多元化发展。

或许是这个缘故，澳门特别行政区政府更加主动支持青年创业。像其牵头成立的创孵中心，是港澳地区首个国家级众创空间，政府推出的“青年创业援助计划”提供 30 万元免息贷款，还有其他科创、文创基金等。香港特别行政区政府则不然，如非必要，它不会主动介入一些民间或商业活动，这使得香港年轻人不容易接触到大企业的资源，不轻易向上流动，社会问题便随之产生。

笔：对于有意创业的澳门年轻人，你有何建议？

吴：首先说时机。我认为，年轻人创业的黄金时间，是在大学毕业后的三年内。一般来说，有学历、才能，又肯作为的人，在岗位上拼搏三年，就能做到中级管理人员的等级。这个时候要他离职创业，试错成本大了，他的创业意愿就降低了。

其次是资源。一定要善用类似创孵

黄茵与澳门特别行政区行政长官贺一诚先生交流

中心这样的平台，它凝聚了官、产、学、研的力量，结合了粤港澳大湾区和中葡经贸合作平台两大定位优势，实实在在地为青年创业者引路，与他们同行，这是澳门独有的。

最后是策略。年轻人不要觉得自己能独立包揽一切，要多站在澳门这个平台上，多接触海外市场，拥有国际视野。不可能将澳门的劳动力放到内地，这个是行不通的，也不符合经济效益。

黄茵在澳门国际品牌连锁加盟展与巴西商会成员合照

黄茵（左三）到深圳参加2018粤港澳科技协同创新高层峰会

结语

有人说，年轻人是未来的希望，未来是属于年轻人的。Z世代要在竞争激烈的商业社会中开拓属于他们的领域、掌握他们自己的未来，殊不容易。黄茵从打工到创业，一步一脚印，为自己铺好了脚下的每一寸路，努力去实现那个在时代潮流中拼命绽放的梦想。

—— CHAPTER ——
5

“逆行其道”的创业女生

——专访维京乐智创办人何秀霞

“我的世界观、人生观是别人在做正常事情的时候，我会有不同的选择或者方向。”

“你经历的所有过程，都是为下一步做准备。但人总是复杂的，所以我渴求新挑战。”

“当我们进行科技研发，或者学习这些科技的时候是不能少了艺术的，自古以来科学和人文都是不可分割的。”

“其实创业是一种职业，在创业的过程中会有很多新鲜事物出现，会有很多未知的内容出现，那些都是令人兴奋的点。”

“每个人都有多重的性格，或者世界观、人生观，直到你离开世界的那一刻都在变化。”

“生育小朋友后令我思考，现在的教育及社会模式已与传统的模式不一样了，结合未来需求，需要做一些创新及改变。”

——何秀霞

何秀霞

维京乐智（M Robot）

澳门维京乐智科技发展有限公司是一间致力于在澳门发展STEAM教育［科学（science）、技术（technology）、工程（engineering）、艺术（arts）及数学（mathematics），生活与学术融合在一起的综合教育］产品和相关教育培训的澳门科技文化机构，是一家结合强内容IP研发能力，并通过STEAM教育产品和综合服务实现变现的初创企业。公司依托教育产业和澳门文教优势，结合人工智能和创客程序设计教育，培养澳门学生的创造力和综合能力。

维京乐智的创立，是希望能向世界展示澳门的文化。“维京乐智有一个愿景，作为澳门的公司，希望将澳门有价值的东西带出去。”

维京乐智的创办人何秀霞

何秀霞 | **创业者**

何秀霞(Michelle)是土生土长的澳门人，也是澳门维京乐智科技发展有限公司（M Robot）的联合创办人。在北京大学一口气取得学士、硕士学位后，她“逆其道而行”，走向了长辈眼中“错误”的创业之路，与校友丈夫一起留京开办了视觉管理工作室，后来工作室发展成服装品牌公司。在公司壮大之后，面对庞大的管理问题，她选择急流勇退，沉淀增值，直到她的孩子出生后，她回流澳门，于2015年在澳门成立公司“澳门维京影业”，下设维京乐智STEAM教育产品的开发及生产，开启她人生的二次创业。

“创业对我来说，最重要的是社会责任，就是把事情做好、做对。”何秀霞如是说。

何秀霞向到访创孵中心的全国政协副主席、中国科协主席万钢介绍公司产品

留京创业的澳门女生

1997年，何秀霞以优异的成绩保送北京大学历史系，开启了长达7年的北漂求学之旅。她说，那个年代在外求学的澳门人，本科毕业后均回流澳门，找一份稳定的工作，过安稳的生活。然而，骨子里流淌着“挑战基因”的她，修读完4年本科后，选择了留京攻读硕士，甚至在硕士毕业后，她拒绝了澳门特别行政区政府部门抛来的橄榄枝，毅然放弃“铁饭碗”，选择留京创业。

何秀霞忆述起她毕业的2003年，“创业”是新鲜概念，“‘创业’一词在北京或澳门都非常陌生，当时不叫‘创业’，而是叫‘做生意’，有人说创业代表另类的失业，别人都看不起创业”。当时亲朋好友都反对她执意留在北京闯荡的决定，“自己和丈夫双方的家庭都反对，觉得我们不务正业，不仅反对，还会认为我们做的是错事”。家人认为应该从事与专业相关的工作，安稳的未来才是正确的方向，再加上与何秀霞共同保送至北京大学的澳门人，全都回澳门工作，致使她压力更大。但她心意已决，决定选择另一种生活模式，开启一场“冒险”之旅。“我往往有与其他人不一样的方向和选择。我是第一个留在北京生活、工作、创业的澳门人，直到许多年以后，我仍然是第一个。”

维京乐智参展 2019 粤澳名优商品展

中途休息的领悟 ▷▷▶

谈起创业之初，她与丈夫一同经营视觉管理工作室，默默耕耘两三载，工作室发展成一个具有一定规模的服装品牌公司，巅峰期一度在全国拥有60多间门店，更开发自家生产线，年营业额高达5000万元人民币。

何秀霞自言不具备管理知识方法，仅凭借天分及直觉，短短几年间将自己的品牌发展成为一个颇具规模的企业，可谓一切顺遂。但人生没有一帆风顺，在创业的路途上更是瞬息万变，2010年，她的企业发展遇上了门店多、业务多、员工数量多等管理和经营上的问题，再加上商业发展模式的改变，令她希望稍作停歇，思考该如何结合当今社会，找寻新的事业发展方向。

于是，在北京累积了一定经验及人脉，又依恋澳门小城独特文化的她，决定与丈夫回流澳门创业。回澳门后，他们于2015年成立公司，下设维京乐智STEAM教育产品的开发及生产，开启她人生的二次创业。对于维京乐智，何秀霞自言它是他们创业中途休息后领悟得来的一个延续。

M Robot=Michelle+Macau+Maker ▷▷▶

维京乐智，英文名为“M Robot”，其中的“M”代表的意义非常深远。既是创始人Michelle的“M”，也是Macau（澳门）的“M”。虽然在北京读书、工作、创业多年，但她对自己作为澳门人的身份认同感一直存在。她觉得在外地打拼的澳门人越来越多，这些澳门人身上蕴含的澳门特质，与外地文化的融合也越来越深，就比如她和她的丈夫，就是澳门文化和北京文化融合的一种表现，所以她坚持用“M”，代表了她对澳门文化的一种坚持和情怀。

“M”还代表了Maker（创新教育）。全球科技发展日新月异，近年，世界流行着“科创”这一名词，在教育方面也不例外。“回澳门的一个原因是我怀孕了，生育小朋友后令我开始思考教育问题。”她直言道。一般澳门人都会因为希望子女接受更好的教育而移民，她却不想，而是希望澳门也能拥有更好的教育优势，于是她回来创立维京乐智，发展创新教育。“现在的教育及社会模式已与传统的模式不一样了，结合未来需求，需要做一些创新及改变”，将创新教育的理念在澳门社会普及。

多年来，她公司的很多产品都下意识地用了“M”这个字母，比如维京影业有个栏目叫作M-CITY，维京文化出版的刊物叫*M-Magazine*，新媒体科普栏目叫M-Talk等。她的M Robot离不开Michelle，也一直围绕着Macau（澳门），更是Maker的创造基石。

Maker的一课 ▷▷▶

维京乐智是一家在澳门发展STEAM教育产品和相关教育培训的澳门科技文化机构，专注于创客STEAM教育服务，STEAM教育理念是将科学（science）、技术（technology）、工程（engineering）、艺术（arts）及数学（mathematics），生

维京乐智的一系列产品

智能仿生机器鱼

活与学术融合在一起的综合教育。尤其艺术，是何秀霞创业以来一直熟悉且擅长的元素。首先，她认为，进行科技研发、学习科技，最终都是要应用在日常生活中，追求生活的美感及舒适度，因而科技中不能缺少人文艺术，“以前创业是把科技和人文艺术两者单独提取，而维京乐智则是将科技及人文艺术结合在一起”。她认为科技要融合生活才能发挥出其最大的作用。

与此同时，做出来的产品必须要服务于人类，拉近机器与人的距离。机器是生硬冰冷的，何秀霞却一反常规，要做有温度的仿生机器。正如维京乐智团队打造的澳门第一条智能仿生机器鱼，不是惯常有棱有角的机械，而是活生生的一条仿生鱼。“这些机器鱼可以做海洋方面的侦测工作，或者资料的收集工作，可以帮助人们了解海洋，还能在一定程度上帮助解决海洋污染问题。”她认为M Robot的产品要融合人类生活，服务人类才有意义，而不是只做没有温度的生硬机器。

创新也是必不可少的。何秀霞说

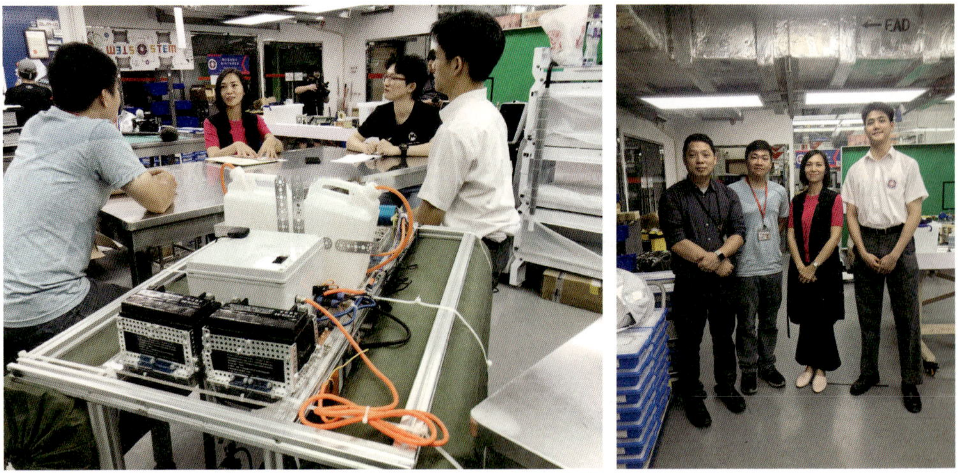
何秀霞与本地中学机器人小组导师及学生作交流

道，他们的产品和教具的零部件大多数是分散的，因为希望学员能从零开始，鼓励学员将这些零散的东西，按照个人想法来组装，发挥创意，所以不会给一个成型的机器人让学员模仿。“创新教育的关键在于亲自动手，让学生自己做，培养他们成为一个动手能力者。”

我们是创孵中心的“003”

▷▷▶

骨子里流淌着“挑战基因”的何秀霞认为，每个人都有多重的性格、世界观和人生观，直到人们离开世界的那一刻都在变化。“你经历的所有过程，都是为下一步做准备。但人总是复杂的，所以我渴求新挑战，多年来的创业经验，打磨了我的性格，适应性、接受度也更强。”她直言创业给她带来成就感的同时，也让她需要不断地适应社会环境带来的变化。

初回澳门时，社会上创业的氛围很浓厚，正当她与丈夫踌躇如何找到办公空间开拓业务时，澳门青年创业孵化中心的全新场地于2017年启幕，这正好解决了令他们苦恼的场地难题。“我们一直在留意创孵中心，等到它的新场地一开，便进驻成为会员，我的会员编号是003。”

进驻创孵中心，何秀霞认为有两方面的优势：第一，可减少公司的营运成本，例如场地租金、设备的成本支出；第二，维京乐智有能力提供高品质的科

国家级众创空间揭牌仪式暨周年成果展

技教育产品，但碍于澳门对本地科技教育品牌接纳度仍不高，创孵中心无疑能为他们创造许多与外界交流和曝光的机会，例如在澳门的一些重大展览上，创孵中心都会为企业提供展位，帮助其提升社会认可度，更好地开拓市场。此外，创孵中心还提供免费的咨询服务和培训课程，涵盖法律、会计、税务、管理、营销等。“这对我们帮助很大，之前我也说过我们没有专业的知识，都是凭着天分及直觉运营，而创孵中心提供的培训对我们很有帮助。”

提到现存的棘手难题，她认为症结在于市场开拓及融资渠道。“作为澳门本土企业，澳门没有合适的融资渠道及资源，对希望寻求规模发展的企业而言是很可惜的。”前者的解决方法必须是由企业自身开拓市场，譬如除教育机构外，在社会、公众层面都需要做科普工作，开办科创课程，开展交流活动。“在这过程中，我们可以提升及扩大澳门科创教育的专业度及影响力，成为行业的规范制定者。”

融资渠道问题，源于澳门仍未有针对青年创业或新创企业且符合法律法规的天使基金或者创投基金。“如果说我

澳门特别行政区行政长官贺一诚到访澳门青年创业孵化中心，与何秀霞交流

们本身是内地公司，可以比较容易地接受内地的融资。但现在我们成为澳门企业，在澳门没有可接触到的融资渠道。希望不久的将来会有所改善。”

创业是人生的一扇窗口 ▷▷▶

回首10多年的创业生涯，创业对何秀霞的人生、家庭来说都意义非凡。“创业对我来说最重要的是社会责任，就是把事情做好、做对。”她自言从小到大受到的教育就是反馈社会，所以特别希望她的人生可以与教育事业相结合。在科技高速发展的形势下，尽一己所能，填补社会人才储备面临的严重缺口。

创业对她家庭的影响也是不小的。夫妇俩既是人生伴侣，也是创业同路人，工作上的难题或会影响彼此的情绪，但同样也令两人多了话题，建立了密不可分的关系。“我和先生共同经历事业的高低起伏，创业令我们走得更近了。”

何秀霞在平衡事业和子女教育方面也有独特见解。因为要做一个好妈妈，所以她花了不少心力去完善办公流程，使工作更有效率，从而留出更多的时间来陪伴孩子；为了培养儿子的自理自律能力，培养他独立的性格，她将年仅5岁的儿子送上河南嵩山的少林寺学校学了整整一个暑假的武术。她坚信父母是孩子的一面镜子，当父母以坚持的态度去投入自己热爱的工作时，无论成功与否，都会是影响孩子最直接的一环。“我希望我们对创业的坚持，会是下一代的一个榜样。”

何秀霞自言人生尚算一切顺遂，回首过去，创业只是为自己打开了一扇窗，想在窗外看到何种景色，还是取决于自身的努力和恒心。她把梦想放在前头，秉着“逆行其道”的精神和对教育的热忱创出了一片新天地，以生命影响了生命。

维京乐智的机器人课程教具

结语

随着社会的发展和进步，世界正不断地变化，人们的谋生方式已不再单一。“创业”一词不停被提起，人们对“创业”不再陌生，创业也不像以前那样需要找到投资人才能开启创业路。门槛的降低，吸引了愈来愈多的创业者，为梦想放手一拼。

然而，谁能想到在“创业”这一概念还未被大众认可前，有人就已踏上这条冒险路。维京乐智的创办人何秀霞在这条路上前行逾十四载，以坚持与拼劲，将理念和梦想贯彻始终。从北京至澳门，都留下了她打拼的足迹。她“逆行其道”的精神，她的“不安分”“另类”“不从众”造就了她和维京乐智的独特性。创业不易，女性创业更是艰难，何秀霞的经历为女性创业者点亮了一盏打破常规、勇往直前、坚持拼搏的明灯。

CHAPTER 6

不只是设计

——专访未设计创办人欧俊轩

“我们做设计，最希望大家尊重设计师这个职业。”

“我们将工作室改名为 Untitled Macao，是希望为每一项设计重新命名、重新定位，提供焕然一新、不一样的设计。”

“为什么会在 Untitled 后加 Macao？我相信，有一天，我们会有 Untitled Shanghai，Untitled Beijing。”

“（做设计）没有什么商业路线是专属的，要看我们自己的‘心’想走多远。”

“我希望用我小小的影响力让人们对澳门的看法变得不一样，或者对澳门人的看法变得不一样。”

——欧俊轩

傳媒
PRESS
16TH MACAO CITY FRINGE FESTIVAL
13/01
-
22/01

未设计（Untitled Macao）

未设计创立于 2015 年，是一家澳门设计品牌公司。“Untitled”寓意着设计充满创意、具有不同可能性。未设计的核心团队由两位本地年轻设计师组成，以与众不同的创造力，为客户提供活动视觉、品牌形象的塑造或重塑，以及空间导视系统、出版物、网页等的策划与设计。项目团队近年在多个区域及国际设计比赛中大放异彩，包括在被誉为“设计界奥斯卡”的“纽约艺术指导协会年度奖”中获铜方块奖。欧俊轩亦是澳门第 2 位夺得日本“东京字体指导俱乐部年度大奖”的设计师。

未设计创办人欧俊轩

欧俊轩 | **创业者**

90后的欧俊轩出生于澳门，与设计结缘自高中时入读海星中学职业技术校部的“美术及设计组”，后继续升读澳门理工学院艺术高等学校设计学系。他毕业后先投身公职，后放下“铁饭碗”，打造属于自己的工作室和品牌，跻身创业者之列。职业教育的背景，加上对商业市场的认识，令欧俊轩对设计的看法与众不同，“设计不是艺术，最重要的是协助客户解决问题”。

欧俊轩获得“纽约艺术指导协会年度奖”铜方块奖

欧俊轩在日本“东京字体指导俱乐部年度大奖”比赛上发表获奖感言

为设计师正名 ▷▷▸

“我们做设计，最希望大家尊重设计师这个职业。”欧俊轩开门见山地说。

提起设计师，我们的第一直觉往往会与艺术、美感等词语挂钩，欧俊轩坦言这是一个“美丽的误会”。

“我是设计师，但不是艺术家。两者的差别，是目的性。”他解释道，艺术家无须考虑对象所需，专注做好主观想要的作品即可，但设计师不同。设计师忌讳高高在上，“只有与客户沟通良好，了解对方需求，才能给予专业意见，带来实际的商业价值”。跟艺术家的个性化相比，欧俊轩认为务实的设计师更适合自己。

能够选对自己的路向，他说最要感谢中学老师毕子融。

对美术情有独钟的他，高一入读海星中学职业技术校部“美术及设计组”。在这里，他开始认识到“设计的目的性”。“在构思作品设计时，老师无时无刻不在提醒我要反思‘为什么’：你的设计概念是什么？你为什么要这么做？”时至今日，他向同事提出同样的问题。

目标先行、概念清晰，正是设计师欧俊轩的设计准绳。

从毕业展做出来的 Studio

▷▷▶

在澳门理工学院艺术高等学校修读设计学系的经历，让欧俊轩进一步磨炼出扎实的设计功底，也开阔了眼界。

大学 4 年期间，他曾在北京、深圳和广州实习。印象最深刻的，是在中央美术学院实习的日子。当时读大一的欧俊轩，

未设计的设计作品一览

在内地人生地不熟，彷徨在所难免，但他依然抱着多学习、多吸收经验的念头坚持下来，所见所学至今依然受用。

“那时候我有机会做一个方案，刚好被选中了，很受鼓舞。我觉得现在的年轻人也和我当时一样，在这个过程中一定会遇到难题，要抱着不满足于现状的心态。”

实习经历让欧俊轩感受到内地专业人士的创意和包容性。几年后他再到广州、深圳实习，更感受到内地业界的发展一日千里。竞争之激烈，市场之广阔，他明白到自己的眼界不应局限于澳门，必须要放得更远。

“在澳门，一场活动能接触到二三十万人已经算很多了，但在内地，触及一两百万人的机会数不胜数。作品的影响力固然更大，但同时需要考虑的事情也会更多。”

当充实的高校生活临近结束时，欧俊轩开始筹备毕业设计，未设计便在此时萌芽。“那时我们考虑要做一个怎样的毕业项目，为谁而做，做什么。我想了很久，最后决定就做自己的工作室。”欧俊轩将工作室命名为“未设计”。名字源于电脑系统自动将新建的文件起名为“未命名文件”（Untitled），正符合他希望把无限的可能性注入品牌工作室的初衷。

“我们希望为每一项设计重新命名、重新定位，提供焕然一新、不一样的设计。”

放下“铁饭碗”一圆创业梦 ▷▷▶

毕业后，欧俊轩在澳门一家知名的设计公司工作，后来又入职澳门特别行政区政府文化局。在3年的“打工仔”生涯中，他从事过多项活动，也接触过不少大型品牌，经验宝贵。

在不少人眼中，毕业数年就能拥有一份薪水高又稳定的政府工作，欧俊轩可算跻身“人生胜利组”。但他并不满足于此，怀着一个创业梦，他选择开拓属于自己的事业。

“打工是为了积累经验，希望出来闯荡时可以让自己的能量再多一点。当可以控制更多时，可改变的事情便会更多。”

欧俊轩说，他从读设计开始就很想拥有一家自己的工作室。“因为我比较喜欢聊天，喜欢和人说话。如果只是坐着做设计，其实很难满足我，所以我经常出去，跟客户聊很久。”

2015年，放下“铁饭碗”的欧俊轩在家人的支持下，和搭档一起开始以“未设计”这个品牌对外承接设计项目。基于从前的积累，公司运作伊始已有本地企业与其合作。不过，大学时已经放眼外地的欧俊轩已谋划着改变。

心有多大
设计就能走多远

面对粤港澳大湾区的发展机遇，欧俊轩有一套发展计划。“现在大家都进去粤港澳大湾区，我觉得要装备自己，你如果没有准备好，随这个潮流而去，很容易就会迷失自己。”

在粤港澳大湾区城市群中，欧俊轩认为可首选深圳：一方面是因为深圳有“设计之都”“创意之都”的美誉，落户深圳可以增强客户对公司的信心；另一方面，他认为深圳是南方最有影响力的城市之一，未设计可借着这个基地把影响力扩展到更大的市场。

“每个城市都有各自的魅力，对于设计师来说，深圳的影响力比较大，算是一个中心点。从那里去上海，再去北京都可以。重要的是，那边的人才资源比较丰富。”

几年前在深圳实习时，欧俊轩已发现深圳的设计产业很先进，设计师的服务对象不局限于深圳，而是全国，因此他认为未设计的服务对象应面向全世界。“我现在的概念是向全球发展，粤港澳大湾区只是其中一个点，‘走出去’的其中一部分。”这一方面，也可以从未设计在海外众多的获奖经历中体现。

未设计成立后曾多次荣获国际奖项，包括德国iF设计奖（视觉传达类）、斯洛伐克特纳瓦国际海报三年展、墨西哥国际海报双年展、莫斯科金蜜蜂国际平面设计双年展金蜂奖等。众多的获奖作品也被收录于多本设计出版物中，公司也常常应邀到外地参展。

“自从在国际上获得奖项开始，陆续有英国、美国、日本等不同地方的客户来找我们。我觉得我们不应该只局限在粤港澳大湾区里，要把眼光放得更长远。没有什么商业路线是专属的，要看我们自己的‘心’想走多远。”

他又说，现在未设计的英文名“Untitled”后面还有一个“Macao”，相信总有一天还会有“Untitled Shanghai”“Untitled Beijing”，哪怕暂时未能实现，他也相信未来可以通过他们的创意和努力逐渐达成这个梦想。

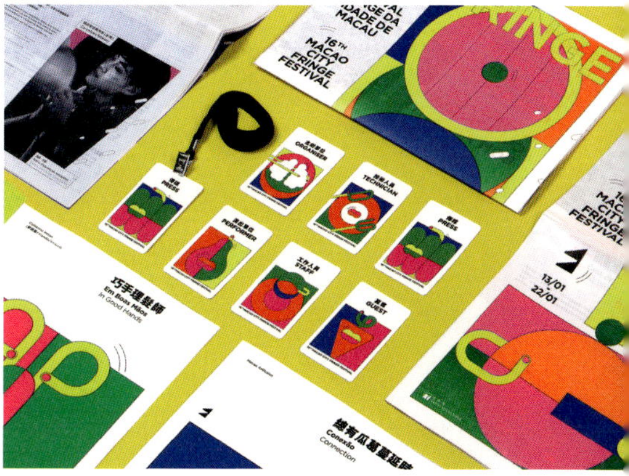

未设计为澳门城市艺穗节设计的作品

设计师的社会责任 ▷▷▶

创新是设计必不可少的元素，从前的欧俊轩认为，设计师要保持“日日新”——创意人每天都要有一个新点子。但一次游历，使他开始思考让旧事物焕发新生命的可能性。

“我有一次只身去纽约领奖，去了很多博物馆。几乎每间博物馆都在‘讲’历史、‘讲’旧事，但却能吸引很多年轻人前往参观。我就在想，我们是不是也应该发掘一些以前的事物，再思考怎么用新手法将它们呈现出来？在纽约那些很有创意的城市都这样做。”

未设计近年参与了澳门特区政府经济及科技发展局推出的“澳门特色老店品牌重塑扶助”计划，为澳门的老店进行品牌翻新，因此接触了不少传统老店，令他感触良多。

“每当传出老店即将结业的消息，大家都会赶在最后时刻光顾，但之前呢？大家却未必会去。为什么不可以一早便知道这些老店的历史，当他们有困难时就去帮忙呢？所以我们的理念是希望可以帮助客户，甚至是他们的客户。”

欧俊轩认为设计师要有社会责任感，除了盈利，还要为社会做事，因此另一个他很喜欢的项目是澳门基金会的

未设计为澳门特色老店活动设计的作品

“澳门记忆”，因为这个项目旨在唤醒澳门人的集体记忆。到世界各地比赛时，他看到不少设计师都着重将所在地方的文化特色融入设计中，但澳门设计师，普遍较忽视这一点。

“我希望用我小小的影响力让人们对澳门的看法变得不一样，或者对澳门人的看法变得不一样。我记得有一次去日本开展关于澳门历史的讲座，我找了一张明清时期的大三巴牌坊图片和现在的照片做对比，颠覆了他们原以为澳门只有赌场的印象。”

有人认为历史枯燥沉闷，但欧俊轩仍然希望能以现代、另类和新颖的方式将澳门悠久的历史文化呈现给全世界。在接触“澳门记忆”项目后，他对澳门400多年的历史和文化也有了更深的认识。未设计为该项目设计其中一款周边产品，是一张以古代的澳门地图为主题的“澳门通”卡。欧俊轩说，“澳门通”卡在澳门的覆盖率十分高，希望这个设计可以让更多人认识到“澳门记忆”的魅力和价值。

“我只有这条路可以走”

能够在创业路上实现自我价值，固然令人欣喜，但欧俊轩回想起创业过程，其实并非一帆风顺。

与每一位创业者一样，欧俊轩也会疲累和遇到困难，但他从未想过放弃。作为设计师，他要求自己每天都保持着高强度的思考，即便回到家，心里仍然在想着项目。他坚信：“客户会知道你付出多少，会知道你怎么帮他。”这也是他追求完美的性格使然，“几乎每一天我都会自我反省，今天哪里做得不好，明天要做得更好”。

过去，他曾信心满满地参加行业内著名的GDC Show（即GDC设计奖系列活动中跨地域的线下互动集会），最终空手而归，沮丧之余，他会思考如何做得更好。“我是一个不服输的人，现在做不到，不代表将来做不到，我会比现在多花两三倍的努力做得更好。”

未设计为“澳门记忆”项目设计的作品

未设计设计的“澳门通”卡

GDC 17
GRAPHIC DESIGN IN CHINA
平面设计在中国
GDC 17
GDC 评审奖
GDC Jury Awards

欧俊轩（左三）在 GDC Show 上领奖合照

在不断的自我鞭策之下，欧俊轩两年后如愿获得了GDC的评审奖和提名奖。

“我没有想过放弃，因为我不能。我告诉自己，我只有这条路可以走，我一定要做得更好。”

每一位创业者在初期都是感到陌生而孤独的，很多事情都需要自己摸索，包括法律和税务事项，后来他就来到澳门青年创业孵化中心寻求法律和税务的协助，之后也多次参与创孵中心举办的活动。

欧俊轩认为创孵中心为未设计与企业之间提供了一个商业配对的服务平台，可以认识到更多不同领域的专业人士，通过与他们的合作，提高作品的专业性。

“我们在创孵中心认识了很多不同领域的创业者，我们在一起探索进入粤港澳大湾区的可行性。现在这个年代不再是那种‘我最棒，我自己去做一定行’的观念，我们的理念是与不同的人合作，组成最强的团队走进粤港澳大湾区，去接受挑战。”

他认为创孵中心也能让外界更多地认识未设计，“很多时候设计师相对被动，但不可以守株待兔”。他认为创孵中心能够给予创业者机会，通过各类活动和宣传，让更多人和企业知道未设计的存在。

未设计的未来梦 ▷▷▶

在行业中崭露头角的同时，未设计没有停下脚步。在商业上，它致力于做更多具有影响力的项目，运用专业能力帮助客户创造更大的价值。“我们的目标不是获奖，参加国际性比赛是走出澳门的一种方式，既可见识到现时最新的设计，也可将我们的设计、将澳门的悠久历史和独特文化展示给全世界，印证我们‘本地姜’（意为本地人）的设计也可媲美欧美，走向世界。”储备能量，提升影响力，铸就澳门设计师的专业地位，始终是欧俊轩的愿望。

生于斯，长于斯，“澳门仔”的另一个愿望是传承，因此欧俊轩始终关心澳门的艺术教育。期盼官方继续支持艺术教育，提升普罗大众的审美素质与能力，滋养出更多“设计魂”。

未设计为沙滩音乐会活动设计的作品

结语

因为充满未知，人生才有无限的可能。人生如是，创业亦然。放下“铁饭碗”，走出舒适圈，踏上创业路……在电脑中新建一个未命名文件，却发现寥寥千字，不足以写完欧俊轩逐梦于品牌工作室“未设计”（Untitled Macao）的故事。在欧俊轩的眼中，这个未命名的过程承载着无限可能，只要敢想敢做，“Untitled”档案内能写进精彩的澳门设计、粤港澳大湾区创作，甚至是接轨全球的世界故事。

CHAPTER

7

“制皂”
澳门味道

——专访澳门制皂创办人何文滔

“希望有一天，当一位女士回到家，打开浴室的储物柜时，澳门制皂的产品可以满足她所有的洗护需要。”

“或许是因为港澳地区的人给他们的印象都是比较遵守法规的，产品质量有保证，能够为消费者带来购买信心，所以我觉得港澳产品在内地是有市场的。”

“内地市场发展之迅速，只有亲身到内地工作过才能体会到。”

“澳门的本地市场比较小，租金和人力资源成本高，这些都是公司在澳门发展必须面对的困难。”

“几乎每一家超级市场我们都打过电话，但可能因为他们货架上的洗护用品本身已有不少，再加上不熟悉我们的产品，对我们的品牌没有信心，所以都请我们吃‘闭门羹’。”

“如果政府可以有一些引导性的政策，鼓励一些大型企业优先选用本地品牌的产品，我相信会更有助于澳门企业站稳脚跟。”

——何文滔

Wormwood
Cold Process Soap
Oily, aging and combination skin
Matcha
Cold Process Soap
Honey
Cold Process Soap
Horse Oil
Cold Process Soap
All skin types
Olive
PERSONAL SKIN CARE HOTEL SUPPLIES GIFT SE
msdp
We are selling not only products, but also stories belong to Macau.
BRAND BOOK

澳门制皂的产品

澳门制皂

澳门制皂是一家洗护用品公司，目前的产品包括手工皂、面膜、沐浴露，以及头发洗护用品等。创办人之一的何文滔（Martin）说："澳门制皂的产品主打天然护肤，坚持不添加多余的化学剂，以降低过敏风险和减轻肌肤负担，打造安全实用、天然纯净的产品。"

"澳门制皂"这个品牌名称，也代表着他们希望通过产品将澳门的风貌展示给更多的人。因此在产品的开发和包装设计方面，他们也着意加入更多的澳门元素，小城多彩的西式建筑群就是产品包装的调色盘，再配以葡式砖画花纹，让整个设计都充满澳门的街头艺术和城市美学。

可以说，以"制皂多彩质量生活"为标语的澳门制皂，就是旨在用天然安全的产品洗出有温度的"澳门韵味"。

何文滔

何文滔 | 创业者

澳门制皂创办人之一的何文滔（Martin）在澳门出生，小学毕业之后便移民到新西兰，大学毕业后，他才回流到澳门工作。最初何文滔是在一家博彩企业的人力资源部工作，后来他发现这份工作并不适合自己，就和一位大学同学一起在广州从事化妆品、护肤品的加工行业，从而接触到一些美妆产品加工生产线，并涉足一些来自美国、中东等地的外贸订单。

上述的经历，为何文滔后来创办澳门制皂累积了企业管理和产品研发等方面的经验及资源。何文滔说，创业三年以来，他经历了产品研发、推向内地市场，以及把品牌“带回”澳门的几个阶段，当中遇到过困难，也看到了不少机遇。他总结自己创业过程中的“内功心法”，就是“做了再说”。

“要一边尝试一边修正，因为你没办法一下子看到所有问题，不用太急。可能我的想法比较实际，我觉得光是讲，是没有用的，要尝试做了之后，再不断去修正。”何文滔说。

澳门制皂的产品设计加入了澳门元素

澳门制皂：一个因过敏症状诞生的品牌 ▷▷▶

何文滔走上“制皂人”之路的契机，是朋友受皮肤敏感困扰。“几年前，一位朋友长期受过敏症状折磨，他试用过市面上不同种类的洗护用品都没有效果，即使是一些定价较高、主打抗敏的产品也会让他出现过敏反应。”何文滔听说之后，便为朋友特别研制了一款手工皂。因为手工皂的化学构成比较简单，使用天然原料制成，从而降低了过敏的风险。朋友使用了一段时间后，发现皮肤状态得到明显改善，随后朋友又推荐给身边的朋友，他们试用后均给出了正面的评价。

“后来这位朋友就建议一起做一个品牌，我就答应了。由于当时也有资源，我们可以很集中地去研发，在广州的厂房就可以生产出这类优质产品，在原料的选用方面也较灵活。”

2016 年，澳门制皂正式成立，当时团队的核心成员只有三四个人，何文滔主要是负责产品的研发和运营管理。他直言，其实有很多东西，也是入行之后才慢慢学会的，譬如一些化学反应、制作成分等。在公司成立的头两年，他们近乎全身心地投入市场的调研和产品的研发上，希望可以制作出贴近大众需求的产品。

匠人精神：精心打磨，为生活制皂

正如最初开始制皂的原因是想解决朋友的生活困扰，何文滔在研发新类型产品时，也常常会从生活中获取灵感。例如公司早期的一款洗衣片，就是因为何文滔的儿子出生后，家里需要添置不少婴儿的洗护用品，但是他发现市面上一些专门为小孩子设计的洗护用品既含有化学成分“磷”，价格也不便宜，于是他就研制了一款纳米超浓缩洗衣片，自家小孩就是该产品的忠实用户。

在产品研发的过程中，澳门制皂对产品的质量有着近乎执着的追求。他们会不断吸收用户的意见，逐步对产品配方进行调整。何文滔以一款沐浴露为例进行说明，团队在调试配方的过程中，从原料选择、黏稠程度、香味残余程度等方面，吸收众人的反馈意见而多番调

何文滔（右二）在金沙采购学院第五届毕业典礼上留影

整。光是一款香味的配方调剂就要研制一个月，要制作同一系列的产品，则要花上更多的时间。

“虽然花了很多时间，但也不能说是走弯路，因为我们也想产品在市场上展现其独特性。”经过两年的市场调研和产品研发，2018 年 3 月，澳门制皂正式推出首个系列产品。

“正式开始销售是在 2018 年底，公司也从这时候开始踏入第二个阶段，开始‘走出去’，对外销售和推广我们的产品。”

面向内地：澳门品牌有信心优势 ▷▷▶

“在销售布局方面，我们现在主要是面向内地的消费市场。”

澳门制皂目前大部分的订单是来自线上销售。在过去的一段时间里，澳门制皂积极拓展内地市场和生产线，现在已经拥有四大品类的商品。

为了加强推广，何文滔经常到内地参加展销活动，在活动过程中很多客户的反馈都让他深信澳门的产品在内地市场拥有一定的优势。

澳门制皂参展天津的澳门活力推广周

澳门制皂在澳门·广州缤纷产品展上推广产品

“在内地参展时，他们（消费者）会认为澳门品牌的产品质量有保证，能够为他们（消费者）带来信心，所以我觉得港澳产品在内地是有市场的。”

何文滔回忆起第一次到杭州参展的情况。当时他只带了公司初期研发的9款手工皂去展销现场，没想到销售情况十分理想，所有的手工皂都在展期内销售一空。

“当时有一位客户在第一天买了一块手工皂回家，隔天又回来买了40块。这位回头客直到现在仍是我们产品的忠实客户，这无疑为我们带来了很大的信心。”

无论是参展的经历，还是和内地厂商的合作，都让何文滔深深地感受到现在国内的经济发展一日千里。何文滔说：“为了打开市场，我们的产品定价与同类型的一些欧美品牌相比，会便宜近两成。我们曾接触到一位在全国都有连锁店的零售商客户，他对产品十分满意，但他认为产品的定价太低，可见，现在内地城市拥有惊人的消费力。”

内地的市场发展不仅表现在消费力

上，还表现在生产能力上。“以前是港澳接单，内地生产。现在内地可一体化地连接起生产线和销售线，效率更高，对市场的触觉更灵敏。”何文滔感叹，“内地市场发展之迅速，只有亲身到内地工作过才能体会到。”

初回澳门：大吃“闭门羹”▷▷▶

“从 2019 年开始，我们开始尝试做澳门的市场。”

现在澳门制皂在澳门有两个售卖点。然而回澳之路并非一帆风顺。何文滔说，与内地市场相比，公司在澳门落地的过程更让他们感到困难重重。

“澳门的本地市场比较小，租金和人力资源成本高，这些都是公司在澳门发展必须面对的困难。”

此外，由于缺乏资讯和渠道，澳门制皂与一些本地零售商接触也并不容易。何文滔也曾尝试联系澳门的一些连锁超级市场和零售商店，希望洽谈让产品上架，但结果要么是石沉大海，要么就是直接被拒之门外。

“几乎每一家超级市场我们都打过电话，但可能因为他们货架上的洗护用品本身已有不少，再加上不熟悉我们的产品，对我们的品牌没有信心，所以都请我们吃‘闭门羹’。”

尽管面临不少挑战，但何文滔仍希望可以发展澳门的业务，因为他认为澳门作为国际休闲城市名声在外，本地又有许多高级的娱乐设施，有很大的发展空间。

“如果政府可以有一些引导性的政策，鼓励一些大型企业优先选用本地品牌的产品，我相信会更有助于澳门企业站稳脚跟。”

何文滔认为，虽然政府目前推出了一些针对青创企业的资助计划，但是部分行政手续的审批有滞后性，面对高昂的租金，依靠政府的资助并非长久之计，更重要的是如何帮助一些青创企业开拓市场，接触到大型企业，鼓励双方达成长期合作。

加入创孵中心：幸遇“引路人”▷▷▶

“通过澳门青年创业孵化中心的安排，我们这段时间正在和一家本地博彩企业洽谈合作，他们希望我们提供一些适合孕妇和婴儿使用的洗护用品，我们已经递交了一些资料，正在等待回复。”

他坦言，创孵中心是一个帮助青创企业连接市场、接触政策资讯的有效平台。“创孵中心提供的‘创孵 ProQ 盟’路演及商业配对活动，可以让我们直接接触到一些对口的本地企业负责人，最

澳门制皂在 ACC（amazing creation & collection）创意廊开办香熏蜡烛工作坊

起码我能递上名片，让他们认识公司，而且通过创孵中心的推荐，也能增强对方对我们品牌的信心。创孵中心之前邀请了文化创意产业基金的人员来交流，像这种政府的支援政策，对我们来说是很好的支持。”

现在，澳门制皂正踏入第三个发展阶段，何文滔认为未来要尝试横向拓展内地的销售市场，在澳门方面也需要继续努力深化销售市场。

除了市场和政策资讯外，本地创业圈也是一个很好的交流合作平台。“之前通过创孵中心的活动，认识了一位主营 KOL（Key Opinion Leader）推广业务的青创企业的负责人。大家互相交流后就试着合作做产品推广。其实澳门有不少青创企业，可以通过彼此合作，碰撞出不少火花。相信未来仍会通过类似合作，逐步深化拓展本地市场。”

澳门制皂制作的创孵中心纪念品

何文滔对澳门制皂的产品倾注了大量心血，把对澳门韵味的理解都融入产品之中

结语

从调试产品配方，到市场运营，何文滔一直秉持着行动派的精神，凡事先尝试，再调整，说干就干。

令人难忘的是，在访谈的过程中，何文滔把澳门制皂的所有产品都陈列在圆桌上，一边谈，一边随手拿起产品，如数家珍地把研发过程中因应反馈不断调整的故事娓娓道来。可见他对每样产品都倾注了大量心血，希望把对质量的追求，以及对澳门韵味的理解融入产品之中。

以一款香熏蜡烛为例，在产品研发阶段，何文滔说他们会考虑怎样的香味搭配，才能更好地表现出他们心目中既浪漫多姿，又温和舒适的“澳门味道”。从他的语气中可以感受到他对自家品牌的热忱。或许正是这份对质量的执着和对澳门的热爱，澳门制皂才能为顾客送上舒适宜人的“澳门味道”。

— CHAPTER —
8

“无水洗车”缔造环保新动力

——专访闪护汽车创办人周胜

“未来发展会怎样？造一辆车，我们没有这个能力，我们能做的是汽车服务。买车的人越来越多，汽车服务需求将会越来越大。”

“发现蒸汽洗车不可移动的弊端后，我们决定从‘蒸汽时代’向‘无水时代’转变，开始正式研发无水洗车液。”

“我们暂时不能将步伐走得太快，服务行业一定要做到一定的阶段才能‘跨出去’。”

“如果团队的负责人不能让大家从正在做的事情中看到希望，团队士气就会大受影响。”

“澳门特区政府其实为我们做了很多，在政策优惠方面对青年创业有很大的帮助。”

——周胜

周胜（右五）和他的团队

闪护汽车

2014 年澳门闪护汽车正式注册，服务项目包括创新无水清洁护理、极致汽车美容保养、漆面无水清洁护理、内饰无损精洗、汽车漆面深层养护、极致美容护理等 14 项。闪护汽车的经营理念是“环保、节水、无污染”，服务具有便捷、节水、环保、高效、安全、健康等六大优势，致力于成为中国汽车后市场社区化、移动化领导品牌。它不但为车主提供全新的汽车护理体验，也为商家带来在线引流、营销推广、管理培训等全方位增值服务，以创造双赢局面。“利他存我，成人达己”，这正是创始人周胜的愿望。

澳门闪护汽车创办人周胜

周胜 | **创业者**

创办人周胜是一位 70 后，先后在内地和海外求学，取得工商管理硕士学位。读本科时，他第一次尝试做生意，赚到了利润，浅尝到一点创业的甜头。之后，他从事过个人投资，也当过创业导师，2014 年，他创立了品牌“澳门闪护汽车”。闪护汽车团队从已有的蒸汽清洁汽车服务，到完全自主研发无水汽车清洁液，其技术获得了国家专利认可。周胜认为，这归功于团队的独立创新意识，也是他个人的精神追求。

周胜和他的团队一直致力于开发新的汽车清洁产品，为客户提供更优质的服务

良师益友开启创业生涯

周胜的创业理念萌生于大学本科，“在我读大学期间，有两件事情对我影响很深。第一件事是班主任把我推荐给了一位好导师，他给了我非常多的实践机会。通过他的介绍，我有机会和大企业负责人接触，从他们身上学到一些管理、营销等方面的理念，这对我的学业影响较深”。

周胜的创业生涯也始于大学本科时期。从逐家逐户上门销售小物品，到参加创业比赛，为他日后成功创业积累了丰富的经验。“印象最深刻的一次创业经历是和几个同学一起在街上卖气球，到销售中段就回本了，大家兴奋得不得了！团队士气越来越高，气球卖得越来越好！”周胜说，这突如其来的赚钱经历对他影响很深，看到了信心的重要性。“如果团队的负责人不能让大家从正在做的事情中看到希望，团队士气就会大受影响。”

2012年，周胜开始摸索创业方向。2013年，他的创业团队组建成功，在面向汽车市场的发展策略方面达成共识。“造一辆车，我们没有这个能力。我们能做的是汽车服务，例如管理停车场、汽车维修、汽车清洁服务等。”经过评估，他们最终确定以汽车清洁服务作为切入点。

周胜和他的团队一直致力于开发新的汽车清洁产品，为客户提供更优质的服务。“最初我们做的是蒸汽洗车，但是需要用电，噪声大，最大的硬伤是不可移动。半年之后，我们开始研发无水洗车液。”

环保先行　稳扎稳打

“蒸汽洗车可以做到节水、环保、无污染，因此在研发无水洗车液的时候，‘环保、无污染’仍然是我们的理念。”周胜说。对于产品材料的选择，要考虑3个方面：材料是否可控制；生产是否符合未来发展需要；环保理念能否贯彻。在测试了接近1000部车之后，2016年，“无水洗车液”开始申请国家专利。2019年初，专利终于申请成功。

虽说“酒香不怕巷子深”，但是要提高产品的知名度以及销量，往往离不开宣传推广，周胜对此也十分认同，但团队在前期最看重的是产品研发。“我们的团队大部分以技术人员为主，包括平台开发、产品研究人员等。我们前期最下功夫的地方在于：第一，将我们的专利产品优化。第二，注册、完善我们需要的商标以保护公司日后的发展。第三，规范内部供应链流程。完成了这些之后，再把产品推广到市场。所以从开始到现在，我们开发市场不是用传统的方式，铺天盖地招代理、找销售。”周胜深信，做实业先要优化产品质量，规范内部管理。只有打好基础，企业在日后才能更好地发展，走得更远。

在获得国家专利、产品完全通过测试阶段，整个营运模式已经优化后，团

闪护汽车的产品服务示范

队开始进行宣传。“推广方式包括以下几方面：第一，平台推广。第二，与有关环保部门、机构进行沟通，参加相关会议让更多的人知道我们的产品。第三，与大型机构合作，为机构提供线下服务，让更多的人得益，让更多的车主了解我们的服务，增加消费需求。”

从珠海“起跑”辐射粤港澳大湾区

周胜说，公司未来将以粤港澳大湾区为发展核心。

“我们的服务是主打环保、方便，粤港澳大湾区的发展方向符合我们公司的理念。我们以珠海为中心，辐射广州、中山、深圳、佛山。”

“为什么要以粤港澳大湾区为主要服务对象？第一，因为粤港澳大湾区内交通便捷，有利于我们产品和服务的供应。第二，成本相对较低。第三，澳门与粤港澳大湾区有许多共同性，包括共同的语言、相似的气候、相似的文化背景等。”

尽管有北方地区的公司对产品表现出巨大的兴趣并且有强烈的合作意愿，但考虑到不同地区的气候对产品的影响等问题，周胜并没有即时与北方地区的公司达成合作。

闪护汽车进驻位于中山的澳中致远火炬创新园

周胜（左一）在珠海中信红树湾活动现场留影

“当时有北方的公司想与我们商谈合作问题，但是我们暂时还没时间去解决这个问题。特别是在北方的冬天，我们的产品或者是在那边进行落地服务的话，能否达到预期效果呢？我们会有什么不好的地方呢？我相信是会有不好的地方的。但是这个方面的问题我们还没能够解决，所以先在粤港澳大湾区内发展合作伙伴，暂时不与北方的公司合作。”

周胜的团队与意向合作伙伴讨论交流

周胜的团队向来注重品牌声誉，他认为与其因为天气、温度等因素影响产品质量，进而影响品牌声誉，倒不如先不谈这笔生意，先从粤港澳大湾区内各“邻居”城市入手。“以质量为先导，先做强，后做大”以及“质量为先，品牌先行”的理念再一次体现于他的选择中。

创孵中心“护航”创业路

“创孵中心帮了我们很多，非常感谢！”提到澳门青年创业孵化中心，周

在澳门青年创业孵化中心，周胜的团队向科学技术部王志刚部长汇报公司的“环保 +”项目情况

胜感激之情溢于言表。尤其当想起团队在澳门做市场推广的时候，曾经尝试和很多大型机构沟通，但过程很困难，“困难之处在于：第一，我们没有什么名气。第二，我们只是一家小公司。第三，我们人手不足。这让我们与大型机构的接触、沟通机会寥寥无几。”

“创孵中心连续搞了几个活动，我觉得非常有意义。尤其是他们搭建的采购平台‘创孵 ProQ 盟’，我觉得非常成功。”

2019 年，通过举办“创孵 ProQ 盟”路演及商业配对活动，澳门青年创业孵化中心先后邀请大型博彩企业、中资企业、餐饮企业、零售企业参与，让周胜这些小型初创企业与他们接洽。通过面对面的交流，有了第二阶段的沟通。“创孵中心这个平台及其提供的服务为我们带来了机遇。”

除了有机会接触到一些大型企业，周胜认为，创孵中心在青年创业方面做了很多功课，给创业者带来了实际的支持。“比如税务、法律方面的问题，对于一家中小企业来说是空白的。很多人只是觉得，我想做一家公司，我要做一家公司，但是涉及公司很多的注册、法律、税务等问题，自己是不清楚的。”创孵中心为创业者提供法律、税务等政策问题的咨询援助，周胜也是得益者之一。

“在内地，企业一般要缴纳 20% 的企业所得税。我们澳门人，在内地缴纳

周胜于创孵中心接受内地电视台访问

企业所得税是有优惠政策的。我自己原来并不清楚。内地税务局的同事人很好，知道我是澳门人，建议我到澳门当地的财政局做了解。通过了解，我发现澳门企业在内地真的有税务优惠，只需要缴纳 7% 的企业所得税，和原来的 20% 差很远。”通过这件事，周胜感受到澳门特区政府为企业做了很多事情，但很多人因为没有深入这个环境中而不甚了解，或者是一知半解。他认为，这些政策优惠对青年创业有很大帮助，应该分享出去，让更多的人知道。创孵中心是一个很好的平台，其提供的一系列讲座培训，都值得听、值得了解。

坚守“成人达己”

谈到对未来的展望，周胜说，这么多年以来，公司一路走来的历程非常艰苦。

“关于公司的项目发展方向，我们一直有一个理念，就是‘利他存我，成人达己’。‘利他’就是让他人获利。说白了，就是如果你不能让对方赚钱，那是没有用的。先帮到其他人，之后才能帮回自己。”

周胜说道，当下就业环境不容乐观，就业机会少，找到一份满意的工作非常困难。他希望通过完善电商平台，实现产品推广的同时也实现人力资源共享，为有空余时间的人提供增加收入的渠道。

“众所周知，人工智能的出现、机器人时代的来临，或者是新的营运模式的出现，使得就业问题越来越困扰着大家。我们提出的共享概念、共享经济，除了产品、服务的共享，其实人力资源的共享也是至关重要的。举个例子，外卖、快递等行业增加了很多的就业机会。而我们的无水洗车服务也能增加就业。”

“因为我们设定的入门门槛不高，所以有机会的话，我们希望通过开展各种培训，令一些想通过业余时间增加收入的人加入无水洗车行业，进行上门服务，从而增加就业，缓解就业紧张问题。”

周胜提到，他们也在关注展能人士（残疾人），并已跟一些相关协会、机构商讨，希望未来能提供更多的就业机会，帮助他们自力更生，改变现状。

展望公司的未来，周胜将发展计划

周胜（第一排右三）和他的团队

概括为“稳步”一词。公司未来的发展重心将放在粤港澳大湾区，因为“相比于内地：一方面，澳门的人力资源较紧张。另一方面，老实说，在澳门与其让大家去洗车，倒不如让他们去娱乐场打工”。

澳门市场仍然是相当重要的一部分。“因为澳门人对车的保护意识比内地更强，有些人差不多每隔两天就要对爱车进行一次护理。”

在珠海格力广场举行圣诞节宣传活动

周胜向参展嘉宾介绍闪护的清洁产品

结语

在创业的滔滔浪潮中，有的人被淘汰，有的人却成功地生存了下来，正如周胜所说，“这么多年来，公司一路走来是多么不容易”。虽说前路困难重重，但周胜仍然通过自己的艰辛努力创立了闪护，并且成功申请了国家专利。

当提及“资本家”“企业”等词时，很多人首先会想到“利益”“唯利是图”。在整个访谈过程中，周胜提及最多的是“产品质量”。如果说水是生命之源，那么质量又何尝不是企业的生命之源呢？企业必须以质量谋生存。任何企业，若想在星罗棋布的同行中立足，就要讲求质量，注重信誉。相信周胜“质量先行，品牌至上”的理念，会让闪护走得更好、更远。

周胜身上还有着强烈的社会责任感。他强调产品“一定要环保、无污染”，希望为展能人士（残疾人）创造就业机会，这是他的创业座右铭“利他存我，成人达己”的真实写照，也是他的企业发展壮大的基石。

— CHAPTER —

9

用科技“点”出咖啡文化

——专访点点会员系统创办人陆创兴

“贸易行业，可以说是中介机构，以货物连接商家和消费者；点点会员系统，也是一个中介平台，连接店铺和顾客。”

“咖啡与现代人的生活息息相关。时下，越来越多的人以一种全新的眼光、从更多样的角度来欣赏咖啡。它是聚会、会议的恩物，小资、随性文化的代号，梦想的符号，也是人与人之间的润滑剂与黏合剂。”

“咖啡的品种、冲调方式和价格的选择十分多样，往往点一杯咖啡，从中多少能看出一个人的个性、品位、消费意欲等。”

——陆创兴

LISBO
STARTU
TOUR
by Beta
web summit 2019
CHONG
Diandian
ATTENDEE

点点会员系统

点点会员系统于 2015 年诞生，是由数名青年创业者共同开发的一套电子会员系统。通过搭建 O2O 电子平台，把从线下收集到的顾客资料加以整合，在后台进行大数据分析。由于平台为多个商户共同使用、分担成本，因此每个商户可以较低的成本利用会员数据，为精准营销提供参考依据。

“点点”，寓意“点滴积累，细水长流”的企业与客户的关系。目前，点点有 3 种不同形态的产品，分别为手机应用程序、网页以及智能咖啡售卖机。

陆创兴于 2016 年到杭州交流，
参观阿里巴巴总部

陆创兴 | **创业者**

陆创兴，出生在澳门的 80 后，毕业于澳门大学国际商务专业，其间曾留学芬兰一年。曾任职于咖啡贸易公司，熟悉咖啡品类及贸易运作流程。后于 2015—2016 年间首次创业，与伙伴们一同创建点点会员系统。同时，他也是一位咖啡爱好者，与志同道合的朋友合股开设咖啡店，对澳门的咖啡文化有着独特的见解。

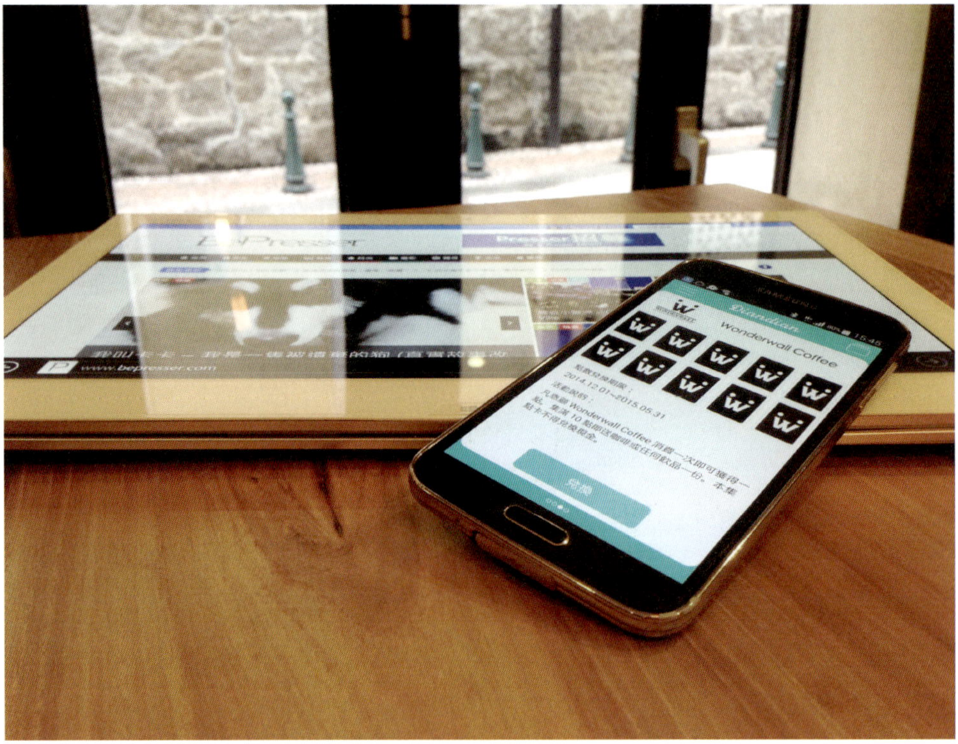

点点会员系统手机 App 集点卡

先修的创业课

对当今的年轻人来说，咖啡是提神的恩物、忙碌时的安慰、小资的享受，甚至是随性的象征。陆创兴这位澳门年轻人，则因为咖啡踏上了一条创业之路。从澳门大学国际商务科系毕业，陆创兴就在一家本地的咖啡贸易公司工作。那时公司刚刚起步，如同一个初生婴孩，抚养人的目标，是让这“新生命”茁壮成长。

陆创兴形容当时的自己就是一个“创业者”，“从挑选生咖啡豆、采购，到选择烘焙机器、申请设厂牌照，再到品牌设计、包装营销，每一步都是摸着石头过河”。尽管初出茅庐的他不曾料想自己终有一日会创业，但肯学肯做的性格，让他扎扎实实地学到了许多做生意的方法。与此同时，他也有额外的收获：工作让他成为一名业余的咖啡爱好者，热衷于钻研澳门的咖啡文化。

2015 年，陆创兴在澳门休闲科技展上示范如何操作点点会员系统

智慧App启动“O2O模式”

▷▷▶

2015 年，陆创兴决定和几位聊得来的朋友一起创业，开发一套 O2O（online to offline）电子会员系统。

得力于互联网技术，全中国乃至全世界的消费模式被革新，销售场景越来越零散，支付方式多种多样。对比传统商业模式，商家与消费者的距离，理应是扩大了。而新经济讲究的，却又是消费者的信任度、忠诚度与沟通度，这成了业界最大的一个痛点。O2O 商业模式，正是对症下药，而且是特效药，让业界着迷。

陆创兴同样瞄准了这片蓝海，开发了点点会员系统——一套具备 O2O 模式的、智能型手机内置的电子会员系统。乍看之下，似乎偏离了他的老本行贸易行业，陆创兴却不这么认为。

“贸易行业，可以说是中介机构，以货物连接商家和消费者；点点会员系统也是一个中介平台，连接店铺和顾客。”

作为一位经验丰富的创业者，陆创兴深谙营商之道不外乎是满足使用者的需求。而作为一个中介平台，点点有两方使用者，一方是店铺，另一方是顾客，必须兼顾两方的利益。

“对店铺来说，相比起传统会员系统，可以节省运作的人手和大量烦琐的文书程序。通过后台的算法，对收集所得的会员信息进行分析，可以判断出会员的消费意向、特性，做到精准营销。”

“对顾客来说，不用人手填写会员申请表，而是将信息植入手机的电子系统，相较于传统的会员卡，便于携带和使用。这样也就减少了因忘记带卡或遗失了会员卡而造成让利的损失（让利是经济学术语，意思是指企业将一些销售

陆创兴（第二排右三）参加 2017 全国双创周深圳前海站暨第三届深港澳青年创客营交流活动

利益让给顾客，例如代金券、折扣等，刺激顾客回头消费）。”

点点落地澳门，最初是以手机应用程序的形态，不久，网页服务亦推出。与此同时，点点开发台湾市场，陆创兴寻求与台湾的技术开发公司合作，让点点技术的试验田落户台湾。

“2018 年之前，澳门根本还没有电子商务的风气，提供不了验证 O2O 模式的环境。”

智能售卖机开“IoT”新局

▷▷▶

2018 年，电子支付开始在市面上普及。点点把发展的焦点进一步放在本地市场，同时，又革新了它的商业模式。第二代的点点，在原来 O2O 模式的基础上，再加入了“IoT”（internet of things），即所谓“物联网”的模式：以一台实体的智能售卖机，连接原有的点点会员系统。智能售卖机售卖的，正

点点会员系统的宣传品

陆创兴在澳门国际环保合作发展论坛及展览会（MIECF）路演

是陆创兴的心头好——咖啡。

他说：“咖啡与现代人的生活息息相关。时下，越来越多的人以一种全新的眼光、从更多样的角度来欣赏咖啡。它是聚会、会议的恩物，小资、随性文化的代号，梦想的符号，也是人与人之间的润滑剂与黏合剂。”

“咖啡的品种、冲调方式和价格的选择十分多样，往往点一杯咖啡，从中多少能看出一个人的个性、品位、消费意欲等。”

对精准营销而言，越是细化的数据，价值越大。

“而且咖啡在澳门本身就是一种独特的文化，就像奶茶之于香港。”

点点推出的智能咖啡售卖机，在澳门，甚至可能在全球各地，都是一种独一无二的存在。因为，它有不止一种的“秘制酱料”（secret sauce）。

首先，能从智能咖啡售卖机买到

2018 年，陆创兴参加创孵独角兽葡萄牙考察团，在活动中发言

的，是即磨咖啡。陆创兴的灵感，来自 2017 年参与澳门特区政府经济及科技发展局举办的“中葡青年创新创业交流计划”，在葡萄牙见到投币式即制咖啡售卖机时，他萌生出将电子会员系统与咖啡机整合的念头。一方面，以会员积分轻松兑换一杯美味的咖啡，增强消费者集分的动力；另一方面，从咖啡消费分析顾客的价值观。

另一种“秘制酱料”，恐怕无论是做“O2O”“IoT”还是咖啡行业，都不容易想到。陆创兴找到的是一种空气制水技术，让咖啡机无须外接水源，便能冲煮出一杯好咖啡。

“那其实是一种航天技术。我是在参观深圳一家航空科学的企业时见识到的。”

陆创兴介绍，空气制水技术的原理是通过航天科技冷凝器将空气冷凝，集聚成水，再以多重净化的程序杀菌消毒，从而产出可直接饮用的水。

把不多的资本频频投放在技术上，

陆创兴也得想办法开源节流，使用孵化器的资源，是个不错的选择。

2018 年，陆创兴携点点会员系统，正式入驻澳门青年创业孵化中心。“澳门有好几个这种空间，创孵中心是最好的一家，能连接创业者、政府、社团、高等院校，以及金融银行、法律会计等各种类型的企业。”换句话说，创孵中心贯通了一个相对完整的本地创业生态圈。“透过创孵中心，我们认识了很多大型的餐饮企业和银行，这些企业很适合放这部机（智能咖啡售卖机）。”

在他心目中，创孵中心是一个创业者的“驿站”。“古代的旅者，常在驿站歇息时巧遇知音，在之后的旅途上互相做伴。”在创孵中心的推荐下，点点已进入粤港澳大湾区，在中山设有办公点。接下来，陆创兴将继续完善点点的发展蓝图。

“我想和其他会员合作，在创孵中心有很多志同道合的朋友，我们一起去其他地方挑战，去寻找机会。”他认为，在澳门创业的优势是灵活，还有文化优势，“澳门接收外来的信息比较多，接触到外

2018 年，陆创兴（右三）在葡萄牙交流时以球会友

国的一些好东西，可以借来一试。”

下一步，将是探索如何做出代表澳门的智能咖啡产品。是从咖啡豆入手，还是结合文创，抑或是再引入其他技术？陆创兴坦言还在探索阶段。

“我觉得有可能的，都可以试试。”

2015 年，陆创兴（右）携点点会员系统初版参加澳门科技展

陆创兴在参与里斯本 2019 Web Summit 期间访问当地孵化器 Beta-i

结语

接触到任何事物，总会第一时间联想到自己的生意，那是创业者的常态，但并不是每个人都勇于把新事物放在自己的产品上。勇于试错，是每一位成功的创新者体内的 DNA。陆创兴就是拥有这种 DNA 的人。从普通的打工一族，到与朋友合股开咖啡店，设计智能咖啡售卖机，开发会员系统，成为创业“多面手”，他从不固守一途，时刻都在迎接新挑战。

—— CHAPTER ——
10

武林创客

——专访诗词功夫创办人贾瑞

“我们建构了一个很庞大的系统教程来撰写《诗词功夫》，包括诗词内容和武术招式的配对，从简单到复杂的都有。”

“做产品第一是流程化，第二是标准化，这样才能让产品在市场上复制和流通。不断地塑造教育的价值，让大家看到这个产品的教育作用，家长才会买单。”

“我们对在澳门与内地的事业发展做了不同定位，在澳门，定位是反馈社会，我们做的是公益；在内地，定位是产业化发展，实现真正的商业化运营。”

“再好的东西，若无平台宣传，最后都是白搭。通过创孵中心，‘诗词功夫’的认知度得到了提高。”

——贾瑞

贾瑞

诗词功夫

诗词功夫，是澳门星武林有限公司打造的现代儿童武术教育文创品牌，旨在弘扬中华武术。2017 年，星武林发行的图书《诗词功夫》，结合了诗词、书法和朗诵元素，以武术为载体，将教育模式带入学校并设立培训中心，让更多儿童及青少年传承中华传统文化精髓。星武林于 2018 年进驻澳门青年创业孵化中心，现已与珠海市多个教育机构展开合作，并进入重庆市场。

贾瑞

贾瑞 | 创业者

贾瑞，9岁开始习武，2004年开始代表澳门征战国际赛，曾获2005年东亚运动会男子长拳冠军，2007年世界武术锦标赛男子棍术冠军，2009年世界武术锦标赛男子刀术冠军，2010年广州亚运会刀棍全能金牌，为澳门实现了亚运会金牌零的突破。2014年，27岁的贾瑞退役，转至澳门城市大学修读文化产业管理硕士学位课程，继而创立澳门星武林有限公司。

《诗词功夫》内页

重要的人生转折点 ▷▷▶

武术界有云，未曾习武先习礼，未曾修武先修德。

对于习武者而言，习礼、修德是第一课。为澳门刷新不少锦标赛纪录的世界武术冠军贾瑞，一直将此铭记于心。2014 年，27 岁的贾瑞退下一线，与许多师兄师姐不同，他并没有执起武术队的教鞭，而是选择到澳门城市大学修读文化产业管理硕士学位课程。

这个经历，成为他人生中的一个重要转折点，他学会从产业化的角度，重新审视武术的载体功能与价值。

2015 年，贾瑞创立澳门星武林有限公司，首推“诗词功夫”项目。“通过找到武术与孩子之间的连接点，把民族精神传承给下一代，是我成立公司的初衷。”他坦言，在武术文化推广和普及方面，有着许多现实的无奈，他为此寻找新的突破——将武术与书法、诗词朗诵相结合，让孩子们炼心、炼身、炼品格。

文武结合的《诗词功夫》

贾瑞说，对很多孩子而言，习武的基础阶段是枯燥而重复的，而背诵诗词亦可能很沉闷，于是他希望将“拳打脚踢”变成一个个有趣的故事，让孩子们用身体感受诗词，将诗句变成动作，借此开发左右脑，提高手脚协调能力，既可以锻炼体能，自我保护，又能修养礼仪，滋养心灵。更宏大的目标，是将中华民族精神融入文化创意中，寓教于乐，让孩子树立优良品德。

相较于传统的武学传承侧重师徒式的一对一教学，星武林以现代思维，着重从系统化、标准化、科学化的角度设计课程和教材。2017年，星武林出版《诗词功夫》，开始推广“澳门星功夫·诗词功夫品牌推广计划”。贾瑞说，最初的构思是推广儿童教育，后经过一段时间的观察，他认为应该统一教学标准，“做产品第一是流程化，第二是标准化，这样才能让产品在市场上复制和流通。不断地塑造教育的价值，让大家看到这个产品的教育作用，家长才会买单”。

贾瑞将功夫的坚毅与诗词的柔美结合，推出了《诗词功夫》文创教材。“内容上，融合武术、诗词，配以书法大家蔡传兴先生的作品，课程由浅入深；方法上，利用生动的卡通形象，以漫画形式阐述武术技法，贴近儿童兴趣。”他直言这是一个前所未有的大胆尝试，重新审视武学教材的时代功能，找到更加精准的定位，并非易事。

“我们建构了一个很庞大的系统教程来撰写《诗词功夫》，包括诗词内容和武术招式的配对，从简单到复杂的都有。”

深入学校　贴地前行

《诗词功夫》率先在澳门圣家学校的兴趣班落地试行，由贾瑞亲自向学生授课，反应不俗。后来由于参与的学校日增，贾瑞渐感教班吃力，于是改变策略，先教学校的体育老师，再由他们在课堂上传授给学生，并安排在课间操时间练习。

“诗词加武术这种学习方式，一方面可以锻炼身体，另一方面可以培养

2017年出版《诗词功夫》，在图书发布会上举行赠书仪式

儿童的自信心，培养他们主动学习的兴趣。”《诗词功夫》进行校园推广以来，无论是教材，抑或是教学理念，都受到校方和家长们的普遍认同。

2018 年 10 月，星武林在澳门理工学院举办了“澳门诗词功夫大汇演”，集合了 1000 多名学过《诗词功夫》的小朋友上台表演，邀请了逾百位嘉宾，有老师、家长等近 3000 人出席。在大舞台上，千人功夫配以狮艺、舞蹈、合唱、书法、朗诵、中乐等才艺表演，展现了文武并重的练习成果，体现了中华文化的精髓。

成为创孵中心的一员 ▷▷▶

自 2017 年发行《诗词功夫》之后，“诗词功夫”凭借体育与文化相结合的品牌，得到澳门文化产业基金以及社会各界广泛的认同和支持。贾瑞透露，“诗词功夫”品牌在澳门是以公益形式推广，无论是汇演还是成立社团，都是非营利性的。

“我们对在澳门与内地的事业发展做了不同定位，在澳门，定位是反馈社会，我们做的是公益；在内地，定位是产业化发展，实现真正的商业化运营。

上千名小朋友参加“澳门诗词功夫大汇演”

“澳门诗词功夫大汇演”中的书法表演

澳门特区政府对我们的支持是一种认同，让我们有更充分的条件发展，步伐可以更快、更稳健一点。”

2018年，在澳门著名设计师林子恩先生的介绍下，“诗词功夫”项目进驻澳门青年创业孵化中心。贾瑞认为，创孵中心是个独特的创业孵化基地，它是港澳地区首个国家备案的众创空间，有了它的支持，项目可进入一个高质量的宣传平台，让社会大众关注本地青创品牌。

“再好的东西，若无平台宣传，最后都是白搭。通过创孵中心，‘诗词功夫’的认知度得到了提高。”

除了宣传外，创孵中心还提供其他方面的帮助，包括免费的专家顾问及法律咨询服务，协助“诗词功夫”注册商标、域名、卡通IP的知识产权等，逐步完善其生态系统。与此同时，贾瑞还着手打造其IP，包括设计生产线下的系列产品，积极进行推广。

稳步进军内地

2018年，“诗词功夫”项目参加了

“诗词功夫”进驻粤港澳大湾区进行宣传

贾瑞在 2018 第五届粤港澳台大学生创新创业大赛上介绍“诗词功夫”项目

"诗词功夫"签署合作框架协议

第五届粤港澳台大学生创新创业大赛，获得了澳门区的冠军。其后晋级到广州参赛，获得三等奖。乘此好景，贾瑞决心进军内地，且进展迅速。目前，"诗词功夫"在广州番禺的粤澳青创科技孵化器公司基地中心和重庆西南地区，都设有办公点。其发展模式是在当地建立一个管理中心，以此为圆心，辐射周边城市群，开发和管理当地的连锁加盟商。

在进入内地市场后，贾瑞发现内地的习武之风远未及预期好。譬如重庆的两江地区，跆拳道馆的数量十倍于武术馆。如何突围而出？贾瑞调整了"诗词功夫"原有的顶层规划，选择两条腿走路：一是品牌的连锁加盟；二是培训课程的连锁加盟。借此打造闭环式的产业链。

不忘初心　方得始终

关于公司的未来发展，贾瑞认为最重要的是每一步都要稳扎稳打，不能过于急躁。事实上，已有企业有意加盟。"我希望先做好顶层设计，把整个商业逻辑想通了，才能更有底气地投入资本市场。”他始终关注的是如何贯彻创业的理念——以弘扬中华文化为己任。

他相信，“不忘初心，方得始终”。

贾瑞到葡萄牙交流访问

贾瑞介绍《诗词功夫》内容

结语

在武侠小说中，武林高手退隐江湖后大多会选择归隐山林，从此不问世事。在现实生活中，退役的武术运动员往往选择执起教鞭，为培养新世代武术运动员做贡献。而退出“武林”后的贾瑞，从文创产业的角度出发，致力于将武术文化发扬光大，积极尝试革新传统武术的传承模式，通过制作系统化和富有趣味性的《诗词功夫》教材及课程，让武术从体育竞技走向大众体育，以弘扬中华文化。

贾瑞对武术的热爱、对中华文化的自豪感溢于言表，相信随着《诗词功夫》的推广，将在不少儿童心中播下令人可期的武术种子，日后定会绽放出一片明媚灿烂的花海。

—— CHAPTER ——

11

“编程中国”激活孩子的天才基因

——专访编程中国创办人唐一

“从我开始经营‘编程中国’就知道做教育推广的艰难，教育不是商业投机活动，不可能马上有回报。但没关系，我依然会继续运营下去。”

“当时我并不理解创业，只是读书未必可以满足我的追求，那不如先出来工作。”

“编程语言或许会过时，但解难、批判性思考、动手的能力则永不过时。”

“创业初期，固然渴求与投资人、客户深入交流的机会，但‘露脸’的机会亦不容错过。”

——唐一

“编程中国”以激活孩子的天才基因为目标，在港澳的学校进行推广

编程中国

“编程中国”是澳门人唐一和合伙人于 2017 年自主研发的新一代儿童基础科技教育课程，为小朋友传授编程、3D 工艺、电子工程等知识，是一套整合软件、硬件的学习工具。其目标是令每一位孩子都能接触编程技能，结合传统与科技，动手动脑，喜欢上科技教育，激活孩子的天才基因，为孩子营造一个有趣又健康的生活和学习环境。

“编程中国”项目现已在澳门、香港及内地逐步落地，也和清华大学出版社合作推出了《儿童编程》教科书，帮助更多孩子学习编程技能，学习 21 世纪的科学基础知识。

唐一于 2019 年出版
《儿童编程》教材

唐一 | **创业者**

唐一，80 后，在内地成长，澳门回归后返澳，是奇宝科技联合创始人，正全力打造“编程中国”项目。中学毕业后，唐一跟随亦师亦友的香港 flash 动画制作人陈晓君在内地发展，痴迷于多媒体设计，常前往北京、上海和常州等动漫基地学习交流。2007—2013 年，唐一在常州从事多媒体二维、三维制作的教学，收获了不少编程上的教学理论及实践经验。

唐一于 2015 年自创了第一代儿童平板电脑，反应理想。其后致力于软硬件整合，为 7—17 岁的孩子设计出编程课程体系“编程中国”，期望提升每一位中国孩子对科学的兴趣。

“编程中国”团队

从玩游戏到动漫制作 ▷▷▶

唐一是“编程中国”科普教育创业路的奠基者之一。这位80后科普老师，在年少时已有创业念头，对自己的职业规划有着很清晰的方向。

尽管少年时代的唐一不算是老师眼中的优等生，但却幸运地遇上了好老师。“其实当时并不理解创业。我觉得读书并不是太重要，我所追求的东西，读书未必能满足。”与许多同侪一样，这位中学时钟情于组装电脑，又喜爱打游戏的小伙子，在老师的鼓励下开始做起小生意。许多年以后，他深信创业比读书更适合自己。

从游戏发烧友，到走上科普教育路，一切只是偶然。因缘际会，一次在香港的招商活动中，唐一遇到对他影响甚大的创业拍档——陈晓君（Gary）。“他是香港人，因创作了一部叫作《大话三国》的动画片而出名。”在盛行flash动画制作的千禧年，《大话三国》凭借人物的生动造型以及认真优良的制作，且内容又具有一定的娱乐性，曾经风靡一时。在陈晓君的引领下，2005 年，唐一来到拥有中国动漫三大基地之一的江苏省常州市，这一年正是常州动画产业基地成为国家新闻出版广电总局首批 9 个国家动画产业基地之一的第二年。

唐一是“第一批吃螃蟹的人”，此时的常州动画产业基地开始以培养动漫人才为目标，着手多媒体制作课程的设置。唐一跟随的陈晓君团队，负责打造多媒体教学基地，“主要教授二维、三维动画制作，包括整个动画影片的制作流程，有分镜、剧本制作、前期和后期制作，还有配音，总之一部动画所包含的制作流程，可以全部教授给学生”。他形容，经过培养后的多媒体创作者在用人市场上很吃香，“完全不愁工作，因为他们具有一定的动画制作能力，进公司即可上手”。

走上科普教育的创业路 ▷▷▶

2007—2013 年的 6 年教学期，唐一渐觉“机不离手”的 Z 世代已经出现，“新世代的小朋友好像天生就懂得使用 iPhone、iPad 这些智能产品”。他认为整合手上资源顺应科技趋势的时机已到来，提议制造一台专供小朋友使用的平板电脑。它不是一台普通的平板电脑，而是将各种学习内容内置其中的平板电脑，让小朋友一机在手便能学到很多东西。

说来容易，实际面对的困难和障碍却一点都不少，唐一向 10 多间投资公司“敲门”，都未获支持，最后只有私人投资者愿意投资。当一切顺利，以为儿童平板电脑即将面世时，另一难关又出现了。唐一遗憾地说着这段难忘的经历：“产品最终制成了，但可惜的是硬件质量不过关，供应厂商要的价格高，却卖给我们质量差的 USB 线材，最后资金回笼不了，我们败在硬件质量上。”

有了第一次的失败经验，在研发第二代平板电脑时，唐一充分吸取了教训。他找到帮小米代工的厂商生产 USB 线和充电器，质量更有保证。第二代儿童平板电脑问世后于 2016 年售罄。唐一表示：“以当时电子市场的饱和程度来说，家长乐意购买我的产品，算是不错的回响。”美中不足的是，其电池续航能力不算太强，运行速度稍慢，限制了产品在市场上的成绩。

“编程中国”的诞生 ▷▷▶

两代儿童平板电脑的制造经历，让唐一开始思考更多新点子，2017 年，他希望集中资源做好编程教育，并将其作为平板电脑的核心卖点。“我们公司上下，大概八九个人，很快就确定了这个发展方向。因为大家研究过，内地市场还有不少空白，还停留在职业教育的层面。”众人开始从名称、标志、教学内容等各方面筹谋，就这样，开始了“编程中国”的科普教育事业。

“编程中国”的目标，是激活孩子的天才基因，激活过程需要按部就班。唐一解释道，整套教材以五六岁的孩子作为起步，让他们在游戏中接触编程，七岁开始进行系统的编程思维训练。不过，“孩子只懂程序并不够，还需训练动手制作能力”。于是，为八岁以上的孩子设计了 3D 工艺课程，等他们到了九岁以上再学习电子工程等专业又有趣的知识。“孩子在学习编程的过程中，将学会如何观察，如何利用流程图的概念解决问题，学会主动思考，继而将自己的想法变成实物，大大地提升学习兴趣。”

对育人的坚持

不得不承认，许多家长仍然将平板电脑与打游戏画上等号。唐一坦言，要向家长解释“编程中国”中的“游戏化编程”教学是一件非常艰难的事，是支撑他继续走下去的动力，是对育人的坚持。

“编程中国”落地香港，推广至校园

"教育这一行需要有胆量才能做下去。第一，这不可能是马上有回报的事情，教育是很漫长的，做这一行的人必须回归至原始的心态，以'育人'为目标走下去。第二，因为回报周期长、回报金额少的特性，很少能获得商业投资者的青睐。"

面对这些困境，唐一庆幸整个团队的想法都是正面的，"编程中国"核心团队的支持，是项目可以一直走到现在的强大动力。渐渐地，他们的项目开始获得来自线上线下的支持和信任。

"编程中国"在各地发展 ▷▷▶

2019 年 4 月，唐一编著的《儿童编程》由清华大学出版社出版，为"编程中国"项目的发展竖立了一座重要的里程碑。唐一用他多年的教学经验，为家长解答"为什么要学编程""如何让小朋友愿意学编程"等疑惑，更重要的是，分析了儿童学习编程的入门准备，带领小朋友一步步地认识编程世界。《儿童编程》这本书是整个教育项目的重要组成部分，以线下配合儿童平板电脑开拓在线学习资源，将编程教育体系补充得更加完整。

"编程中国"开始在全国各地陆续发展。生活在澳门的唐一，得到了澳门国际青少年文化艺术交流协会的支持。该协会赞助了 10 位学生的编程学习费用，以提升年轻一代的未来竞争力。在香港，由香港人工智能与机器人学会组织当地的优质教育资源，为内地的合作

2019 年 7 月，唐一参加第二届"创青春"粤港澳大湾区青年创新创业大赛

"编程中国"课程在内地校园推广，反应热烈

伙伴提供培训。另外，项目也在广州、深圳、江门、肇庆等城市寻找到了合作伙伴，成功落地。

杰出学员升重点中学

学编程往往会陷入“学哪种编程语言”的沉思，唐一认为，对于小朋友而言，重点是要培养逻辑思维，培养解难能力，“编程语言或许会过时，但解难、批判性思考、动手的能力则永不过时”。

在唐一教过的学生中，有一位杰出学员郭佳熙，她的故事出现在《儿童编程》的序言里。郭佳熙接触编程学习纯属偶然，因为“编程中国”课程当初是作为一份朗诵比赛的奖品送给她的，“当时她的妈妈抱着试一试的心态，怎料越学女儿的变化越大”。郭佳熙学习琵琶时，经常要背着很重的乐器，若能有一台轻便的练习器，就能省事不少。她突发奇想以正在学习中的3D工艺设计了草稿，在唐一的帮助下很快制作出一部3D琵琶练习器。琵琶老师亦赞赏其实用性，一下子就订了10台。

在小升初的遴选考试中，郭佳熙被她所在城市里的一所重点中学录取。唐一认为：“好的学校向来不缺琴棋书画的苗子，郭佳熙的科技思维与解难能力成为她的独特优势，最终学校录取了她。”他期望将来能有更多孩子掌握编程知识，在未来的社会更有竞争力，这是“编程中国”项目的最大价值。

创孵平台成功牵线

创业者需要合作伙伴和有价值的人脉关系，唐一的方法是善用类似澳门青年创业孵化中心这样的平台，参与到粤港澳大湾区的交流团、商业路演活动中去，“固然渴求与投资人、客户深入交流的机会，但‘露脸’的机会亦不容错过”。前文提及的澳门国际青少年文化艺术交流协会，就是在创孵中心的牵线下结识的，而在协会的帮助下，“编程中国”项目才找到教学的场所。

唐一在创孵中心主办的商业配对活动上介绍“编程中国”

结语

唐一的下一个目标，是让“编程中国”进入澳门的中小学校园，这并非易事，但他不会轻言放弃。“从我开始经营‘编程中国’就知道做教育推广的艰难，教育不是商业投机活动，不可能马上有回报。但没关系，我依然会继续运营下去。”只要心怀希望，为了梦想去努力，你想要的，时光总会一点点兑现给你。

CHAPTER 12

十年布局，从格仔店到跨境电商

——专访全朋友创办人陈国成及其子公司 Takewant 合伙创始人魏智航

“我们在命名时的想法非常简单，商业不是纯粹拿来图利的工具，相反，应该是从朋友的角度帮助大家。‘全朋友’，让你找到一个可以帮助你的朋友。”

“我相信一群合适的人，当理念相同时，是一呼百应的，无论做什么都会成功。”

“平台是人做出来的，怎样可以做出理想中的项目，我们的出发点是：招一流的人，做一流的管理，拥有一流的技能，成为一流的公司。”

“线上永远没有办法取代线下，所以提出线上线下结合的新零售观念，产生更加好的零售体系。”

——陈国成

“全朋友”员工大合照

全朋友（Friend to friends, FTOFS）

全朋友原是开设在澳门某个小商场的一间格仔店。随着业务扩张，于 2018 年成立想要（Takewant）科技有限公司，跻身澳门 O2O 电商的行列。目前产品线涵盖美瞳、化妆品、护肤品、家居、母婴等，主要引入新潮、奇妙、具有特色的知名和新兴品牌，让客户第一时间接触和拥有全世界最具品牌价值的产品，同时让初创品牌商可以拥有快速提高品牌价值的服务。目前市场范围除了中国以外，还有马来西亚等东南亚国家。

陈国成 | 创业者

陈国成（Helu），1988年出生，自幼年起定居澳门。于2009年开了一家格仔店，取名“全朋友”，望能以“广交天下朋友”的信念待客。热衷于网络科技的陈国成，2011年开始构想建立澳门跨境电商平台，碍于当时电商在本地未成气候而未能成事。于是陈国成专心发展全朋友实体店，业务扩充至中国各地区以及东南亚各国。2018年，陈国成与合伙人魏智航创立想要（Takewant）科技有限公司。2019年3月，全朋友正式进驻澳门青年创业孵化中心，两人全力推动全朋友发展为本地知名电商企业。

陈国成

魏智航

魏智航 | 创业者

魏智航（Brian），澳门人，90后。毕业于台湾大学，曾是澳门某高校的行政人员及兼职讲师。2016年1月加入全朋友，与陈国成一拍即合，后来更成为股东之一。2018年初，两人共同创立想要（Takewant）科技有限公司，实现了把全朋友打造成本地电商平台的愿景。

Takewant 贯彻了全朋友真诚待人的价值观

天蓝地绿 ▷▷▶

“全朋友的商标由两个不同颜色的人物形状组成。左边的蓝色，代表蓝天；右边的绿色，代表草地。寓意天地交融，不分彼此。”这是全朋友创始人陈国成对商标设计理念的解说。早在品牌诞生前，大概是在他初中时期，陈国成凭着同一理念，为班级搭建了一个名为“天草云地”的网上讨论区。天马行空的背后，有着少年陈国成描绘的生命意义。“天怎么会有草呢？云怎么会有地呢？让人联想到一个大自然的环境，一望无际的草原和天空，融合在一起的感觉。班上的同学一起用这个论坛，我希望让大家有一种共融共生的感觉。”陈国成的这个理念正是 21 世纪共享经济的核心理念，也为他创立全朋友埋下了伏笔。

同朋客友 ▷▷▶

“同朋客友，实干至善，正确开明，发现创变”是全朋友的四个核心价值，亦代表了公司循序渐进的四个发展阶段。

同朋客友，即“以好朋友之心，善待每位接触的人。世界一切都以人为本为存”。这也是陈国成创办全朋友的初衷。大学修读社会学的他，虽然有兴趣做生意，但他更想在盈利之余实践一些普世价值，“我认为商业不应是纯粹的图利工具，创业不是为了纯粹的财富，所以取名时有一个清晰的概念——人不是谋利的对象，相反，应从朋友的角度帮助大家。”2009 至 2010 年，格仔店风靡澳门。还是大学生的陈国成，用仅有的资本，在澳门一个潮流热点中星商场开了一家名为“全朋友”的格仔店，在澳门曾薄有名气。但不久后，因铺租上涨，全朋友入不敷出，几近停业。到底要不要、值不值得奋力一搏？全朋友和陈国成都面临挑战。

实干至善

陈国成回忆那段日子说：“真是很艰难的一个抉择，早期的几个合伙人基本上都走了。”幸运的是，也有愿意共同进退的合作伙伴。他于 2016 年邀请大学讲师魏智航加盟，魏智航表示甘愿天天无偿加班，誓与全朋友共克时艰。陈国成相信，这是他对自己的信任使然，自己也应不负所望。“我相信一群

2009 年的全朋友隐形眼镜店

合适的人，当理念相同时，是一呼百应的，无论做什么都会成功。”陈国成坚持把全朋友经营下去，为此还向朋友借了5000元，这也是他人生首次借钱。终于，全朋友顺利度过危机，规模越做越大，员工也从寥寥几人发展到180多人。

意想不到的是，全朋友的势头越是见好，陈国成的心里却越发不安，因为亮丽的业绩背后，是全朋友团队文化的褪色。“全朋友有一种独特的文化：刚入职的员工被叫作‘同朋’，同事兼朋友；而公司董事被称为‘家友’，家人兼朋友。希望大家能把公司当作第二家庭。”当业绩节节上升时，有的“开国功臣”已迫不及待地催促陈国成把公司上市，陈国成不愿公司变得以营利为主、为自己谋利益为上，因为这严重偏离了“同朋客友”的初衷，他在万般无奈之下做了一个决定：拿公司的团队“开刀”。

全朋友员工大合照

全朋友团队日常办公情景

正确开明 ▷▷▶

马云说，选择符合公司理念的员工，比选择能力强的员工更重要。陈国成对此有同感，在公司高速发展时期，陈国成对团队厉行改革：价值观与公司理念相违背的员工，不论职级高低或能力强弱，一律开除。“陈力就列，不能者止。”这是陈国成对于管理的信念。此后，陈国成亲自把关招聘，要求员工恪守公司宗旨，并以“友”为核心，创设了一个公司价值框架，该框架包括三个维度：“友成”，职业规划；“友展”，业务发展；“友略”，战略合作。三者成就一个“友”系列的管理体系。难怪有员工反馈，公司俨如一家教育机构，教员工怎样去做人多于怎样做生意。陈国成则表示要先正人心，心态摆正了，做的事才会正确。

发现创变 ▷▷▶

2018 年，陈国成与当时已经成为

股东之一的魏智航，共同创立了全朋友的子公司想要（Takewant）科技有限公司，取意“take what I want”，专营O2O电商业务开发。在时间上，Takewant的出现，较全朋友迟了近10年，但其实在创立全朋友不久后，陈国成就已经有创立Takewant的想法，将实体店的商品搬到互联网上，让澳门本地居民可以在网上做交易。这甚至比淘宝的“线上线下新零售”更早。

不过，碍于当时电商在本地未成气候，可延伸性或者高承载力的网站资源、电子支付、物流等配套体系皆未到位，加上他们认为“线上永远没有办法取代线下”，最后还是选择先开好实体门店，解决盈利问题、打好零售基础，等时机成熟，再创立Takewant。在Takewant落地前，还有一个前奏，就是成立结合了澳门在线支付MPay系统的物流公司——想送物流。可以说，Takewant是全朋友用10年部署的一个局。

2019年，全朋友入驻澳门青年创业孵化中心。未足一年，陈国成已体会到成为创孵中心会员的一些优势。“初创团队最重要的是对产品的研发，包括提供服务的基础，创孵中心可以提供一些产品改善方面的方案，从专业的角度去辅助创业者。”

全朋友总部办公区域

全朋友的业务能有今天的版图，陈国成认为坚守信念很重要，还要感激一起共同进退的知己魏智航。他们俩虽是第一次合作，但凭着高度的信任，不用太多磨合，就能搭档打江山。访问当天，魏智航就在陈国成旁边，笔者（简称“笔”）遂邀他现身说法。

笔：据闻，你是从讲师转职到全朋友的，全朋友当时只是一间格仔店而已，可以分享是什么驱使你这样选择吗？

魏智航：是的，我本科及硕士均毕业于台湾大学大气科学系，当时的指导老师是陈泰然教授，他曾任台湾大学副校长。恩师注重饮水思源，在他的熏陶下，我总希望能对孕育我的澳门有所反馈。刚回澳即受聘于澳门城市大学，任兼职讲师，也做一些行政工作，收入也算不错。但就觉得未必是自己想做的事。刚好这时候陈国成想找一个人负责澳门的业务，找到了我。大家互诉心志以及对事业的看法后，便一拍即合。我被陈国成独特的人格魅力所吸引，于是就决定加入全朋友。

笔：刚才听陈国成说，你入职不久便与全朋友同生死共患难，当时你是怎样想的？

魏智航：对，还记得那时候连续三周都没有放假，一直留在公司。我想当时的我，已经没有把这份工作当成是替别人打工，而是当成自己的事业来看待了。觉得“我不做，那谁来做呢？”我想就是一种责任吧。

笔：Takewant 的创立，你是全程参与的吗？可以多说一点当中的故事吗？

魏智航：是的，刚进全朋友时，就听陈国成说过创立 Takewant 的想法。当时就觉得这大有可为，澳门的确需要这个，但那是需要很长时间去规划的。我想这是我俩一个很重要的思想契合点、一个共识，也擦出了火花。也许正是因为有这个目标、这一把火，才能一直坚持下去。

笔：听说规划了差不多 10 年？主要是准备什么？

魏智航：对，10 年时间。首先是扎实我们做实体业务的根基。我们都认为，线上永远没有办法取代线下，所以提出这个新零售观念，即线上线下怎样结合，才能产生更好的零售体系。其次，也在等待一个合适的时机。具体来说，做电商需要两样东西：一是物流；二是支付。当时澳门两者皆缺，所以硬要做下去，公司要冒很大的风险，只能等待。（笔：一直等到 2018 年？）对，当时全朋友在香港、内地都有多家门店，后来还发展到马来西亚，公司的基础逐渐稳固了。加上市场环境逐渐成熟，包括市场对电商的接受程度，随着 2018 年 3 月澳门 MPay 取得移动支付牌照等事件而提高。对于一个电商平台而言，条件相对成熟了。

笔：有了 Takewant 后，下一步就是部署粤港澳大湾区市场吗？有遇到什么阻力吗？采取了什么解决方案呢？

魏智航：全朋友本身在内地有实体业务，是有一定资源的。电商目前有发展势头，创孵中心亦有组织过我们到横琴考察，观察内地的电商环境，包括通关条件、物流公司、珠海跨境电商保税进口业务等，以加深我们对粤港澳大湾区电商生态的认识。

澳门跨境电商才刚起步，要使货物流动畅通，还是有困难的。海关监管就是一大问题。澳门的货物要运送至内地需要走一套十分繁复的流程，且运输成本高昂。举例来说，若要运送 50 个包裹到内地，得先支付至少 800 元租一辆货柜车，把货物送到海关监管场所解封、拆封、卸货。之后要开进园区，又要再换一部车，想象一下，整个物流成本需要多少？

然而，内地设政策扶持，会以某个城市为中心设集中点，通关业务 24 小时办公、24 小时通关，并以此辐射周边大片园区。这些便利的通关政策，将有利于推进跨境电商行业的发展。

全朋友总部全景

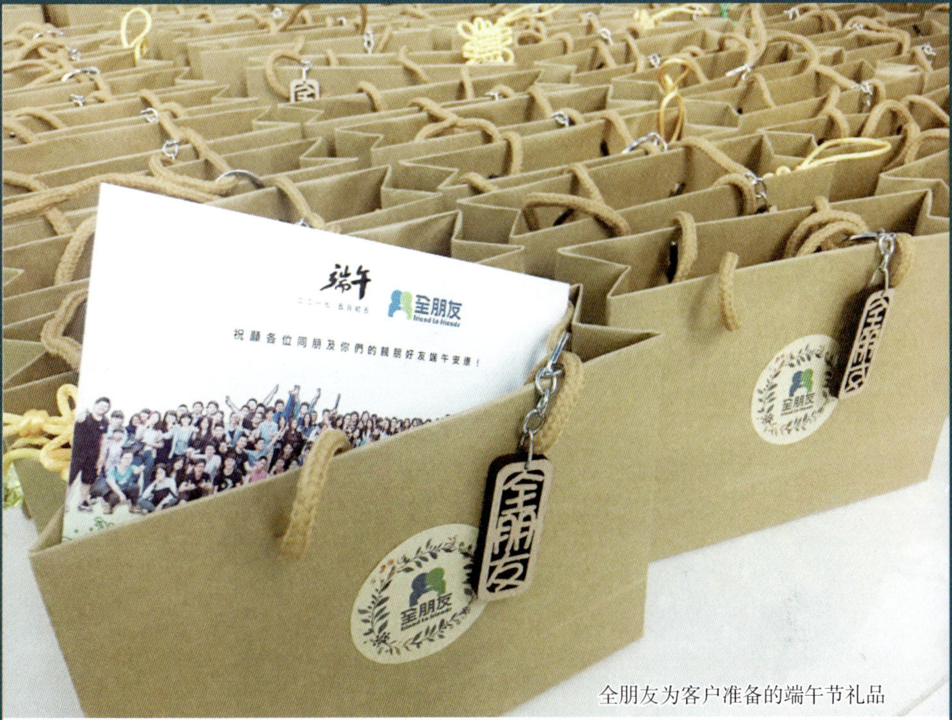

全朋友为客户准备的端午节礼品

结语

在创业圈内，“十年磨一剑”的故事不断上演，但真正能撑十年的创业者又有多少？遭遇创业黑暗期，有人选择半途放弃，有人不断改变跑道，真正坚持到底的人少之又少。等候十年，全朋友终于瞄准机会，从商场中的一间小小格仔店，发展成为一个跨境电商平台。他们失败过、挣扎过、努力过，凭着一颗不变的初心，最终迎来一次次突破。

附录

1. 澳门青年创业孵化中心（简称“创孵中心”）

2015 年由澳门特区政府经济及科技发展局成立，是澳门首个由政府成立并由政府出资运营的创业孵化器，旨在为澳门青年提供创业配套支援服务。2017 年 10 月澳门特区政府经济及科技发展局委托澳门特区政府全资拥有的澳中致远投资发展有限公司负责运营。

创孵中心位于澳门商业区，以“7 天、24 小时、365 日”全天候开放的模式运作，迎合处于创业起步阶段、时刻拼搏的创业青年需要。

创孵中心以“会员制”运作，提供多元创业服务，包括 8 个方面。

（1）共享工作空间：会员申请经审批后可使用共享工位办公及预约使用会议室。首次使用期为 6 个月，期满后按情况审核续期。

（2）法律、税务、会计咨询服务：每周定期邀请法律顾问进驻创孵中心，为创业者提供初期法律咨询。

（3）转介办理开立公司一站式服务：协助将个案转介绍至澳门贸易投资促进局，以预约方式提供服务。

（4）专家顾问辅导：邀请著名投资人、行业领军人物、专家学者组成顾问团队，为会员提供专业精准的顾问服务。

（5）路演推介 / 投资对接：与投资人、创投基金等合作，促进投资人与会员项目对接。

（6）教育培训：筹办澳门创新创业教育中心，该中心是本地首间专注于青年创业的教育中心。

（7）交流：组织会员赴海内外参加大型的科创盛会、投资路演和孵化交流活动。

（8）协助进驻海外 / 内地的孵化器：会员可申请进驻及使用与创孵中心签约的内地及海外的孵化器。

2. 专业顾问服务互换计划

2019 年，澳门特区政府经济及科技发展局透过创孵中心，与粤港澳大湾区内的孵化机构合作推出“专业顾问服务互换计划”，让创孵中心的会员在当地享有免费法律、会计及税务咨询等服务，以助力在粤港澳大湾区城市创业的澳门青年加快掌握当地创业政策，享受融入湾区红利。

3. 国家备案众创空间

2018 年，创孵中心被认为在推动澳门科技创业企业发展方面做了大量工作，符合中华人民共和国科学技术部的《国家众创空间备案暂行规定》所列要求，成功获批“国家备案众创空间”，成为港澳地区首个“国家备案众创空间”。

4. 中国百家特色空间

“中国百家特色空间”评选活动，旨在发掘一批特色显著、主题鲜明、专业服务能力强及具备产业支撑等优势的特色空间。2019 年，创孵中心入选成为其中之一。

5. 中国孵化器 TOP · 粤港澳优秀孵化器

“中国孵化器 TOP · 粤港澳优秀孵化器”评选活动，旨在为推动提升粤港澳大湾区双创孵化器能力。2019 年，创孵中心获“粤港澳优秀孵化器特奖”。

6. 中葡青年创新创业交流中心

为推动澳门本土企业及青创人士到葡语系国家投资及发展，深化澳门作为“中葡商贸合作服务平台”的定位，澳门特区政府经济及科技发展局于 2017 年成立中葡青年创新创业交流中心（简称“交流中心”），并落户创孵中心。交流中心积极推荐会员项目参与澳门特区政府经济及科技发展局推出的“中葡青年创新创业交流计划”，深化对葡语系国家市场的认识，透过与当地青年企业家互动交流，启发创新思维、拓展商机。计划包括：免费进驻葡萄牙里斯本的Second Home①工作间、参与及享受由Fábrica de Startups②提供的培训及顾问咨询服务。

7. 泛珠三角区域孵化器联盟

驱动创新创意，内融粤港澳大湾区，外联葡语系国家，是创孵中心的发展要领。在融入湾区上，创孵中心先后与广州、深圳、珠海等城市的孵化机构签订合作协议，并推动成立泛珠三角区域孵化器联盟。

8. “澳中致远”创新创业大赛

“澳中致远”创新创业大赛由澳中致远投资发展有限公司、澳门青年创业孵化中心及澳门科学技术协进会于2018年首次合办，每年一届。得奖者有机会获得推荐参与多项国际创业比赛，由于参赛项目战绩彪炳，因此赛事享誉创业圈，被喻为创业者的“黄金赛道”。部分项目获天使基金青睐，加速成长，印证了赛事的“黄金赛道”魅力。

9. “创孵ProQ盟”路演及商业配对活动

“创孵ProQ盟”路演及商业配对活动由澳中致远投资发展有限公司、澳门青年创业孵化中心于2019年起主办，是为澳门的青年创业及中小微企业发展而设，对接本地工商界采购洽谈的系列活动。活动先后获大型博彩企业、中资企业、餐饮企业、零售企业支持参与，为创业者注入强心针。

---

① Second Home：葡萄牙的初创中心。

② Fábrica de Startups：葡萄牙著名初创孵化加速器机构。